新形态

Cross-Border E-Commerce and Logistics

跨境电商物流

黄裕程 ◎ 主编

上海财经大学出版社

图书在版编目(CIP)数据

跨境电商物流 / 黄裕程主编 . -- 上海：上海财经大学出版社, 2025.6. -- ISBN 978-7-5642-4665-5

Ⅰ. F713.365.1

中国国家版本馆 CIP 数据核字第 2025WU3811 号

□ 责任编辑　季羽洁
□ 封面设计　贺加贝

跨境电商物流

黄裕程　主编

上海财经大学出版社出版发行
(上海市中山北一路 369 号　邮编 200083)
网　　址:http://www.sufep.com
电子邮箱:webmaster@sufep.com
全国新华书店经销
上海市崇明县裕安印刷厂印刷装订
2025 年 6 月第 1 版　2025 年 6 月第 1 次印刷

787mm×1092mm　1/16　20 印张　449 千字
定价:56.00 元

FOREWORD
前言

  在全球产业链加速重构、数字贸易重塑商业规则的今天，跨境电商已成为推动世界经济增长的重要引擎，跨境电商物流作为链接全球商品流通的数字化动脉的关键环节，其重要性日益凸显。为此，我们精心编纂了《跨境电商物流》一书，旨在为职业院校的学生们搭建一座连接理论与实践、学校与企业的坚实桥梁，助力他们紧跟时代步伐，掌握跨境电商物流的核心技能与知识，为未来的职业发展奠定坚实基础。

  本书在编写过程中，始终坚持贯彻党的教育方针，落实立德树人根本任务，注重价值引领。本书结构清晰、案例丰富、图文并茂、通俗易懂。

  本书对接跨境电商物流岗位需求，以整个跨境电商物流业务流程为主线，以实际工作场景中的工作任务为导向，构建了"课程项目化，任务+"的教学体系，即以"项目"为单元规划重组教学模块，打破"知识体系"，重建"项目体系"，将知识和技术融入具体案例和任务中，实现了教学与实践、学校与企业的紧密结合。各个项目都有明确的知识目标、能力目标和素养目标，精心设计了"探究活动""实践活动"等栏目，引导学生掌握核心技能，形成完整的跨境电商物流职业能力图谱。同时，本书在案例选择上注重展现中国特色社会主义的伟大成就，通过生动的案例和数据，让学生深刻感受到中国在跨境电商领域的巨大发展和国际影响力，增强学生的国家认同感和民族自豪感。

  本教材由上海海事大学附属职业技术学校黄裕程老师担任主编，负责全书的框架设计、大纲编写等。本教材的项目一、项目二由黄裕程老师执笔；项目三由杨昱旻老师执笔；项目四由王迪资老师执笔；项目五由陈莉老师执笔；项目六由王珏老师执笔；项目七由左芬老师执笔。本教材在编写过程中得到了众多学者、企业界人士和职业院校教师的大力支持和帮助，在此表示衷心的感谢。

  由于编者水平有限，时间仓促，不足之处在所难免，恳请广大读者提出宝贵意见，以便进一步完善。

编 者

2025 年 2 月

CONTENTS
目录

项目一 跨境电商物流行业初探 ·· 1

- 任务一 区分跨境电商与国际物流 ·· 2
- 任务二 认识跨境电商物流网络 ·· 16
- 任务三 初识海关报关 ·· 29

项目二 认识跨境电商平台 ·· 39

- 任务一 认识跨境电商进口平台 ·· 40
- 任务二 认识跨境电商出口平台 ·· 48

项目三 初识"一带一路"背景下的跨境电商物流 ·········· 60

- 任务一 了解"一带一路"倡议内容 ·· 61
- 任务二 选择跨境电商物流运输方式 ·· 76

项目四　跨境电商物流出口操作 　94

- 任务一　比较和选择跨境电商出口物流方式　95
- 任务二　计算跨境电商出口物流运费　117
- 任务三　选择包装材料　125
- 任务四　制作跨境电商物流外包装标签　139

项目五　跨境电商海外仓出口操作 　155

- 任务一　认识海外仓模式　157
- 任务二　分析海外仓选品　169
- 任务三　执行海外仓仓储管理　187
- 任务四　计算海外仓头程费用　199
- 任务五　核算海外仓税金和仓储管理服务费　208
- 任务六　认识亚马逊FBA　220
- 任务七　核算亚马逊FBA费用　228

项目六　跨境电商物流进口操作 　238

- 任务一　了解跨境电商物流进口模式　239
- 任务二　计算跨境电商综合税　252
- 任务三　办理跨境电商进口清关　261

项目七　跨境电商保税进口操作 …… 270

- 任务一　走进上海自贸区 …… 271
- 任务二　执行保税商品入库 …… 282
- 任务三　盘点保税仓库 …… 293
- 任务四　执行保税商品出库及退换货 …… 302

项目一　跨境电商物流行业初探

知识目标

- 简述跨境电商与国际物流的含义
- 归纳跨境电商与国际物流的关系和特征
- 列举中国海关的职责
- 列举 AEO 认证企业适用的管理措施

技能目标

- 能区分我国海关特殊监管区域政策与功能的区别
- 能分析跨境电商物流与传统物流的差异
- 能识别不同跨境电商物流企业的类型
- 能比较海关特殊监管区域的区别
- 能根据企业信用状况等级匹配相关管理措施

素养目标

- 通过学习跨境电商物流的特殊性，激发学习跨境电商物流的历史使命感、自豪感和责任感
- 从上海自贸区、海南自由贸易港等建设中理解领悟"四个自信"
- 理解海关 AEO 企业分类管理，认识到贸易合规的重要性，领会合规经营是企业参与国际贸易的基石

项目背景

王丽是一名物流专业的应届毕业生，通过严格面试后，她成功进入了一家物流企业，成为该企业物流部的一名业务员。为了让王丽更快适应职场，公司指定物流部资深员工李华作为王丽的带教老师。第一天就职，李华给王丽介绍了公司的基本情况及行业背景。

任务一　区分跨境电商与国际物流

▼ **任务导入**

李华向王丽介绍了上海力达跨境电商物流有限公司的发展变革，公司原先主营的是国际物流，随着市场的变化，近年来开始涉足跨境电商物流业务，并逐渐将主营内容转向了跨境电商物流。对于跨境电商物流王丽觉得有些陌生，她赶紧向李华讨教……

一、跨境电商物流概述

跨境电商物流是指一个或多个国家之间货物的运输送达，它不仅打破了国家间跨境贸易的壁垒，使国际贸易逐渐演变成无国界贸易，同时还给世界贸易带来了不可忽视的影响。跨境电商物流发展中最重要的环节是海关监管和物流，而物流又是其中最核心的关键点。

（一）跨境电商定义

跨境电子商务简称跨境电商，是指发生在不同国境及不同地域之间的，通过互联网电子商务平台或者移动终端所进行的，包括 B2B、B2C、C2C、B2B2C 等类型的一切产品及服务等交易活动的全过程，即分属不同关境的交易主体，通过电子商务平台达成交易、进行支付结算，并通过跨境物流送达商品、完成交易的一种国际商业活动。

跨境电商的概念里涉及几个关键词：关境、电子商务平台、跨境物流、国际商业活动。我们可以用一句通俗的话来解释跨境电商，即：外贸企业通过电商平台将产品和服务卖到国外去。这与之前国内传统企业通过淘宝等平台卖出货物是一个道理，就是增添了外贸业务的属性。

> **探究活动**
>
> 针对跨境电商定义中的"关境"一词，两位同学发生了争论。A 同学认为，关境是执行统一海关法令的领土范围，而国境是一个主权国家的领土范围界线，关境

不可能超过国家的领土范围，所以关境小于国境；B 同学则认为，关境和国境是两个不同的概念，如果两个国家结成关税同盟，那么从空间上来说，关境也可以大于国境。你同意谁的说法呢？

小贴士

关 境

关境是"海关境界"的简称，亦称"关税国境"，是执行统一海关法令的领土范围。在通常情况下，关境与国境是一致的。但有些国家和地区关境同国境并不完全一致，如一国境内有自由港或自由区，即不属于该国关境范围之内。在此情况下，关境小于国境；在缔结关税同盟的国家，它们的领土成为统一的关境。在此情况下，关境则大于国境。国境与关境的三种关系如图 1-1-1 所示。

图 1-1-1　国境与关境的三种关系

一国与毗邻国家间，共同拥有的统一而又独自对外的关境区域，或在国家领土范围内，在一定条件下，实行独自对外的海关法规和关税制度的关境区域，亦称单独关税区。欧洲联盟关境由 15 个成员国（截至 2002 年底）关境的总和构成，成为单独关境地区。1997 年 7 月 1 日和 1999 年 12 月 20 日，中国政府对香港和澳门先后恢复行使主权，并实行"一国两制"政策，香港特别行政区和澳门特别行政区仍属单独关境地区。

时事聚焦

2023年3月29日，海南省新闻办在博鳌亚洲论坛期间举办"蓬勃兴起正当时"海南全面深化改革开放五年来进展成效新闻发布会，对于未来海南建设的工作安排，中共海南省委宣传部部长表示，海南自由贸易港将在2025年底前适时启动全岛封关运作。

（新闻来源：海南省新闻办公室《"蓬勃兴起正当时——海南全面深化改革开放五年来进展成效"首场新闻发布会》）

思考：这里的"关"指的是关境，那么"封关"具体指的是什么呢？为何要封关运作？

"封关"是一个海关术语，即海南全岛成为一个"境内关外"区域，海南岛内可以享受零关税等优惠政策。在这一特定区域内，"封关"的概念也可以简称为：一线放开、二线管住、岛内自由。

"一线放开"是指境外及区内的货物可以不受海关监管自由出入境，即自贸区（港）与境外实现货物、资金和人员等要素自由流动。

"二线管住"是指从自贸区（港）出入国境内其他区域的货物，纳入全国海关统管一体化，实行常规监管，要征收相应的税收，并纳入贸易统计。

"封关"不是"封岛"，恰恰相反，全岛封关运作意味着海南自贸港与外界的联通将更加顺畅，是更高水平的开放。

（二）国际物流定义

国际物流在广义上是指国际贸易及非贸易物流、国际物流投资及合作等，在狭义上是指存在于两个不同关境的交易主体的物流服务模式。

在大数据、物联网、人工智能等技术融合驱动下，不同关境或者不同国家的贸易过程高度信息化后，使跨境电商进一步优化、整合了传统国际贸易的资金流、商流、信息流、人流、物流，在降低成本的同时，供应链上下游也需要匹配优化，快速推动国际物流发展，连接不同关境的国际物流正是构建跨境电商供应链的必备环节。跨境电商的流程包括谈判、立约、支付、物流等多个环节，跨境电商的发展也为与这些环节相关的企业的发展提供了市场机遇，特别是国际物流。

跨境电商物流是指网上平台销售的物品从供应地到不同国家地域范围接收地的实体流动过程，包括国际运输、包装配送和信息处理等环节。

（三）跨境电商与国际物流的关系

伴随人工智能、大数据等技术发展与跨界融合，国际流通领域的业务延展，跨境电商进入了新时代，国际物流已经成为影响跨境电商发展最重要的因素。跨境电商与国际物流是相互影响、紧密联系的两个行业。

跨境电商企业为国际物流的发展带来市场。传统商务模式越来越不能满足人们的需求，新时代下消费者会更为重视商品的质量及商品种类的丰富程度，此外消费者会更为看重购物体验，而跨境电商的出现则在很大程度上能够提升购物便捷性、满足消费者需求、优化消费者购物体验。同时，跨境电商的出现，在改善企业服务质量、提高供应链有效性、增进企业经营效益、提升国际贸易成交量及开展范围等方面发挥了作用，因此现今很多传统企业都纷纷引入跨境电商经营模式。巨大的跨境电商市场，为跨境电商必备环节——国际物流的发展提供了市场机遇，而国际物流的完善则是跨境电商发展的必要环节之一。

1. 跨境电商与国际物流相互促进

跨境电商要求国际物流进行多元化的渠道整合，提供全球化的高效服务，并且对国际物流作业效率的系统性和智能性提出了标准化的要求。高效的国际物流体系为跨境电商带来了更低的物流成本和更好的物流体验，国际物流的全球化也扩大了跨境电商的市场发展范围。

2. 跨境电商与国际物流相互依存

对于跨境电商企业而言，产品是王道，物流是链条。国际物流是其运作过程中的重要保障，整个跨境电商活动都需要国际物流来完成。在跨境电商运作过程中，不同的交易方式会产生不同的物流模式。在跨境电商企业的成本中，采购成本、人工成本、物流成本在其总成本中占据了很大的比例，其中物流成本的比重约为 20%~25%。如果没有多元化的国际物流体系为跨境电子商务服务，那么这些物流成本的比重将会更大。所以，跨境电商与国际物流不仅是相互促进、相互制约的关系，更重要的是相互依存的关系。

跨境电商中，企业与消费者合约践行的基础就在于非虚拟性的国际物流，而影响消费者消费体验的因素也在于物流的效率及成本，此跨境电商不仅为国际物流的发展提供市场机遇，更为其发展带来挑战，而国际物流发展水平高低也成为跨境电商供应链融合及跨境电商供应链企业获得经营效益的关键因素。

（四）跨境电商物流特征

跨境电商物流主要有四个特征（见图1-1-2）。

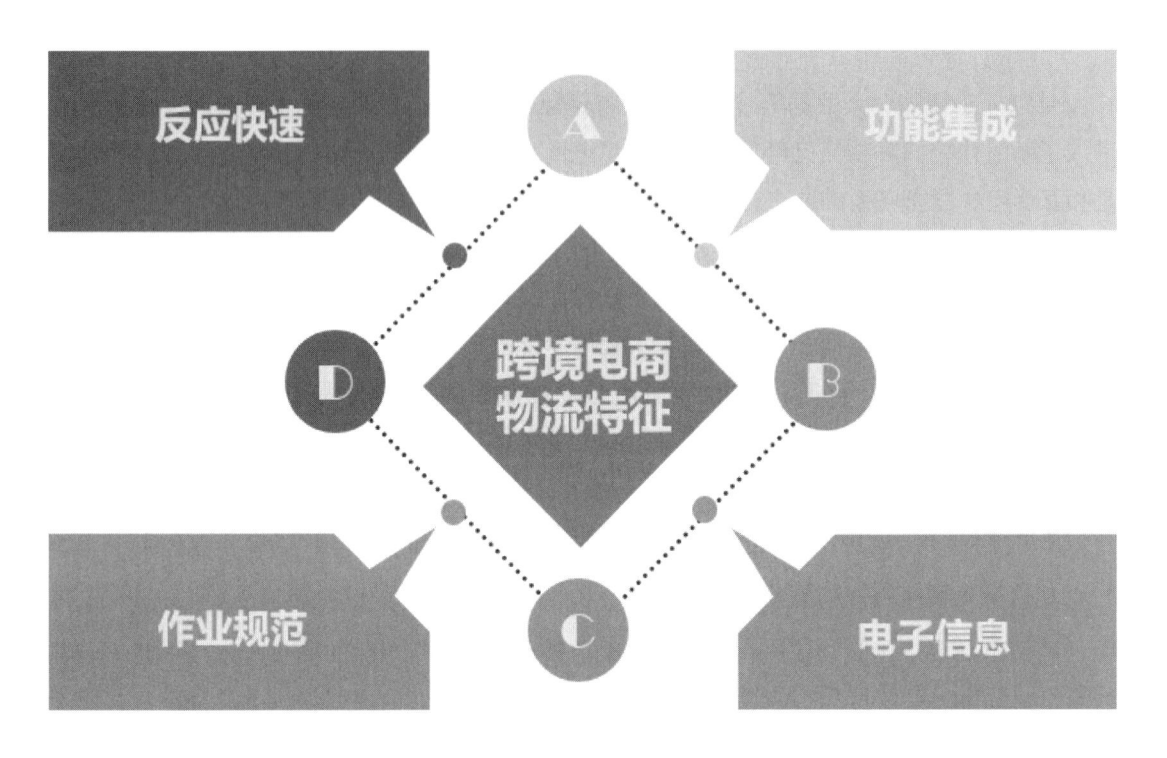

图 1-1-2 跨境电商物流特征

1. 物流速度反应快速化

跨境电商要求国际物流供应链上下游对物流配送需求的反应速度要非常迅速，因此整个跨境电商物流前置时间和配送时间间隔越来越短，商品周转和物流配送时效也越来越快。

2. 物流功能的集成化

跨境电商将国际物流与供应链的其他环节进行集成，包括物流渠道与产品渠道的集成、各种类型的物流渠道之间的集成、物流环节与物流功能的集成等。

3. 物流作业的规范化

跨境电商物流强调作业流程的标准化，包括制定物流订单处理模板选择、制定物流渠道的管理标准等操作，使复杂的物流作业流程变成简单的、可量化的、可考核的物流操作方式。

4. 物流信息的电子化

跨境电商物流强调订单处理、信息处理的系统化和电子化，采用企业资源计划ERP

信息系统（见图 1-1-3）功能来完成标准化的物流订单处理和物流仓储管理模式。具体通过 ERP 信息系统对物流渠道的成本、时效、安全性进行有效的关键业绩指标 KPI 考核，并对物流仓储管理过程中的库存积压、产品延迟到货、物流配送不及时等进行有效的风险控制。

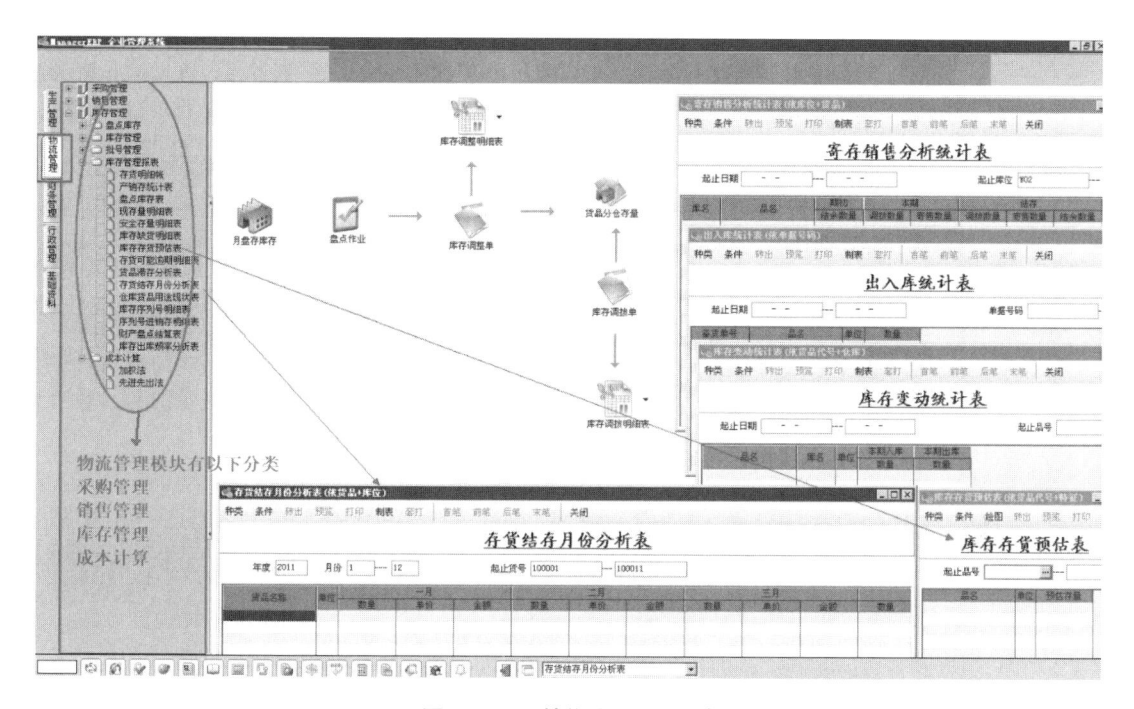

图 1-1-3　某物流 ERP 系统

二、跨境电商物流与传统物流区别

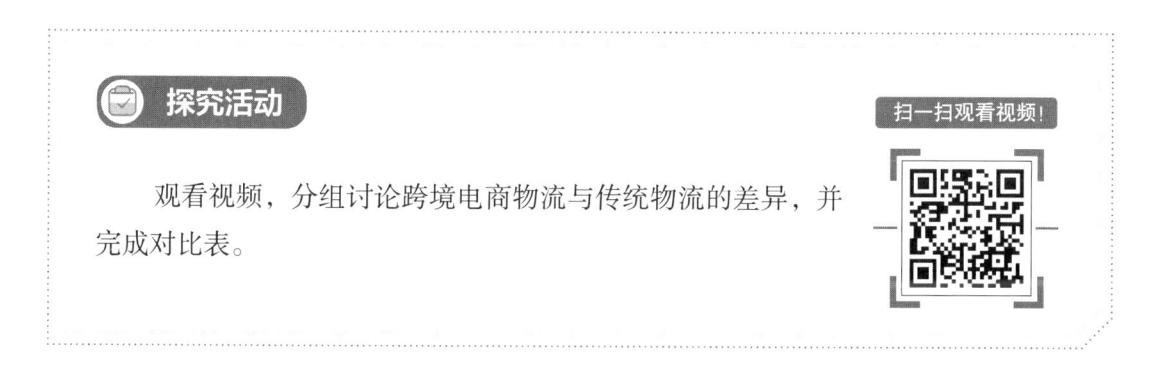

探究活动

观看视频，分组讨论跨境电商物流与传统物流的差异，并完成对比表。

扫一扫观看视频！

跨境电商物流与传统物流差异如表 1-1-1 所示。

表 1-1-1　　　　　　　　　　　　跨境电商物流与传统物流差异

差异点	跨境电商物流	传统物流
对物流的敏捷性和柔性要求	跨境电商压缩了空间，加速了时间，这样一个改变让物流的容错能力大大降低，敏捷性、柔性要求大大提高	传统物流过程的每一个转运点都是一个核查过程，可以检验错误的发生
存储区域	由于跨境电商多品种、小批量的特点，必须以专门的存储区来提高存储利用率，以专门的拣货区来提高拣选效率	大都存储区和拣配区域共用，其实质就是上述少品种、大批量的出入模式所决定
商品包装	因为商品经过重组，"新产品"处于无包装状态，而跨境电商仓库包装线则需要有设计包装能力，并进行响应操作，根据不同的商品特征，在成本时间的约束下，研制包装方案，保证在途货物的安全	自工厂运出后，包装一般不需要再行调整，所以传统物流没有明显的包装线，其包装的起因是加固或安全
出库复核	跨境电商的出库复核几乎是重新清点，通过电子设备终端一一完成校验	传统出库的复核程序重要，但基本上基于数量清点，以及零头箱和品种校验，也多由人工单独完成
信息元素	跨境电商物流严格要求标签信息规范性和完整性。在同一时间的订单内容，如果没有标签、条码信息，就如石沉大海，发票也必须与货物同步流动	传统物流货物上的信息元素要求不高，因为货物本身外表或物理属性可以区分，即使不贴标签也行，不需要与票据一一对应，即发票可以与货物异步流通

无论是跨境电子商务的国际物流还是传统物流，都是在一定可控的成本下基于对物品的实体流动过程，这是两者的共同点。但是跨境电商对物流的具体要求又不同于传统物流，两者的差异性体现在如下几点。

1. 运营模式对物流的敏捷性和柔性要求不同

跨境电子商务"多品种、小批量、多批次、短周期"的运营模式对物流的敏捷性和柔性提出了更高的要求。跨境电子商务网上交易后对物流信息的敏捷性需求强调库存商品快速分拣配送的原则，对国际物流的柔性需求强调建立多元化的物流渠道。传统的商业模式因"少品种、大批量、少批次、长周期"的运营模式决定了传统物流的固化性和单一性。

2. 物流功能性的附加价值不同

对于跨境电商商家来说，国际物流除了运输的功能，还包括客户对国际物流时效的体验，以及国际物流的成本对产品的竞争优势的影响；而传统物流除了运输的功能以外，附加价值的体现并不明显。

3. 点面服务范围不同

跨境电商物流强调整合化和全球化服务，而传统物流强调的是"门到门""点对点"服务。

4. 服务的主动性不同

跨境电子商务的国际物流是主动服务，传统物流是被动服务。前者是产品、物流、信息流、资金流的统一，交易完成后主动把物流信息发送给客户，并实时监控货物直到完成投递。后者只是完成物品的运输，信息流往往在货物送达以后才发生。

5. IT 系统化、信息智能化重视程度不同

跨境电商物流注重 IT 系统化、信息智能化。在跨境电子商务的推动下，以信息技术为核心，对国际物流全过程进行优化。现在各大国际物流服务商致力于开发技术领先的物流 ERP 系统，以期望提供更全面、更简单的物流信息操作模式，实现跨境电子商务网上购物的一体化和智能化。传统物流的传统作业流程相对固定，且变通性不强，是单一环节的管理，所以对于 IT 系统的重视程度和智能化程度远远不如跨境电商物流高。

三、跨境电商物流企业

探究活动

登录招聘网站，输入"跨境电商物流"搜索职位，查看与之相关的企业的类型（见图 1-1-4）。

图 1-1-4　某招聘网站"跨境电商物流"职位搜索结果

跨境电商物流企业是指从事国际物流活动的经济组织，至少从事运输（含运输代理、货物快递）或仓储一种经营业务，并能够按照客户物流需求对运输、储存、装卸、包装、流通加工、配送等基本功能进行组织和管理，具有与自身业务相适应的信息管理系统，实行独立核算、独立承担民事责任的经济组织。跨境电商物流企业有综合型物流企业、机能整合型物流企业、代理型物流企业之分。

综合型物流企业的业务范围往往覆盖全球，它能应对货主企业的全球化经营对物流的需求，如DHL、中远集团、中外运集团等。这类物流企业具有功能整合度高、物流服务广、综合实力强大、能为客户提供全方位综合物流服务的特点。

机能整合型物流企业以货物对象、功能或市场为核心，导入系统化的物流，通过推进货物分拣，追踪提供输送服务，如中国邮政速递服务公司（EMS）、中铁快运有限公司（CRE）、中国航空快递有限责任公司（CAE）及众多码头堆场、机场公司等。这类企业能自身承担从集货到配送等物流活动，可以调度实现机能整合。由于企业服务的是特定的货物、功能或市场，所以其服务的范围受到限制。

代理型物流企业机能整合度低，但服务范围广，通常自身不拥有运送手段，而是以综合运用铁路、航空、船舶、汽车等各种手段运输，靠经营网络的优势，开展货物混载代理业务。它们具有把不同的物流服务项目组合，以满足客户需求的能力。

跨境电商物流主要涉及的企业如下：

1. 集装箱班轮公司

集装箱班轮公司是指运用自己拥有或自己经营的船舶，提供国际港口之间班轮运输服务的船舶运输企业。

代表性企业：中国远洋海运集团有限公司（见图1-1-5）、宁波远洋运输股份有限公司。

图1-1-5 中国远洋海运集团有限公司

2. 航空公司

航空公司（Airlines）是指以各种航空飞行器为运输工具，以空中运输的方式运载人员或货物的企业。航空公司的服务范围可以分为洲际的、洲内的、国内的，也可以分为航班服务和包机服务。航空公司可以按多种方式分类。按公司规模可分为大型航空公司、小型航空公司，小到只有一架运输邮政或货物的飞机，大到拥有数百架飞机，能提供各类全球性服务；按飞行范围可分为国际、国内航空公司；按运输的种类可分为客运航空公司、货运航空公司。

代表性企业：中国航空集团公司、中国东方航空股份有限公司。

3. 船代公司

船代公司（Shipping Agency Ltd）全称是船舶代理有限公司，主要负责船舶业务，办理船舶进出口手续，协调船方和港口各部门，以保证装卸货顺利进行，另外完成船方的委办事项，如更换船员、伙食补给、船舶航修等。有时船方也会委托船代公司代签提单。

代表性企业：中国外轮代理有限公司、中外运船务代理有限公司等。

4. 国际货运代理公司

国际货运代理公司是指接受进出口货物收货人、发货人的委托，以委托人的名义或者以自己的名义，为委托人办理国际货物运输及相关业务并收取服务报酬的法人企业。根据其经营范围，国际货运代理按运输方式分为海运代理、空运代理、汽运代理、铁路运输代理、联运代理、班轮货运代理、不定期船货运代理、液散货货运代理等；按委托项目和业务过程分为订舱揽货代理、货物报关代理、航线代理、货物进口代理、货物出口代理、集装箱货运代理、集装箱拆箱装箱代理、货物装卸代理、中转代理、理货代理、储运代理、报检代理和报验代理等。

国际货运代理企业作为代理人或者独立经营人从事经营活动，其经营范围包括：

（1）揽货、订舱（含租船、包机、包舱）、托运、仓储、包装；

（2）货物的监装、监卸、集装箱装拆箱、分拨、中转及相关的短途运输服务；

（3）报关、报检、报验、保险；

（4）缮制签发有关单证、交付运费、结算及交付杂费；

（5）国际展品、私人物品及过境货物运输代理；

（6）国际多式联运、集运（含集装箱拼箱）；

（7）国际快递（不含私人信函）；

（8）咨询及其他国际货运代理业务。

代表性企业：中国外运长航集团有限公司、中远国际货运有限公司、中国物资储运集团有限公司、上港集团物流有限公司、锦程国际物流集团股份有限公司、嘉里大通物流有限公司等。

5. 报关公司

报关公司（Customs Broker）是指经海关准予注册登记，接受进出口货物收发货人的委托，以进出口货物收发货人名义或者以自己的名义，向海关办理代理报关业务，从事报关服务的境内企业法人的企业。报关公司可以分为专业报关公司、代理报关公司、自理报关公司。专业报关公司是指经海关批准设立，办理注册登记手续，专门从事进出口货物代理报关业务，具有境内法人地位独立核算的经济实体，专业报关公司必须在名称中冠以"××报关行"或"××报关服务公司"字样；代理报关公司是指经营国际货物运输代理、国际运输工具代理等业务，并接受委托代办进出口货物的报关纳税等事宜的境内法人；自理报关公司是指有进出口经营权的国有、集体和外商投资公司，自理报关公司只能办理本公司进出口货物的报关手续，不能代理其他公司报关。

6. 集装箱码头公司

集装箱码头是指包括港池、锚地、进港航道、泊位等水域以及货运站、堆场、码头前沿、办公生活区域等陆域范围的能够容纳完整的集装箱装卸操作过程的具有明确界限的场所。集装箱码头是水陆联运的枢纽站，是集装箱货物在转换运输方式时的缓冲地，也是货物的交接点，因此，集装箱码头在整个集装箱运输过程中占有重要地位。集装箱码头通常由一家独立的公司来管理。

代表性企业：天津港集装箱码头有限公司、上海集装箱码头有限公司等（上海沪东集装箱码头见图1-1-6）。

图1-1-6　上海沪东集装箱码头

📝 **实践与思考**

① 单选题：跨境电商相比传统电商，增加了（　　）属性。

   A. 物流　　　B. 外贸业务　　　C. 支付　　　D. 平台

② 多选题：以下哪些是跨境电商概念的关键词？（　　）

   A. 关境　　　B. 电商平台　　　C. 跨境物流　　　D. 支付结算

   E. 国际商业活动

③ 多选题：以下符合跨境电商物流特征的是（　　）。

   A. 物流反应速度快　　　B. 物流功能集成化

   C. 物流作业标准化　　　D. 物流信息电子化

④ 多选题：关于关境的说法中，正确的是（　　）。

   A. 关境不同于国境

   B. 关境就是国境

   C. 我国关境是除单独关境以外的中华人民共和国的全部领域

   D. 目前我国法律已明确的单独关境有香港特别行政区和澳门特别行政区

⑤ 多选题：航空公司按运输的种类可分为（　　）。

   A. 客运航空公司　　　B. 货运航空公司

   C. 国内航空公司　　　D. 国际航空公司

⑥ 判断题：跨境电商就是外贸企业通过电商平台将产品和服务卖到国外去。（　　）

⑦ 判断题：自理报关公司既能办理本公司进出口货物的报关手续，也能代理其他公司报关。（　　）

⑧ 判断题：集装箱码头通常由一家独立的公司来管理。（　　）

▶ 跨境电商物流

❾ 简答题：简述跨境电商与国际物流之间的联动关系。

❿ 简答题：跨境电商物流与传统物流区别有哪些？

⓫ 实践活动

　　2024年的跨境电商行业仍然是当下热门的贸易标杆风向标，随之而来的也有愈发激烈的行业竞争。在这个充满机遇和竞争的市场环境中，国际物流服务扮演着至关重要的角色。那么国际物流服务在跨境电商中有什么关键作用呢？请各位同学以小组为单位，归纳国际物流服务对跨境电商的作用，并进行交流。

▼ **学习评价**

序号	评价内容	参考分值	得分
1	说出跨境电商的含义	10	
2	区别关境和国境	10	
3	说出国际物流的含义	10	
4	复述跨境电商与国际物流的关系	10	

续表

序号	评价内容	参考分值	得分
5	列举跨境电商物流的特征	10	
6	区别跨境电商物流和传统物流	10	
7	列举跨境电商物流代表企业	10	
8	完成课堂探究活动	10	
9	有效地参与小组讨论,并在团队中发挥积极作用	10	
10	独立完成课后习题	10	
总 分			

任务二　认识跨境电商物流网络

▼ 任务导入

某日，李华带新入职的王丽接待客户。客户是一家主营家居用品的跨境电商企业，近期因为物流时效不稳定、成本居高不下而苦恼。在与客户沟通中，王丽了解到，跨境电商是通过多个收发货节点连接而成的物流网络及相辅的信息网络组成的跨境电商物流网络完成运营的。作为一名新员工，她需要尽快熟悉跨境电商物流网络的各个要素和运作模式，以便更好地服务客户，解决他们的物流难题。

一、国际物流系统

口岸（Port）是国家指定的对外往来的门户，是国际货物运输的枢纽和节点，除了对外开放的沿海港口之外，口岸还包括国际航线上的飞机场，山脉国境线上对外开放的山口，国际铁路、国际公路上对外开放的火车站、汽车站，国际河流和内河上对外开放的水运港口。

口岸按出入境的交通运输方式划分，分为港口口岸、陆地口岸和航空口岸。

港口口岸是国家在江河湖海沿岸开设的供货物和人员进出国境及船舶往来挂靠的通道；陆地口岸是国家在陆地上开设的供货物和人员进出国境及陆上交通工具停站的通道；航空口岸是国家在开辟有国际航线的机场上开设的供货物和人员进出国境及航空器起降的通道。

探究活动

跨境物流运输必须经过"口岸"，列举三个上海的口岸。

时事聚焦

口岸是对外开发开放的门户，也是人员经贸往来的桥梁和国家安全的重要屏障，担负着服务国家战略和外交大局的重任。改革开放以来，为适应对外开放新形势新要求，我国口岸快速发展，对改革开放和现代化建设产生了广泛而深刻的影响。

改革开放以来，我国口岸经历了多个发展阶段，从试点起步到扩大调整，再到全面开放的改革创新，国家不断出台政策方针，规范设施建设，完善保障措施，推动优势互补。海港逐浪大洋，陆港星罗棋布，空港辐射全球，口岸的发展正全方位融入国家对外开放大局，不断释放出新活力。

（新闻来源：高振勃，《创新发展壮大口岸经济》，《经济日报》2014年12月6日）

（一）国际海运港

1. 内涵和组成

港口是国际物流的特殊节点，是水陆交通的集结点和枢纽，工农产品和外贸进出口物资的集散点，船舶停泊、装卸货物、上下旅客、补充给养的场所。

海运港口由水域和陆域所组成（见图1-2-1）。

图 1-2-1 港口组成

水域通常包括进港航道、锚泊地和港池。进港航道要保证船舶安全方便地进出港口，必须有足够的深度和宽度，适当的位置、方向和弯道曲率半径，大型船舶的航道宽度为80~300米，小型船舶的为50~60米；锚泊地是指有天然掩护或人工掩护条件能抵御强风浪的水域，船舶可在此锚泊、等待靠泊码头或离开港口；港池是指直接和港口陆域毗连，供船舶靠离码头、临时停泊和调头的水域。

陆域指港口供货物装卸、堆存、转运和旅客集散之用的陆地面积。陆域上有进港陆上通道（铁路、道路、运输管道等）、码头前方装卸作业区和港口后方区。前方装卸作业区供分配货物，布置码头前沿铁路、道路、装卸机械设备和快速周转货物的仓库或堆场（前方库场）及候船大厅等之用。港口后方区供布置港内铁路、道路、较长时间堆存货物的仓库或堆场（后方库场）、港口附属设施（车库、停车场、机具修理车间、工具房、变电站、消防站等）以及行政、服务房屋等。

设备包括陆上设备、港内陆上运输机械设备、水上装卸运输机械设备等。陆上设备包括间歇作业的装卸机械设备（集装箱起重机、卸车机等）、连续作业的装卸机械设备（带式输送机、斗式提升机等）、供电照明设备、通信设备、给水排水设备、防火设备等。港内陆上运输机械设备包括火车、载重汽车、自行式搬运车及管道输送设备等。水上装卸运输机械设备包括起重船、拖轮、驳船及其他港口作业船、水下输送管道等。

2. 海运港口分类

海运港口分为基本港和非基本港。

基本港（Base Port）是运价表限定班轮公司的船一般要定期挂靠的港口。大多数为位于中心的较大口岸，港口设备条件比较好，货载多而稳定，运往基本港的货物一般均为直达运输，无须中途转船。凡基本港以外的港口都称为非基本港（Non-Base Port），非基本港一般除按基本港收费外，还需另外加收转船附加费，达到一定货量时则改为加收直航附加费。例如新几内亚航线的霍尼亚拉港（HONIARA），是所罗门群岛的基本港，而基埃塔港（KIETA），则是非基本港。运往基埃塔港口的货物运费率要在霍尼亚拉运费率的基础上增加转船附加费43.00美元/英尺。

3. 世界主要海港

世界航运和港口吞吐量是全球经济的重要晴雨表，目前海上运输是国际上商品交换中最重要的运输方式之一，国际货物80%以上的运输量都是需要通过海运来完成的，而我国更是90%以上的外贸货物需要通过海运完成。作为交通和物流枢纽，港口在世界进出口贸易中扮演着重要角色。

时事聚焦

全球 35 个国际化大城市中有 31 个是海运港口类型的城市，海运港口的便利迅速带动了当地经济的发展，而在全球最繁忙、吞吐量最大的 10 个海运港口中中国就占据了 7 个（见表 1-2-1）。

表 1-2-1　　　　　　　　2022 年全球十大港口排名

排名	港口	国家	吞吐量（万标准箱）
1	上海洋山港	中国	4 730
2	新加坡港	新加坡	3 729
3	宁波舟山港	中国	3 335
4	深圳港	中国	3 004
5	青岛港	中国	2 567
6	广州港	中国	2 486
7	釜山港	韩国	2 207
8	天津港	中国	2 102
9	香港港	中国	1 664
10	鹿特丹港	荷兰	1 445

资料来源：世界银行。

近年来，中国港口成为世界港口商贸发展的风向标，其中上海洋山港凭借辐射全球的集装箱班轮航线服务网络、居于世界前列的集装箱吞吐量规模、全球领先的岸线资源利用效率、规模巨大的集装箱自动化码头，位居世界一流港口的领先水平。

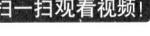

这些年，不管国际形势如何风云变幻，上海洋山港仍旧遵循自己的节奏，攻坚克难、突破创新，彰显实力。2018 年 11 月 6 日，习近平总书记视频连线洋山港四期自动化码头（见图 1-2-2），在听取码头建设和运营情况介绍时指出，要有勇创世界一流的志气和勇气，要做就做最好的，努力创造更多世界第一。

图 1-2-2　习近平总书记在上海浦东新区城市运行综合管理中心视频连线洋山港四期自动化码头（新华社记者李学仁 摄）

上海港这些年的发展，得益于习近平新时代中国特色社会主义思想的指导，特别是总书记亲切关怀上海洋山港所作的一系列重要讲话的科学指引，得益于我国经济社会蓬勃发展带来的重要战略机遇。

（新闻来源：人民日报中央厨房－大江东工作室，《大江东｜总书记点赞，洋山自动化码头拥抱世界》，人民日报 2022 年 6 月 24 日）

扫一扫观看视频！

（二）国际航空港

航空港是指位于航线上的、为保证航空运输和专业飞行作业用的机场及其有关建筑物和设施的总称，是空中交通网的基地。

航空港和机场是不同的，所有可以起降飞机的地方都可以叫机场，而航空港专指那些可以经营客货运输的机场。航空港由飞行区、客货运输服务区和机务维修区三部分组成。其中，飞行区是航空港面积最大的区域，设有指挥台、跑道、滑行道、停机坪、无线电导航系统等设施。客货运输服务区是指为旅客、货主提供地面服务的区域，主体是候机楼，此外还有客机坪、停车场、进出港道路系统等，货运量较大的航空港还专门设有货运站。机务维修区是飞机维护修理和航空港正常工作所必需的各种机务设施的区域，区内建有维修厂、维修机库、维修机坪和供水、供电、供热、供冷、下水等设施。航空港的主要任务是完成客货运输服务，保养与维修飞机，保证旅客、货物和邮件正常运送以及飞机安全起降。

二、海关特殊监管区域

海关特殊监管区域是经国务院批准，设立在中华人民共和国关境内，实行特殊的税收政策和进出口管理政策，具有加工制造、国际贸易、物流分拨、保税仓储、检测维修、研发设计、商品展示等功能，由海关按照国家有关规定实施监管的经济功能区。改革开放以来，我国陆续建立了保税区、出口加工区、保税物流园区、保税港区和综合保税区等海关特殊监管区域。党的十八届三中全会以来，我国积极推动特殊监管区域整合成为综合保税区，截至 2024 年 7 月，全国有 172 个海关特殊监管区域，其中综合保税区有 165 个。[①]

> **时事聚焦**
>
> **170 多个海关特殊监管区域贡献全国近五分之一进出口值**
>
> 以综合保税区为主体的海关特殊监管区域是我国外贸高质量发展的重要平台。2024 年 7 月 30 日海关总署在国新办举行的"推动高质量发展"系列主题新闻发布会上表示，2023 年海关特殊监管区域进出口值占我国外贸的比重提升到 19.2%，以不到全国十万分之五的国土面积，贡献了全国近五分之一的外贸进出口值。
>
> 改革开放以来，我国陆续建立了保税区、出口加工区、保税物流园区、跨境工业园区、保税港区和综合保税区六种海关特殊监管区域。党的十八届三中全会以来，我们积极推动特殊监管区域整合成为综合保税区，目前全国有 172 个海关特殊监管区域，其中综合保税区有 165 个。综合保税区概括起来有三方面的优势：
>
> 一是业务功能齐全。综合保税区可以开展加工制造、跨境电商、保税维修等多类业务，正在由原来的"两头在外"转向"对内对外双向开放"。以厦门口岸的保税航空维修为例，2023 年进出口货值突破 1 600 亿元，辐射数十个国家和地区的 100 余家航空公司，取得良好效果。
>
> 二是税收政策优惠。综合保税区享有保税、退税、免税多项税收优惠措施，从境外入区的货物享受保税政策，从境内区外进入综合保税区的货物视同出口、可以享受退税政策，对于区内企业生产所需的机器设备和自用的办公用品免征进口关税和增值税。
>
> 三是货物流转便利。通过海关监管和服务方式创新，一方面区内企业之间

[①] 数据来源：新华社。

可以通过账册管理便捷流转保税货物；另一方面，企业可自行选择运输工具，让保税货物在各区域之间实现便捷的"区间流转"。

综合保税区的加工和物流便利优势吸引了电子信息等先进制造业的集群发展，例如，重庆依托综合保税区，连续8年实现笔记本电脑产销量全球第一。

海关总署相关负责人表示，海关将继续从政策供给、功能拓展、手续简化、流程优化、制度健全五个方面着手，从更高层次、更广维度、更深领域增强综合保税区发展的活力和竞争力。

（新闻来源：记者邹多为、唐诗凝，新华社北京2024年7月30日电）

探究活动

列举三个你熟悉的海关特殊监管区域，并说出各自的特点。

（一）保税区

保税区（Free Trade Zone）是经国务院批准设立的由海关监管的特定区域，其功能定位为"保税仓储、进出口加工、国际贸易"，享有"免证、免税、保税"政策，实行"境内关外"运作方式，是中国对外开放程度最高、运作机制最便捷、政策最优惠的经济区域之一。运入保税区的货物可以进行储存、改装、分类、混合、展览，以及加工制造，但必须处于海关监管范围内。外国商品存入保税区，不必缴纳进口关税，尚可自由出口，只需交纳存储费和少量费用，但如果要进入关境则需缴纳关税。保税区主要分布在口岸，如上海、天津、大连、张家港、深圳、福州、海口、厦门、广州、青岛、宁波、汕头、珠海等。上海外高桥保税区是中国第一个保税区，成立于1990年6月。

（二）出口加工区

出口加工区（Export Processing Zone）是指经国务院批准、由海关实行封闭式管理、专门从事出口加工业务的特殊经济区域。它是主要针对出口加工企业，专为制造、加工、装配出口商品而开辟的特殊区域，其产品的全部或大部分供出口。出口加工区功能定位为"加工制造为主，保税物流为辅"，并拓展研发、检测、维修业务。对出口加工区外企业（简称区外企业）运入出口加工区的货物视同出口，由海关办理出口报关手续，签发出口货物报关单（出口退税专用联）。日前国内有深圳出口加工区、昆山出口加工区、郑州出口加工区、青岛出口加工区、重庆出口加工区、上海金桥出口加工区、天津出口加工区、厦门出口加工区等。

（三）保税物流园区

保税物流园区是指经国务院批准，在保税区规划面积或者毗邻保税区的特定港区内设立的、专门发展现代国际物流业的海关特殊监管区域。业务范围主要包括：存储进出口货物及其他未办结海关手续货物、对所存货物开展流通性简单加工和增值服务、进出口贸易（转口贸易）、国际采购、分销和配送、国际中转、检测、维修、商品展示。园区内不得开展商业零售、加工制造、翻新、拆解及其他与园区无关的业务。海关对园区与境外之间进、出的货物实行备案制管理，但园区自用的免税进口货物、国际中转货物或者法律、行政法规另有规定的货物除外。园区货物运往区外视同进口，园区企业或者区外收货人（或者其代理人）按照进口货物的有关规定向园区主管海关申报；区外货物运入园区视同出口，由园区企业或者区外发货人（或者其代理人）向园区主管海关办理出口申报手续。

（四）保税港区

保税港区是指经国务院批准，设立在国家对外开放的口岸港区和与之相连的特定区域内，具有口岸、物流、加工等功能的海关特殊监管区域。保税港区的功能具体包括仓储物流、对外贸易、国际采购、分销和配送、国际中转、检测和售后服务维修、商品展示、研发、加工、制造、港口作业等。保税港区享受保税区、出口加工区、保税物流园区相关的税收和外汇管理政策：国外货物入港区保税；货物出港区进入国内销售按货物进口的有关规定办理报关，保税港区叠加了保税区和出口加工区税收和外汇政策，在区位、功能和政策上优势更明显。我国目前已设立上海洋山保税港区、天津东疆保税港区等。

（五）综合保税区

综合保税区（Comprehensive Bonded Zone）是设立在内陆地区的具有保税港区功能的海关特殊监管区域，由海关参照有关规定对综合保税区进行管理，执行保税港区的税收和外汇政策，集保税区、出口加工区、保税物流区、港口的功能于一身，可以发展国际中转、配送、采购、转口贸易和出口加工等业务。

综合保税区实行封闭式管理。综合保税区与中华人民共和国关境内的其他地区之间设置符合海关监管要求的卡口、围网、视频监控系统及海关监管所需的其他设施。

综合保税区享受的税收和外汇管理政策为：国外货物入区保税；货物出区进入境内销售按货物进口的有关规定办理报关手续，并按货物实际状态征税；区外货物入区视同出口，实行退税。

（六）海关特殊监管区域及场所政策与功能比较

相关比较如表 1-2-2 所示。

表 1-2-2　　　　　　　　我国海关特殊监管区域及场所政策与功能比较

比　较	普通区域	保税区	出口加工区	保税物流园区	保税港区	综合保税区
监管模式	海关对区外分散经营的加工贸易采取开放式的管理，并实行8小时工作制度	海关对保税区实行围网管理，实行24小时监管海关稽查制度	全封闭、卡口式管理，海关在围网及卡口设置闭路电视监控系统，并实行24小时工作制度	设置符合要求的卡口、围网隔离设施、视频监控系统及其他监管所需设施，实行24小时监管	实行封闭管理，港区和陆地区域参照出口加工区的标准建设隔离监管设施	综合保税区的监管模式实行封闭式管理，由海关进行监督管理
基本功能	没有特殊规定	加工制造、国际贸易、现代物流和展示展销	区内企业进口原材料生产加工成成品后复出口。不得经营商品零售、一般贸易、转口贸易及其他与加工区无关的业务	除可以存储进出口货物及其他未办结海关手续货物，对所存货物开展流通性简单加工和增值服务，从事进出口贸易、转口贸易、国际采购、分销配送和国际中转业务外，还可以开展检测与维修业务。但不得开展商业零售、加工制造、翻新及其他无关业务	充分发挥区位优势和政策优势，发展国际中转、配送、采购、转口贸易和出口加工等业务，拓展相关功能	集保税区、出口加工区、保税物流区、港口的功能于一身，可以发展国际中转、配送、采购、转口贸易和出口加工等业务

续表

比较	普通区域	保税区	出口加工区	保税物流园区	保税港区	综合保税区
通关模式	货物进出口采取异地报关或转关运输的方式，手续繁杂	出境为两次出境备案；出口为一次出口报关和一次进区报关手续。实现"集中报关、分批出区"制度	货物进出口采取"一次申报、一次审单、一次查验"的新通关模式	对区内与境外的货物实行备案制管理。对于少批量、多批次的货物，实行"分批出区、集中报关、凭保放行"。海关、国检、边检等区内监管单位实行"一次申报、一次查验、一次放行"	"一次申报、一次查验、一次放行"	包括一票多车快速通关模式、智慧监管模式以及保税跨境贸易电子商务模式
退税政策	加工贸易企业使用国内原材料、物料加工产品，其产品必须实际离境后才能办理出口退税手续	进入保税区的国内货物，必须等货物实际离境后才能办理出口退税手续	国内原材料、物料等进入加工区视同出口，税务部门给予办理出口退（免）税手续	国内货物进去视同出口，予以退税	国内货物入港区视同出口，实行退税	进入保税区的国内货物，必须等货物实际离境后才能办理出口退税手续
保税时限	非海关特殊监管区域、场所不得开展保税仓储	不设时限	不设时限	不设时限	无时限	不设时限

> 📝 **实践与思考**

❶ 单选题：2024年7月，我国有（　　）个海关特殊监管区域，其中综合保税区有（　　）个。

A. 165　　　　B. 172　　　　C. 175　　　　D. 162

❷ 单选题：保税物流中心的货物保税存储期限为（　　）年。经主管海关同意可以予以延期，除特殊情况，延期不得超过（　　）年。

A. 2, 1　　　　B. 3, 2　　　　C. 1, 1　　　　D. 2, 2

❸ 单选题：保税区和出口加工区共有的主要功能是（　　）。

A. 仓储运输　　B. 商品展示　　C. 加工贸易　　D. 转口贸易

❹ 单选题：综合保税区内不可以开展（　　）业务。

A. 文物展示　　B. 保税展示交易　　C. 国际转口贸易　　D. 港口作业

❺ 多选题：口岸按出入境的交通运输方式划分，分为（　　）。

A. 港口口岸　　B. 航空口岸　　C. 陆地口岸　　D. 贸易口岸

❻ 多选题：综合保税区是设立在内陆地区的具有保税港区功能的海关特殊监管区域。下列关于综合保税区的说法，正确的有（　　）。

A. 境内货物入区视同出口，实行退税

B. 境外货物入区保税

C. 整合了保税区、保税物流园区、出口加工区等多种外向型功能

D. 区内企业之间的货物交易需征增值税和消费税

❼ 多选题：下列实行24小时海关监管工作的是（　　）。

A. 普通区域　　B. 保税区　　C. 出口加工区　　D. 保税物流园区

❽ 判断题：海关对保税货物的监管期限，自货物进入关境起到海关放行为止。

（　　）

❾ 判断题：进入保税区的国内货物，随时可以办理退税手续。　　（　　）

---

❿ 英译中

Base Port

Bonded Warehouse

Free Trade Zone

Comprehensive Bonded Zone

WCO

⓫ 实践活动

"2023 年，22 个自由贸易试验区合计进出口额 7.7 万亿元，在我国进出口总额中占 18.4%，为稳外贸发挥了重要作用。"

入职后的王丽经常关注时事新闻，在上面这则新闻中，王丽注意到我国的 22 个"自由贸易试验区"，这是不是与保税区、出口加工区一样，属于我国海关的特殊监管区域呢？

请各位同学以小组为单位，查阅网络后，解答王丽的困惑。

▼ 学习评价

序 号	评价内容	参考分值	得 分
1	说出国际港口的内涵和分类	10	
2	列举世界主要海港	10	
3	说出海关特殊监管区域的种类	15	
4	区分不同海关特殊监管区域的功能	15	
5	说出综合保税区的三种通关模式	10	
6	通过自主查询，了解我国最新外贸政策	10	
7	完成课堂探究活动	10	
8	有效地参与小组讨论，并在团队中发挥积极作用	10	
9	独立完成课后习题	10	
总 分			

任务三　初识海关报关

▼ 任务导入

近日，公司客户有一笔跨境电商的订单货物需要向海关办理通关手续。为了尽快让王丽熟悉工作，李华安排王丽与其一起跟踪该笔业务。王丽了解到，跨境电商货物通关通常需要经过报关和报检两个环节，这两个环节都与海关和报关单位联系密切。作为一名新员工，她需要认真学习报关的相关知识，才能协助李华顺利完成这笔订单的通关手续。

跨境电商物流通关操作是跨境电商操作环节的重要内容，而海关是完成跨境电商通关各环节的重要机构。

一、海关的职能

探究活动

图 1-3-1 是中华人民共和国海关关徽，你知道它的寓意吗？

中华人民共和国海关关徽由商神手杖与金色钥匙交叉组成。商神手杖代表国际贸易，钥匙象征海关为祖国把关。关徽寓意着中国海关依法实施进出境监督管理，维护国家的主权和利益，促进对外经济贸易发展和科技文化交往，保障社会主义现代化建设。

图 1-3-1　中华人民共和国海关关徽

海关报关是指进出口货物的收发货人、受委托的报关企业，按照海关的规定以及有关法律的要求，办理货物、物品、运输工具进出境，采用电子数据报关单和纸质报关单的形式，向海关报告实际进出口物品的情况，并接受海关审核的行为。

（一）海关的性质

- 海关是国家行政机关。
- 海关是国家进出境监督管理机关。
- 海关的监督管理是国家行政执法活动。

（二）海关的任务

《中华人民共和国海关法》（简称《海关法》）明确规定海关有四项基本任务。

1. 监管

海关监管是指海关运用国家赋予的权力，通过一系列管理制度与管理程序，依法对进出境运输工具、货物、物品的进出境活动所实施的一种行政管理。海关监管是一项国家职能，其目的在于保证一切进出境活动符合国家政策和法律的规范，维护国家主权和利益。

监管作为海关四项基本任务之一，通过备案、审单、查验、检验检疫、放行、后续管理等方式对进出境运输工具、货物、物品的进出境活动实施监管，执行落实国家各项对外贸易制度，如进出口许可制度、外汇管理制度、出入境检验检疫制度、文物管理制度等，维护国家经济利益和安全。

2. 征税

征税是海关的另一项重要任务。海关征税工作的基本法律依据是《海关法》、《中华人民共和国进出口关税条例》（简称《关税条例》），以及其他有关法律、行政法规。征税工作包括征收关税和进口环节海关代征税。

关税是国家中央财政收入的重要来源，是国家宏观经济调控的重要工具，也是世界贸易组织允许各缔约方保护其境内经济的一种手段。关税的征收主体是国家，《海关法》明确将征收关税的权力授予海关，由海关代表国家行使征收关税的职能。因此，未经法律授权，其他任何单位和个人均不得行使征收关税的权力。

关税的课税对象是进出口货物、进出境物品。

3. 缉私

查缉走私是海关为保证顺利完成监管和征税等任务而采取的保障措施。查缉走私是指海关依照法律赋予的权力，在海关监管场所和海关附近沿海沿边规定的地区，为发现、制止、打击、综合治理走私活动而进行的一种调查和惩处活动。

《海关法》规定："国家实行联合缉私、统一处理、综合治理的缉私体制。海关负责组织、协调、管理查缉走私工作。"这一规定从法律上明确了海关打击走私的主导地位以及与有关部门的执法协调。海关是打击走私的主管机关，查缉走私是海关的一项重要任务。海关通过查缉走私，制止和打击一切非法进出境货物、物品的行为，维护国家进出口贸易的正常秩序，保障社会主义现代化建设的顺利进行，维护国家关税政策的有效实施，保证国家关税和其他税、费的依法征收，保证海关职能作用的发挥。为了严厉打击走私犯罪活动，根据党中央、国务院的决定，国家在海关总署设立了专司打击走私犯罪的海关缉私警察队伍，负责对走私犯罪案件的侦查、拘留、执行逮捕和预审工作。

4. 统计

海关统计以实际进出口货物作为统计和分析的对象，通过搜集、整理、加工处理进出口货物报关单或经海关核准的其他申报单证，对进出口货物的品种、数（重）量、价格、国别（地区）、经营单位、境内目的地、境内货源地、贸易方式、运输方式、关别等项目分别进行统计和综合分析，全面、准确地反映对外贸易的运行态势，及时提供统计信息和咨询，实施有效的统计监督，开展国际贸易统计的交流与合作，促进对外贸易的发展。我国海关的统计制度规定，实际进出境并引起境内物质存量增加或者减少的货物，列入海关统计；进出境物品超过自用合理数量的，列入海关统计。对于部分不列入海关统计的货物和物品，则根据我国对外贸易管理和海关管理的需要，实施单项统计。

（三）海关的权力

根据《海关法》《进出口商品检验法》《进出境动植物检疫法》《国境卫生检疫法》《食品安全法》及有关法律、行政法规，海关的权力主要包括以下几个方面。

1. 检查权

海关有权检查进出境运输工具，检查有走私嫌疑的运输工具和有藏匿走私货物、物品嫌疑的场所，检查走私嫌疑人的身体。

海关对进出境运输工具的检查不受海关监管区域的限制；对走私嫌疑人身体的检查，应在海关监管区和海关附近沿海沿边规定地区内进行；对有走私嫌疑的运输工具和有藏匿走私货物、物品嫌疑的场所，在海关监管区和海关附近沿海沿边规定地区内，海关人员可直接检查，超出此范围，在调查走私案件时，须经直属海关关长或者其授权的隶属海关关长批准，才能进行检查，但不能检查公民住处。

2. 检验权

海关负责对列入法定检验商品目录内的进出口商品实施法定鉴定和检验，对《食品安全法》《危险化学品安全管理条例》等法律法规规定需由海关实施检验的进出口食品接触材料、食品添加剂、危险化学品等实施检验，对政府双边协议规定需由海关检验出证的进出口商品实施检验等。海关对进口缺陷消费品、进口缺陷汽车有权召回。

3. 检疫权

主要涉及对出入境动植物及其产品的检验检疫；对出入境转基因生物及其产品、生物物种资源的检验检疫；对出入境人员、交通工具、集装箱、尸体、骸骨及可能传播检疫传染病的行李、货物、邮包等的检疫查验；对出入境的微生物、生物制品、人体组织、血液及其制品等特殊物品，以及能传播人类传染病的媒介生物的卫生检疫；对进出口食品、化妆品的检验检疫，以及对进出口食品生产、加工、存储、经营等单位（场所）的日常检验检疫等。

4. 查阅、复制权

海关有权查阅进出境人员的证件，查阅、复制与进出境运输工具、货物、物品有关的合同、发票、账册、单据、记录、文件、业务函电、录音录像制品和其他的有关资料。

5. 查问权

海关有权对违反《海关法》或者其他有关法律、行政法规的嫌疑人进行查问，调查其违法行为。

6. 查验权

海关有权查验进出境货物、个人携带进出境的行李物品、邮寄进出境的物品。海关查验货物，认为必要时，可以径行提取货样。

7. 查询权

海关在调查走私案件时，经直属海关关长或者其授权的隶属海关关长批准，可以查询案件涉嫌单位和涉嫌人员在金融机构、邮政企业的存款、汇款。

8. 稽查权

海关在法律规定的年限内，对企业进出境活动及与进出口货物有关的账务、记账凭证、单证资料等有权进行稽查。

9. 行政处罚权

海关有权对违法当事人予以行政处罚，包括对走私货物、物品及违法所得处以没收，对有走私行为和违反海关监管规定行为的当事人处以罚款等。

10. 佩带和使用武器权

海关为履行职责，可以依法佩带武器，海关工作人员在履行职责时可以使用武器。

11. 行政强制权

海关行政强制包括海关行政强制措施和海关行政强制执行。

海关行政强制措施是指海关在行政管理过程中，为制止违法行为、防止证据损毁、避免危害发生、控制危险扩大等情形，依法对公民的人身自由实施暂时性限制，或者对公民、法人或者其他组织的财物实施暂时性控制的行为。

海关行政强制执行是指在有关当事人不依法履行义务的前提下，为实现海关的有效行政管理，依法强制当事人履行法定义务的行为。

（四）海关的管理体制与机构

1. 海关的领导体制

1980年2月，《国务院关于改革海关管理体制的决定》指出，全国海关建制归中央统一管理，成立中华人民共和国海关总署作为国务院直属机构，统一管理全国海关机构和人员编制、财务及其业务。由此恢复了海关集中统一的垂直领导体制。1987年1月，《海关法》规定"国务院设立海关总署，统一管理全国海关"，明确了海关总署作为国务院直属部门的地位，把海关集中统一的垂直领导体制以法律的形式确立下来。

2. 海关的设关原则

《海关法》以法律形式明确了海关的设关原则："国家在对外开放的口岸和海关监管业务集中的地点设立海关。海关的隶属关系，不受行政区划的限制。"对外开放的口岸指的是国务院批准，允许运输工具及所载人员、货物、物品直接出入国（关）境的港口、机场、车站以及允许运输工具、人员、货物、物品出入国（关）境的边境通道。国家规定，对外开放的口岸必须设置海关。

3. 海关的组织机构

海关机构的设置为海关总署、直属海关和隶属海关三级。隶属海关由直属海关领导，向直属海关负责；直属海关由海关总署领导，向海关总署负责。1998年，根据党中央、国务院的决定，由海关总署、公安部联合组建走私犯罪侦查局，设在海关总署。从2003年1月1日起，各级海关走私犯罪侦查部门统一更名。2018年4月20日起，原中国出入境检验检疫部门正式并入中国海关，统一以海关名义对外开展工作，口岸一线旅检、查验和窗口岗位实现统一上岗、统一着海关制服、统一佩戴关衔（见图1-3-2）。

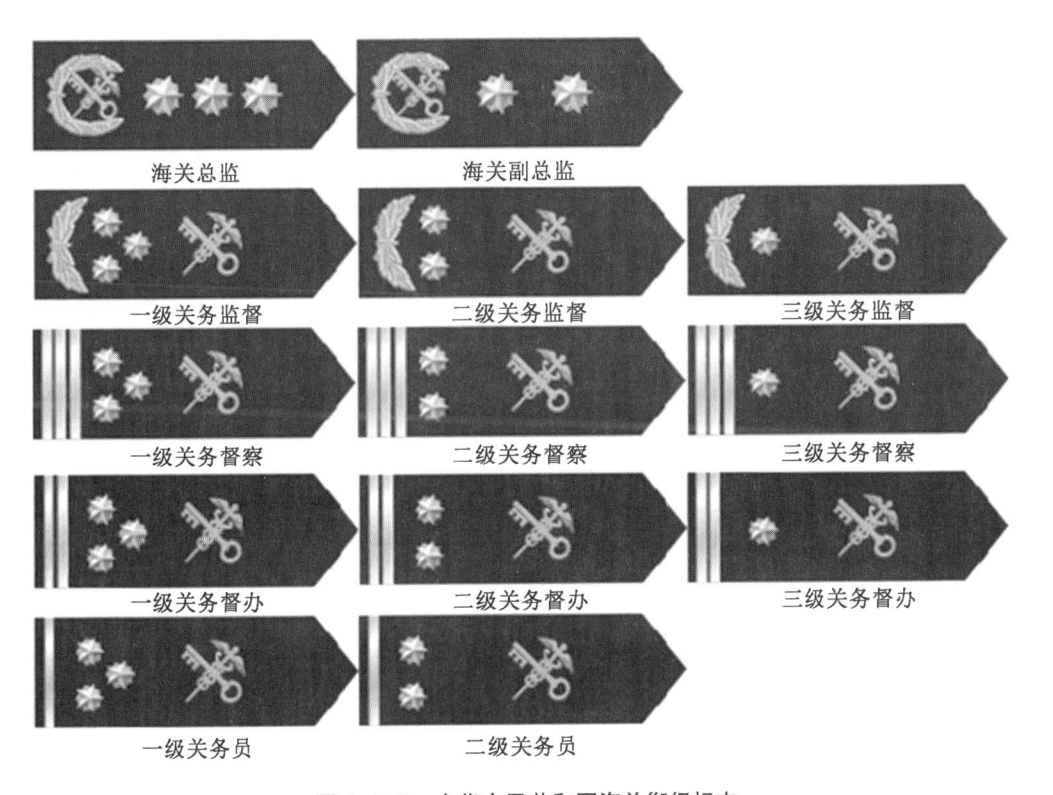

图1-3-2　中华人民共和国海关衔级标志

> **小贴士**

国际海关组织

国际海关组织又称世界海关组织（World Customs Organization，WCO），其前身为海关合作理事会（Customs Cooperation Council，CCC），是国际性的海关组织，也是世界性的、为统一关税、简化海关手续而建立的政府间协调组织。该组织与世界贸易组织（WTO）相对应。世界海关组织标志如图1-3-3所示。

图1-3-3 世界海关组织标志

国际海关组织现有成员182个（截至2024年12月），来自世界各大洲，代表不同的社会经济发展水平，通过政策协调和合作帮助各个成员实现其确定的经济发展目标。我国于1983年7月18日加入国际海关组织。

> **时事聚焦**

海关提醒：根据我国相关法律规定，以藏匿、伪装、报、伪报或者其他方式逃避海关监管，运输、携带、邮寄国家禁止或者限制进出境的货物、物品或者依法应当缴纳税款的货物、物品进出境的属于走私行为，将被依法追究法律责任，情节严重构成犯罪的，将被依法追究刑事责任。

二、报关单位认知

（一）报关单位的概念

报关单位是指依法在海关备案的报关企业和进出口货物收发货人。除法律、行政法规或者海关规章另有规定外，报关企业、进出口货物收发货人办理报关手续，必须依法向海关办理备案。因此，依法向海关备案是法人、其他组织或者个人成为报关单位的法定要求和前提条件。

（二）报关单位的类型

《海关法》将报关单位划分为报关企业和进出口货物收发货人两种类型。

1. 报关企业

报关企业是指依法经海关准予备案，接受进出口货物收发货人的委托，以进出口货物收发货人的名义或者以自己的名义，向海关办理代理报关业务，从事报关服务的中华人民共和国关境内的企业法人。

目前，我国从事报关服务的报关企业主要有两类：一类是经营国际货物运输代理等业务，兼营进出口货物代理报关业务的国际货物运输代理公司等；另一类是主营代理报关业务的报关公司或报关行。

2. 进出口货物收发货人

进出口货物收发货人是指依法直接进口或者出口货物的中华人民共和国关境内的法人、其他组织或者个人。一般而言，进出口货物收发货人指的是依法向国务院对外贸易主管部门（即商务部）或者其委托的机构办理备案登记的对外贸易经营者。除法律、行政法规、部门规章规定不需要备案登记的，对外贸易经营者未依法办理备案登记的，海关不予办理其货物进出境海关手续。

三、海关对报关单位的分类管理

2021年9月13日，海关总署公布《中华人民共和国海关注册登记和备案企业信用管理办法》（海关总署令第251号）（以下简称《管理办法》）。《管理办法》规定，海关根据企业信用状况将企业分为高级认证企业、失信企业和其他企业。海关按照"诚信守法便利、失信违法惩戒、依法依规、公正公开"原则，对高级认证企业实施便利的管理措施，对失信企业实施严格的管理措施，海关对高级认证企业和失信企业之外的其他企业实施常规的管理措施。中国海关积极推动"经认证经营者"的国际互认，借鉴国际海关"经认证经营者"制度的管理模式并结合中国海关企业信用管理的实际需要，高级认证企业即为中国海关经认证的经营者（AEO）。不同信用状况等级的管理原则和措施如表1-3-1所示。

表1-3-1　　　　　　　　　　不同信用状况等级的管理原则和措施

信用状况等级	适用管理原则和措施
高级认证企业	● 进出口货物平均查验率低于实施常规管理措施企业平均查验率的20%，法律、行政法规或者海关总署有特殊规定的除外 ● 出口货物原产地调查平均抽查比例在企业平均抽查比例的20%以下，法律、行政法规或者海关总署有特殊规定的除外 ● 优先办理进出口货物通关手续及相关业务手续

续表

信用状况等级	适用管理原则和措施
高级认证企业	● 优先向其他国家（地区）推荐农产品、食品等出口企业的注册 ● 可以向海关申请免除担保 ● 减少对企业稽查、核查频次 ● 可以在出口货物运抵海关监管区之前向海关申报 ● 海关为企业设立协调员 ● AEO互认国家或者地区海关通关便利措施 ● 国家有关部门实施的守信联合激励措施 ● 因不可抗力中断国际贸易恢复后优先通关 ● 海关总署规定的其他管理措施
失信企业	● 进出口货物查验率80%以上 ● 经营加工贸易业务的，全额提供担保 ● 提高对企业稽查、核查频次 ● 海关总署规定的其他管理措施
备注	● 办理同一海关业务涉及的企业信用等级不一致，导致适用的管理措施相抵触的，海关按照较低信用等级企业适用的管理措施实施管理 ● 高级认证企业涉嫌违反与海关管理职能相关的法律法规被刑事立案的，海关应当暂停适用高级认证企业管理措施 ● 海关对高级认证企业每5年复核一次，企业信用状况发生异常情况的，海关可以不定期开展复核 ● 经认证的经营者（AEO）是指以任何一种方式参与货物国际流通，符合海关总署规定标准的企业

时事聚焦

海关总署：中国AEO互认国家（或地区）数量居世界首位

2024年，在深圳召开的第六届全球经认证的经营者（AEO）大会期间，中国海关总署分别与布隆迪共和国税务局、冰岛税务与海关署签署AEO互认安排。至此，与中国签署AEO互认协议的经济体数量增至28个，覆盖国家（或地区）数量增至54个（据海关最新统计，截至2024年4月底，中国共有AEO企业5 882家，占有进出口实绩企业数量的0.96%，占进出口总额的36.3%），互认协议签署数量和互认国家（或地区）数量仍居全球双第一。

扫一扫观看视频！

📝 **实践与思考**

❶ 单选题：AEO 的含义是（　　）。

　A.高级认证企业　　　　　B.经认证的经营者

　C.国际海关认证企业　　　D.守法企业

❷ 单选题：根据《中华人民共和国海关法》的规定，我国海关是属于下述（　　）性质的机关。

　A.司法　　B.税收　　C.监督管理　　D.监察

❸ 多选题：根据《海关法规定》，海关的任务有（　　）。

　A.监管进出境货物　　B.征收税费　　C.查缉走私　　D.编制海关统计

❹ 多选题：海关的监管对象包括（　　）。

　A.进出境人员　　　　B.进出境运输工具

　C.进出境货物　　　　D.进出境行李物品

❺ 多选题：按照《海关法》规定，设立海关的地点为（　　）。

　A.对外开放口岸　　　B.海关监管业务集中的地点

　C.边境　　　　　　　D.沿海城市

❻ 判断题：海关对高级认证企业认证复核为每 5 年复核一次。（　　）

❼ 判断题：海关是指设在沿海口岸的关口。（　　）

❽ 判断题：中国是国际海关组织的成员国之一。（　　）

❾ 判断题：海关有权查验进出境人员的证件，查阅、复制与进出境运输工具、货物、物品有关的合同、发票、账册、单据、记录、文件、业务函电、录音录像制品和其他的有关资料。（　　）

❿ 判断题：中华人民共和国海关总署是国务院直属机构。（　　）

⑪ 实践活动

请结合学校所在区域,调研所属直属海关的关区简介、隶属海关情况及最近一年对当地跨境电商的支持政策或举措,将调研结果以PPT形式汇报。

▼ 学习评价

序 号	评价内容	参考分值	得 分
1	说出海关的性质	15	
2	列举海关的任务	15	
3	复述海关的权利	15	
4	说出报关单位的类型	15	
5	列举AEO认证企业适用的管理措施	10	
6	完成课堂探究活动	10	
7	有效地参与小组讨论,并在团队中发挥积极作用	10	
8	独立完成课后习题	10	
总 分			

项目二 认识跨境电商平台

知识目标

◇ 认识主流跨境电商进口平台和出口平台

◇ 归纳跨境电商不同平台运营模式的特点

技能目标

◇ 能够区分不同的跨境电商进口模式

◇ 能根据具体的业务选择合适的跨境电商进出口平台

◇ 能分析不同跨境电商出口平台的特点

素养目标

◇ 通过跨境电商进口平台运用模式间的比较，培养学生开放、创新思维和对全球市场的敏感性

◇ 通过对不同出口电商平台的业务特点的学习，提升学生跨界融通能力，内化跨境电商领域中涉及的国家安全意识、民族自强意识

项目背景

上海力达跨境电商物流有限公司与主流进出口电商平台均有业务往来，不同电商平台，其运营模式也不尽相同，同样也影响着物流方式。为了尽快熟悉公司业务，李华安排王丽对常见的跨境电商平台进行调研梳理。

对于进口，常见的跨境平台有天猫国际、京东海囤全球、小红书、网易考拉等，而出口则有阿里巴巴国际站、速卖通、亚马逊、Temu等。

任务一　认识跨境电商进口平台

▼ 任务导入

经过一段时间的实习，王丽对跨境电商物流有了一定的理解，这天，李华告诉王丽，有个大客户希望公司能负责协助平台拓展进口商品品类，并针对平台目前进口商品品类单一、缺乏竞争力的问题，提出初步的解决方案。平时喜欢在天猫和小红书上网购进口商品的王丽，在调研中发现，原来进口跨境电商平台的业务模式和方向各不相同，她觉得有必要进行一些细分。

一、常见跨境电商进口平台介绍

表 2-1-1 是目前主流的跨境电商进口平台网址及 LOGO。

表 2-1-1　　　　　　　　　　跨境电商进口平台简介

跨境进口平台	网址	LOGO	平台简介
天猫国际	https://www.tmall.hk/	天猫国际	入驻天猫国际的商家均为中国大陆以外的公司实体，具有海外零售资质；销售的商品均原产于或销售于海外，通过国际物流经中国海关正规入关
海囤全球	https://www.jd.hk/	海囤全球	海囤全球由原"京东全球购"更名而来，主营跨境进口商品业务，是京东旗下所属品牌
苏宁国际	https://g.suning.com/	苏宁国际 g.suning.com	苏宁国际是江苏苏宁易购电子商务有限公司在苏宁易购网站上开设的为海外商家与有海外商品购物需求的境内买家提供涉外网络交易服务的第三方网络交易频道

续表

跨境进口平台	网址	LOGO	平台简介
亚马逊海外购	https://www.amazon.cn/		亚马逊海外购是专为中国消费者打造的海淘专区，其商品均为亚马逊海外网站的在售商品，由亚马逊海外站点直接发货，并通过亚马逊全球领先的物流配送至中国顾客手中
网易考拉	https://www.kaola.com		网易考拉是网易旗下以跨境业务为主的综合型电商，于2015年1月9日公测，销售品类涵盖进口母婴、进口美食、进口美妆、进口电子数码等
小红书	http://www.xiaohongshu.com		小红书自称"海外购物神器"，由自营跨境电商、第三方品牌授权/直营、UGC（用户创造内容）的口碑分享社区三部分组成，它的用户增量完全靠平台用户"写笔记"，分享购物心得、产品使用体验等内容缓慢自然推动
洋码头	https://www.ymatou.com/		洋码头成立于2009年，其卖家可以分为两类：一类是个人买手，模式是C2C（Customer to Customer，消费者对消费者）；另一类是商户，模式就是M2C（Manufacturers to Customer，生产厂家对消费者）

二、跨境电商进口平台运用模式

从运营模式上进行分类，跨境电商进口平台可以分为海外直供、海外优选、全球买手、线上线下四种类型。

> **探究活动**
>
> 请将表 2-1-1 中的跨境电商平台按运营模式归类。

（一）海外直供模式

该模式为典型的平台型 B2C 模式，通过跨境电商平台将海外经销商与国内消费者直接联系起来（见图 2-1-1）。平台制定适合进口跨境电商交易的规则和消费流程，打造良好的用户体验，主要盈利点在于商家的入驻费用和交易佣金。海外直供模式根本上建立在买卖双方的聚集程度上，对于该类模式，平台的流量和服务要求较高。因此，海外直供模式对于供应商一般要求具有海外零售资质和授权，并且需要提供相应的本地售后服务。该模式为消费者提供了丰富的商品选择及便捷高效的购物体验，加之平台背书，用户的信任度较高，商品一般采用海外直邮的方式送达国内消费者手中。对于品牌端的管控及供应链的缩短是海外直供模式发展的主要趋势。

代表性企业：天猫国际、海囤全球、苏宁国际、亚马逊海外购。

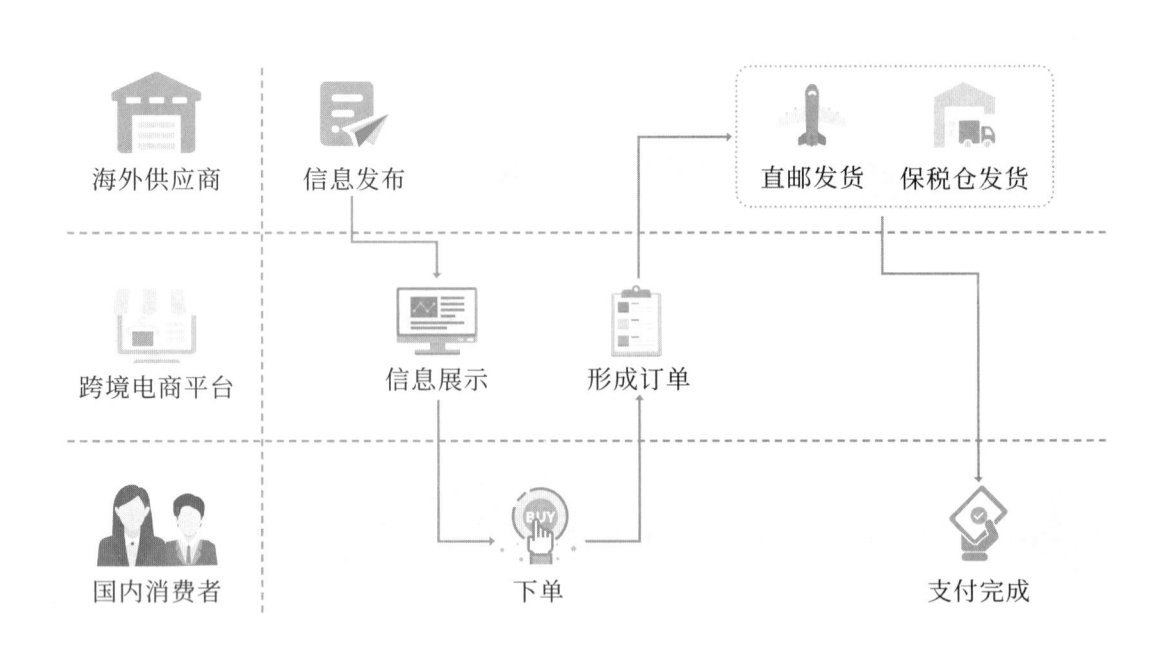

图 2-1-1　海外直供模式流程

（二）海外优选模式

该模式主要以自营型 B2C 为主，平台直接参与到货源的组织、物流仓储及销售过程（见图 2-1-2）。由于优选模式对产品端及供应链的控制较好，商品规模化采购，一般采取保税备货的模式，物流时效性较高，用户体验相对更好。该模式的主要盈利点为销售产品所产生的利润以及相关的营销等增值服务，随着用户体验的不断提高，会员服务费成为优选模式的又一盈利点。优选模式要求电商企业对于市场消费需求的把控比较突出，在选品方面对企业提出了较高的要求，也限制了产品的丰富程度。同时，采购需占用企业大量的资金，有效提高动销率是优选模式企业优化的方向。因此该模式的企业通常会采用限时特卖或直邮闪购等运营方式，以丰富品类及缓解供应链压力。

代表性企业：网易考拉、小红书。

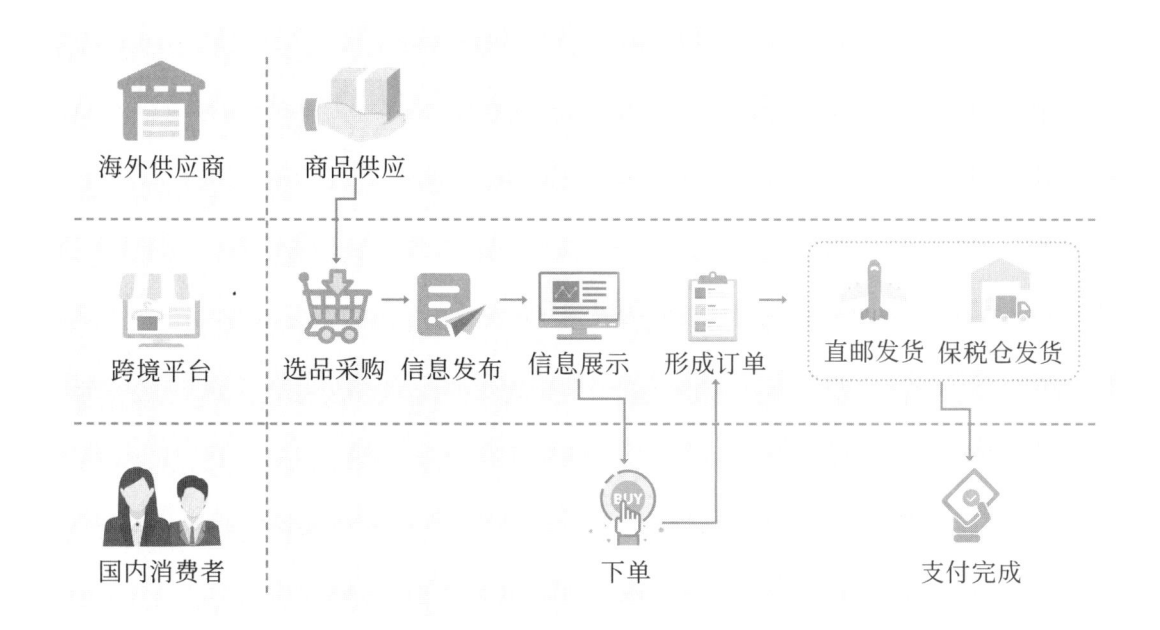

图 2-1-2 海外优选模式流程

此模式中，比较有特点的是带有社群属性的小红书平台，小红书起源于论坛社区，主要以社交型 C2C、B2C 为主。社群模式，即 UGC（用户生成内容）模式，通过用户原创分享的海外购物经验，聚集了具有相同兴趣爱好的人群。一方面解决了用户买什么、什么值得买的问题；另一方面基于对社群用户行为数据及产品信息的分析，精准选品，并提供便捷的购物体验，解决了用户在哪里买的问题。与其他进口跨境电商模式相比，社群模式黏性高、竞争壁垒显著，商品也区别于综合型平台，其内容完全基于社群中的用户产生，是以需求为驱动的自下而上的一种创新模式。该模式主要盈利点来源于销售商品所得到的利润，主要运营点在于提升用户的转化率。随着移动社交电商的兴起，这种达人经济、意见领袖的模式越来越受到年轻消费者的喜爱。

（三）全球买手模式

该模式通过海外买手入驻平台开店，建立起海外买手与国内消费者的联系进而达成交易，是典型的平台型 C2C 模式（见图 2-1-3）。盈利点一般为提供转运物流服务等，以及平台本身的一些增值服务，平台入驻一般不收取任何费用。买手模式在品类上主要以长尾非标品为主，兼有个性化的商品。买手模式所覆盖的行业及商品较为广泛，买手对于海外市场的敏感度较高，产品迭代速度较快，消费粘性较高，存在一定的价格优势，满足了在进口消费中个性化、细致化、多样化的需求。商品交付一般以个人行邮为主，整个模式中比较依赖买手，服务体验参差不齐，信任度及品牌授权等法律风险问题或将限制其规模和发展。

代表性企业：洋码头、淘宝全球购。

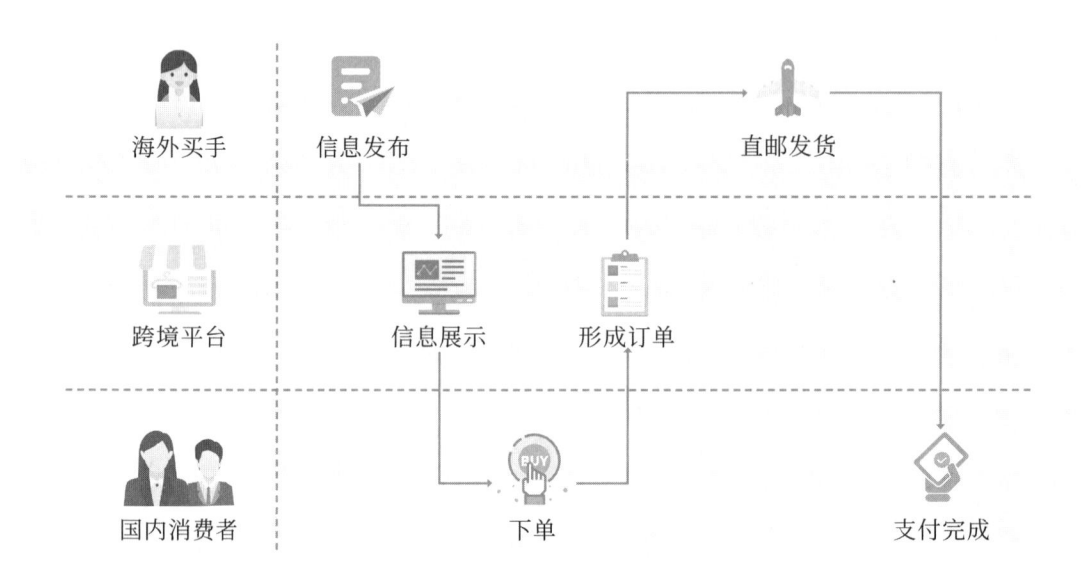

图 2-1-3 全球买手模式流程

（四）线上线下融合模式

该模式为创新的 O2O 模式，通过线上线下融合的方式，将进口商品在线下进行展示，以扫码购买方式向线上导流（见图 2-1-4）。主要业务模式有保税备货模式和一般贸易模式，通过线下体验店与移动应用在系统层面打通，为消费者提供所见即所得的流畅体验。线上线下融合模式源于国内电商的 O2O 模式，应用在进口跨境电商中，在一定程度上可以缩短交易流程。通过线下实体展示，能够增强消费者对商品的信任度，同时能够触及具有跨境商品需求却无电商消费习惯的人群。线上线下融合模式目前看来多数处于创新探索阶段，各企业盈利点也略有不同，线下体验店成本较高，一般不作为盈利点，而是通过向线上导流，最终实现线上盈利。移动电商的快速发展，使得线上线下融合成为现实，随着人工智能、虚拟现实、增强现实等新兴技术的进一步发展，线上线下模式也将为传统零售业注入新的活力。目前国内很多进口跨境电商平台都在布局 O2O 线下体验店（见图 2-1-5），不断探索提升用户体验。

代表性企业：京东海囤全球、天猫国际、网易考拉。

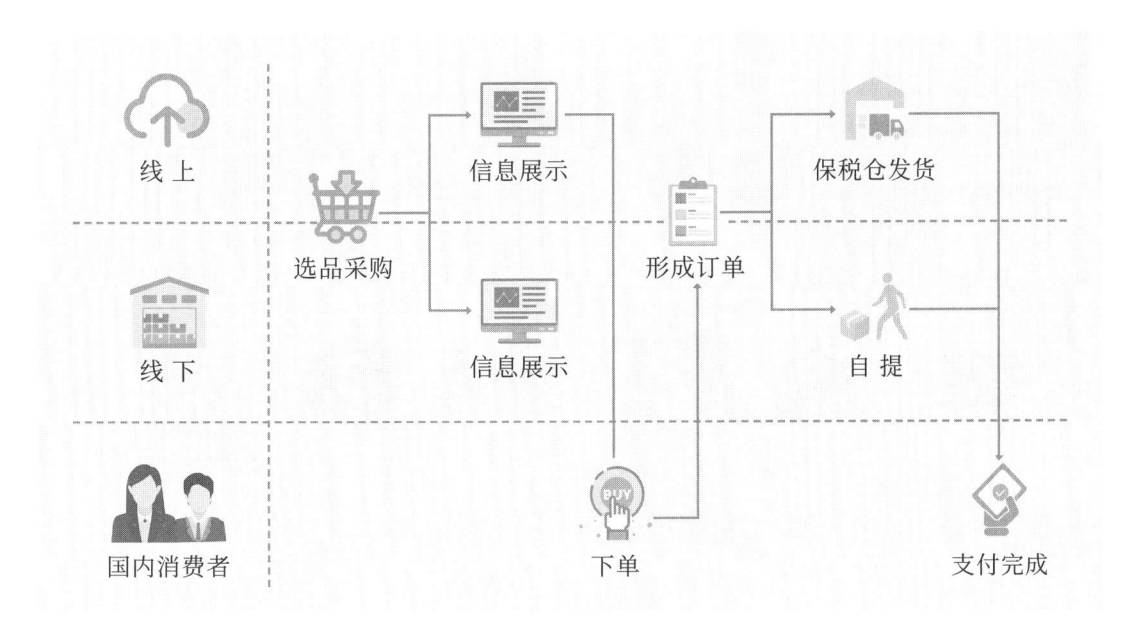

图 2-1-4　线上线下融合模式流程

图 2-1-5　2018 年 1 月 30 日网易考拉在杭州开设首家跨境电商线下直营店

实践与思考

1 连线题

亚马逊　　洋码头　　小红书　　天猫　　京东　　网易

2 单选题：小红书按运营模式分类，属于（　　）模式。

A. 海外直购　　B. 海外优选　　C. 全球买手　　D. 线上线下融合

3 单选题：自称"海外购物神器"的是（　　）平台。

A. 小红书　　B. 海囤全球　　C. 洋码头　　D. 网易考拉

4 单选题：海囤全球的前身是（　　）。

A. 海豚网　　B. 全球购　　C. 跨境通　　D. 京东全球购

5 多选题：洋码头成立于2009年，其平台上的卖家可以分为两类：一类是个人买手，模式是（　　）；另一类是商户，模式是（　　）。

A. B2C　　B. O2O　　C. C2C　　D. M2C

6 多选题：以下符合线上线下相融合模式的平台有（　　）。

A. 海囤全球　　B. 聚美优品　　C. 网易考拉　　D. 天猫国际

7 判断题：海外直供模式对于供应商一般要求具有海外零售资质和授权，并且需要提供相应的本地售后服务。（　　）

8 判断题：全球买手模式的盈利点是通过为买家和卖家提供转运物流等服务的增值服务费以及商家入驻的手续费。（　　）

9 判断题：全球买手模式的平台一般都是直邮发货的。（　　）

❿ 实践活动

请同学登录常见的 5 个跨境电商进口平台，尝试比较各个跨境电商进口平台提供的服务特点和进口模式，查看各个平台是否都提供直邮服务，将调研结果以 PPT 形式汇报。

▼ 学习评价

序号	评价内容	参考分值	得分
1	认识主流跨境电商进口平台	20	
2	能区分各平台的标志 LOGO	10	
3	能根据平台运营模式将平台进行分类	20	
4	掌握四种模式的具体流程	20	
5	完成课堂探究活动	10	
6	有效地参与小组讨论，并在团队中发挥积极作用	10	
7	独立完成课后习题	10	
总 分			

任务二　认识跨境电商出口平台

▼ 任务导入

近期，王丽所在的部门接到总部要求，负责协助一家生产家居用品的国内企业开拓海外市场。李华给王丽布置了一个任务：深入了解主流跨境电商出口平台，尝试为客户推荐合适的平台入驻方案。王丽意识到，跨境电商出口平台种类繁多，各有特色，选择合适的平台对企业成功开拓海外市场至关重要。作为一名新员工，她需要认真学习主流跨境电商出口平台的相关知识，才能为客户提供专业的建议和解决方案。

探究活动

以下跨境电商出口平台，你认识哪个？哪些是中国的企业？

AliExpress　　amazon　　eBay　　SHEIN

TEMU　　OZON　　TikTok　　wish

一、速卖通（AliExpress）

速卖通是阿里巴巴旗下的跨境出海业务，于2010年9月正式开始运营，服务全球200多个国家和地区的消费者，主要消费者市场包括俄罗斯、西班牙、法国、美国、巴西、韩国以及中东地区等，是全球领先的跨境电商平台之一。

早期的速卖通卖家跟国内淘宝一样，主要是低价策略。但随着2015年开始的平台卖家企业化，随后的品牌化和品牌类目管理政策的实行，速卖通也跟亚马逊一样变成一个十分注重产品品质和品牌的平台。

2023年速卖通推出以纵深发展为主的区域拓展计划，在欧洲、俄罗斯等成熟市场继续拓展，向电商覆盖增长快、消费潜力高的国家或区域发力，在韩国、西班牙、巴西等国购物类 App 中下载量处于领先地位。

速卖通作为跨境电商领域的领军企业，提供了全托管和自营两种经营模式供商家选择。这两种模式在经营方式、风险承担、利润分配等方面存在显著区别，为商家提供了不同的运营策略选择。

1. 速卖通全托管和自营模式的区别

速卖通全托管模式下，商家将商品委托给平台进行销售，由平台负责运营管理、物流配送、客户服务等各个环节。在这种模式下，商家无需投入大量精力进行店铺运营，降低了运营成本，同时风险也相对较低，因为平台会承担主要经营风险。这也意味着商家对商品推广和运营的掌控力减弱，且平台佣金较高，可能导致商家的利润空间受限。

相比之下，自营模式则要求商家自行负责店铺的运营管理、商品推广、物流配送和客户服务等。商家在自营模式下拥有更多的自主权和决策权，可以根据市场需求调整运营策略，提高品牌知名度。商家也可以自主选择物流合作伙伴，提高物流服务质量。自营模式需要商家投入更多的时间和精力进行店铺运营，且需要承担市场风险、运营风险、物流风险等，风险相对较高。

2. 速卖通全托管和自营模式优劣势

全托管模式的优势在于降低了商家的运营成本和风险，特别适合缺乏电商经验和资源的商家。其劣势也显而易见，如商家对商品推广和运营的掌控力减弱，以及平台佣金较高可能导致利润空间受限。

自营模式的优势在于商家拥有更多的自主权和决策权，可以根据市场需求灵活调整运营策略，提高品牌知名度。商家也可以通过自主选择物流合作伙伴来提高物流服务质量。自营模式需要商家投入更多的时间和精力进行店铺运营，且需要承担更高的风险。

速卖通全托管和自营模式各有其优劣。商家在选择时应根据自身的实力、市场需求和风险承受能力进行权衡。对于缺乏电商经验和资源的商家来说，全托管模式可能是一个更合适的选择；而对于有一定电商基础和追求品牌独立的商家来说，自营模式可能更具吸引力。

2024年1月速卖通又上线了半托管模式，旨在吸引具备自运营能力的商家，通过完善的物流和售后服务能力，降低参与门槛，同时保留商家的定价权和自主运营权。速卖通通过半托管服务，与菜鸟物流合作，优化了物流履约时效，平均提升约9天，为商家提供了更高效的物流解决方案。

二、Temu

Temu 是拼多多跨境电商平台,总部位于中国广州,于 2022 年 9 月 1 日上线。Temu 意为 "Team Up, Price Down",即 "买的人越多,价格越低"。

Temu 在 2024 年 3 月推出全新的 "半托管" 模式,这是继 "全托管" 模式之后又一跨境电商领域的重大变革。

> **小贴士**
>
> **速卖通的半托管模式 VS Temu 的半托管模式**
>
> 速卖通和 Temu 在多个方面存在显著差异,主要包括商业模式、物流服务、定价策略、用户界面和用户体验等方面。它们之间的主要区别表现在以下几个方面。
>
> 1. 商业模式和服务
>
> 速卖通的半托管模式下,商家依然拥有极大的自由,可以自己负责运营、定价、营销,同时将物流履约交由平台负责。速卖通背后的菜鸟物流为其提供基础设施支撑,确保时效并降低不可控因素影响下的履约风险。
>
> Temu 采用的半托管模式,其中运营和定价权仍属于平台,而商家负责物流。这种模式旨在吸引拥有海外仓储和配送能力的中国卖家,通过本地发货实现更高效的履约。
>
> 2. 物流服务
>
> 速卖通通过菜鸟物流提供物流服务,支持半托管模式下的物流履约,旨在提高物流时效并降低特殊时段下的履约风险。速卖通的半托管模式让商家更自主地负责前段生产、运营,而全球化布局的菜鸟物流支撑其物流履约的实现。
>
> Temu 的半托管模式则侧重于运营和定价权的控制,商家负责物流部分。这种模式旨在吸引那些在海外有仓储、配送能力的中国卖家,实现本地发货。
>
> 3. 定价策略
>
> 速卖通保持了对商家友好的协商定价规则,强调商家的自主运营。
>
> Temu 在定价权上有意与国内全托管模式有所不同,给出了让利空间,以吸引卖家。
>
> 4. 用户界面和用户体验
>
> 速卖通和 Temu 在用户界面和用户体验上可能也存在差异,包括但不限于平台的操作便捷性、商品展示方式、用户反馈机制等。这些差异可能会影响用户的使用

体验和商家的销售效果。

5.场定位和目标用户

速卖通作为老牌跨境平台，知名度较高，主要服务于关注价格的消费者群体，包括小镇青年和年长女性等。

Temu 则可能更侧重于特定市场或产品类别，通过其半托管模式吸引拥有海外仓储、配送能力的中国卖家。

三、Shein

Shein 的前身是一个跨境卖家，最早从事婚纱业务，而后又靠时尚女装蜚声海外，凭借庞大的消费群体和成熟的供应链体系，2023 年，Shein 正式转型为品牌自营＋跨境电商平台双引擎发展的独特模式，并首先在巴西、美国开放招商。

截至 2024 年，Shein 跨境电商平台已经在北美、欧洲、亚洲、中东、北非、南美等全球多个国家和地区开通超 20 个站点。除此之外，Shein 还多次登顶全球购物 App 下载榜，成为亿级消费者青睐的在线购物平台。

Shein 跨境电商平台总共有三大入驻模式：

（1）代运营模式。卖家专注于商品开发与供货，包括商品拍摄、备货 Shein 国内仓，其余的运营、推广、仓储、配送以及售后服务均委托给 Shein 跨境电商平台代运营。这一模式通常以产品为导向，更适合工贸一体、贸易商、制造商等本身有货源且产品有优势的卖家。

（2）自运营模式。该模式需要卖家自行负责选品、定价、运营、物流以及售后等全部业务流程。这一模式很考验卖家的经营策略及市场布局，比较适合有跨境电商经营、有一定实力的卖家入场。

（3）半托管模式。它是 Shein 当前主推的新模式，现已陆续开通美国、德国、英国、法国、意大利、西班牙 6 个站点，卖家需要自主完成海外备货、选品上架及价格提报的环节，其余运营动作交给 Shein 跨境电商平台协助负责，助力卖家快速融入全球市场。

具体入驻条件如图 2-1-1 所示。

Shein 跨境电商平台拥有庞大的销售网络、丰富的国际市场运营经验以及年轻群体和女性群体的高频强复购消费特点。这些优势为卖家提供了不断增长的用户需求与订单，同时也降低了卖家的推广营销成本和运营成本。

Shein 跨境电商平台不仅是一个销售平台，更是一个品牌孵化器。通过多年的发展，Shein 已经形成了独特的品牌打造能力。其平台上的许多卖家在 Shein 的扶持下，迅速成长为具有影响力的品牌。Shein 通过提供品牌打造经验、资源倾斜和营销支持等方式，助力卖家实现品牌力的提升和知名度的扩大。

Shein平台招商模式

代运营赋能模式

模式介绍
1. 卖家自主拍摄，现货推款，备货国内Shein仓库
2. 卖家自主选品上架、自主提报价格，Shein协助运营与协助定价，协助营销、履约等环节
3. 适合卖家：有第三方销售渠道、贸易商、档口商、工贸一体等，自有开发设计、自有供应链

入驻条件
1. 支持包装最长边长55cm，重3kg以内产品
2. 卖家现货推款，保障发货时效
3. 线上或线下过往年度营业额达标，国内贸易商、国内工厂、传统外贸、跨境卖家优先

自主运营模式

模式介绍
1. 卖家入驻平台开店，自主选品上架
2. 卖家运营店铺，自主定价，Shein协助运营
3. 卖家海外本土有货，可本土履约
4. 可入驻站点：美国站、墨西哥站、欧洲站（英国、德国、法国、西班牙、意大利、瑞典、荷兰、波兰、葡萄牙）

入驻条件
1. 产品重量400g以上，体积无限制
2. 货物需存储在海外本地，本地履约配送至消费者
3. 具备北美/欧洲/墨西哥市场经验卖家优先，且以往年度营业额达标

半托管模式

模式介绍
1. 卖家入驻平台开店，自主选品上架。选品需要在海外有库存，可本土履约
2. 卖家自主提报价格，Shein协助运营与协助定价
3. 无佣金、无月租，零成本开店销售
4. 当前可入驻站点：美国站

入驻条件
1. 产品重量400g以上，无体积限制
2. 货物需存储在海外本地，本地履约配送至消费者
3. 具备跨境电商经验，无业绩门槛要求

图2-2-1　Shein平台招商模式和卖家入驻条件（截至2024年6月）

四、亚马逊（Amazon）

亚马逊最初只是一个网络书店（与国内的当当网类似），随着时间的推移、公司的发展和全球的趋势，逐渐发展成为一个多元化、拥有社交媒体、搜索引擎、女性购物网站等20多个类目的全平台网站。商品发展到如今更是达到了28个大类，覆盖了美食、生鲜、家电、首饰、图书等高达600多万种产品。

> **小贴士**
>
> 1995年前，杰夫·贝索斯用30万美元作为启动资金，在西雅图郊区租来的车库中，创建了全美第一家网络零售公司——Amazon.com（亚马逊公司）。贝索斯用全世界最大的一条河流来命名自己的公司，是希望它能成为图书公司中名副其实的"亚马逊"。
>
> 扫一扫观看视频！

亚马逊是面向全球的跨境电商平台，全球多站点运作，基本覆盖全球各个国家和地区。亚马逊也是最先开展中国卖家跨境出口的国际电商平台。最初，中国卖家想要进驻亚马逊，只能以当地公民的身份注册账号，中国公民是很难入驻亚马逊的。现在，亚马逊为了让

中国公民更好地进入亚马逊平台销售产品，在中国组建了亚马逊中国团队，并开启了"全球开店"项目，让中国卖家可以直接通过中国招商团队更容易地进入亚马逊平台。亚马逊的全球开店项目是针对中国卖家开通亚马逊账户的一个快捷方式。

截至2024年，亚马逊在全球共有19个站点，均已对中国企业开放。
- 北美站点：包括美国、加拿大和墨西哥3个站点。
- 欧洲站点：包括英国、德国、法国、意大利、西班牙、瑞典、荷兰、波兰和比利时9个站点。
- 其他：包括澳大利亚、日本、巴西、印度、阿联酋、沙特和新加坡7个站点。

五、eBay

eBay平台的市场主要位于跨境电商产业相对成熟的欧美地区。相对于亚马逊，eBay平台开店也较为简单，但该平台最大的一个特点就是其规则更加注重于维护消费者的权益，当买家因为产品或者物流方面的问题而与卖家发生纠纷时，eBay进行的判决往往会倾向于买家，从而可能导致卖家遭受较高的损失。

eBay平台的主要特点：

虽然在eBay平台中开店相对比较简单，但卖家还需要详细了解其规则及制度。

（1）首先卖家需要准备发送银行账单等相关资料及文件。

（2）与淘宝、天猫等国内电商平台不同的是，在eBay上架产品需要付费。

（3）eBay对卖家制定的考核期相对较长，而且一开始卖家只能上架10个品类以内的产品，交易形式被限制为拍卖，只有当卖家的交易量及店铺信誉达到一定的标准后，才能成为正式入驻卖家。

（4）当店铺被买家投诉时，很容易出现店铺被封停的情况，因此卖家要格外注意自己的产品质量，并为消费者提供优质服务。

五大主流跨境电商出口平台对比如表2-2-1所示。

表2-2-1　　　　　　　　　　五大主流跨境电商出口平台对比

类别	速卖通	Temu	Shein	亚马逊	eBay
市场群体	主要针对企业客户，75%的海外市场分布在俄罗斯、巴西、美国、西班牙和中东地区等	主要针对北美18~40岁中端客户群体	主要针对欧美年轻、女性群体	主要针对企业客户，业务多元化	主要针对个人消费者，在欧美比较受欢迎

续表

类别	速卖通	Temu	Shein	亚马逊	eBay
优势	1. 全中文操作界面 2. 免费发布大部分品类 3. 容错性相对较高（商户评级制度周期是以2个月为自然周期）	1. 品类丰富 2. 低价策略、可组团购买分享批量折扣 3. 通过邀请赚钱机制，激发消费者的购买欲望和推荐行为	1. 自带全球流量，聚焦时尚，定位清晰 2. 具有供应链优势，直接与供应商和制造商合作，一旦发现爆款，就立刻投入大规模生产	1. 比其他平台都要早，拥有庞大的客户群和流量优势，以优质服务著称 2. 具有强大的仓储物流系统和服务 3. 站点联动 4. 提供中文注册界面和卖家中文版店铺后台	1. 排名相对公平、专业客服支持 2. 新卖家可以靠拍卖曝光 3. 开店门槛比较低
劣势	1. 卖家对平台的依赖性较强，订单数量完全依赖平台对商品和店铺的曝光量 2. 价格竞争激烈，速卖通的利润率普遍较低	定价权不在卖家手中，利润低，单量不稳定	1. 供应商管理机制不够明确 2. 品类过于集中，平台竞争激烈	1. 手续较其他平台略复杂 2. 同一台电脑只能登录一个账号 3. 收款银行账号需要注册自美国、英国等国家	1. 买家保护政策强势 2. 上架产品需要收费 3. 审核周期长，只能拍卖，产品数量有起始限制，需要积累信誉才能越卖越多，出单周期也长，需要慢慢积累
平台排名影响因素	卖家评级、价格、产品销量、产品评级	产品评价、销量	关键词、买家评价、销售数据	关键词、满意度、买家评价	卖家表现、产品数量和更新速度、产品价格

探究活动

除了四大主流跨境电商出口平台外，一些针对俄罗斯、巴西、东南亚等新兴市场国家和地区的电商平台也非常值得关注，请将以下平台与国家或地区进行连线。

扫一扫获取答案！

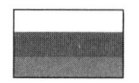

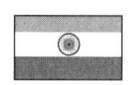

MercadoLibre 平台　　UMKA 平台　　Qoo10 平台　　Lazada 平台　　Flipkart 平台

俄罗斯　　巴西　　新加坡　　印度　　泰国　　日本　　马来西亚

六、UMKA 平台

UMKA 是俄语地区最大的中国商品在线购物网站之一。平台于 2015 年 6 月 18 日对中国卖家正式开放入驻，7 月 30 日正式上线。中国零售商通过 UMKA 平台渠道可以简单、直接接触到俄语区 12 个国家约 3.5 亿消费者。UMKA 平台上拥有大量的产品，产品种类涵盖电子产品、家庭用品、影音器材、户外运动、汽车配件等。

> **小贴士**
>
> **俄罗斯人的消费习惯**
>
> 俄罗斯被誉为跨境电商潜力最大的市场，且牢牢占据了中国跨境电商交易的头把交椅。2018 年，从中国出口发往俄罗斯的包裹多达 2 亿个，占中国出口包裹的 12%。相关资料显示，在网上最受俄罗斯人欢迎的产品类别是服装、鞋子、电子产品以及美容品。
>
> 俄罗斯人的消费习惯如下：
>
> 1. 保暖用品冬季必备
>
> 俄罗斯的冬天十分寒冷，保暖用品帽子、围巾、手套是必备品。卖家在俄罗斯冬季的时候要做好保暖用品的库存工作，注重商品的保暖性能。
>
> 2. 热销的家居服饰
>
> 俄罗斯人在家换家居服饰、家居鞋，洗完澡会穿浴袍，睡觉的时候喜欢穿薄的睡衣。因此，卖家要了解俄罗斯人的生活习惯，深层次挖掘不同的家居用品。
>
> 3. 爱度假的俄罗斯人
>
> 在俄罗斯，尤其是年轻人和孩子，有度假的习惯。一到节假日、放假的时候会带上家人朋友去海滩，此时，泳装、适宜海滩的衣服、沙滩鞋之类的度假用品都是不可或缺的。
>
> 4. 运动是俄罗斯人生活的重要组成部分
>
> 俄罗斯人会经常购买运动服、运动鞋、泳装等体育用品。俄罗斯品牌"Forward"是俄罗斯第一家全国性的运动服装品牌，该品牌受到了俄罗斯总统普京的高度评价，深受俄罗斯人的喜爱。
>
> 5. 俄罗斯女性偏爱美容产品
>
> 据调查，有超过一半的俄罗斯网购消费者年龄在 25 岁到 34 岁之间，主要集中在莫斯科和圣彼得堡，51% 的网购者是女性。俄罗斯女性很喜欢追赶流行，时刻关注新款的服装、鞋、包。一些当季热门和热卖的，新奇、创意、流行的商品

比较受追捧。此外，对美容类以及饰品，尤其头饰也十分喜爱。

6. 节假日购物

每逢俄罗斯重要传统的节假日，如元旦、圣诞节、洗礼节（1月19日，洗礼节是俄罗斯族的传统宗教节日），俄罗斯人都会给家人、朋友们购买礼物。商家可针对不同的节假日，推出适合的礼品，满足他们送礼的需求。

七、Mercado Libre 平台

Mercado Libre 是拉丁美洲最大的电子商务平台，目前其电商业务范围已覆盖巴西、阿根廷、墨西哥、智利、哥伦比亚等19个拉丁美洲国家。Mercado Libre 是世界上第七大访问量最大的零售网站。平台成立于1999年，从2015年开始，Mercado Libre 把平台开放给国际卖家，正式开展跨境电商业务，相继开放美国、中国，并设立分公司。

拉美地区制造业并不发达，工厂并不多，反观国内服装制造业和消费电子制造业非常繁荣，所以中国卖家在拉美地区有非常大的优势。经过统计，Mercado Libre 平台上热卖的产品类目有手机、时尚、家居、园艺、汽车配件和体育用品等类目。

八、Qoo10 平台

Qoo10 是一个综合性的 B2C 平台。以新加坡、日本为重点，在亚洲6个国家和区域共设有7个购物站点，并拟定在不久的将来继续向其他亚洲国家和地区扩充和发展。

Qoo10 目前在新加坡站最为出色，是新加坡的第一大电商平台，可谓新加坡版的淘宝。它也是东南亚 B2C 平台中最成熟的一个本地化 B2C 平台。平台商品种类繁多，包括了各种电子配件、服装、食品甚至门票。

Qoo10 的一大特色是可以在当地的便利店 7-11 付款，方便了那些没有信用卡的人。

九、Flipkart 平台

印度作为人口全球第二的国家为人所熟知，但印度是电商用户数量排名全球第二的国家这一点可能就没有多少人知道了。Flipkart 就是印度本上电商中的佼佼者。

Flipkart 平台成立于2007年，是由亚马逊的两名印度籍员工萨钦·班萨尔（Sachin Bansal）和比尼·班萨尔（Binny Bansal）共同创建。公司总部设立于印度班加罗尔，起初平台与亚马逊类似，专注于图书销售，之后扩展到其他的品类，如消费电子、服饰、时尚等。截至2017年，Flipkart 在印度本土市场的占有率达到39.5%。该平台于2018年8月18日

被沃尔玛以 160 亿美元的价格收购其 77% 的股份。

Flipkart 平台有以下几点优势：

1. 平台流量优势

Flipkart 平台的月访客数高达 6 980 万人，网站国内排名第 9 名，全球排名 173 名，整站用户数量超过 10 亿人。

2. 平台产品优势

Flipkart 平台上 SKU（Stock Keeping Unit，库存量单位）数量超过 80 万件。

3. 平台物流优势

物流覆盖 1 000 座城市以上，因此卖家入驻后不需要考虑商品的物流问题，只需要提供商品提货点给到 Flipkart，平台的物流合作商会协助运输。

十、Lazada 平台

Lazada 是东南亚地区最大的在线购物网站，成立于 2012 年，总部设在新加坡，目前已开设印度尼西亚、马来西亚、菲律宾、新加坡、泰国和越南 6 个东南亚国家站点，覆盖大约 6 亿消费者。据 Lazada 平台介绍，Lazada 年经营额已达 10 亿美元，日均访问量 400 万人次，入驻 Lazada 平台的商家数超过 1.5 万家。Lazada 的移动端销售业务占到了 50% 以上，包括移动端和 WAP 版的网站等，而移动端下载量最高能达到 30 万次每月。2015 年 Lazada 开始在中国招商，2016 年 4 月，被阿里巴巴以 10 亿美元收购。

东南亚地区地理条件特殊，Lazada 开立站点的 6 个国家均是岛国，各国绝大多数用品都是通过进口的模式，消费者在主要城市之外很难买到想要的商品。另外，东南亚人口年轻化，是电商行业的主要受众群体。Lazada 的发展前景非常好。

> 实践与思考

① 单选题：以下不是速卖通目前实行的模式的是（　　）。

　　A. 全托管　　　B. 自营　　　　C. 半托管　　　D. 半自营

② 单选题：截至2024年，以下不属于Shein跨境电商平台入驻模式的是（　　）。

　　A. 代运营　　　B. 自运营　　　C. 全托管　　　D. 半托管

③ 多选题：亚马逊北美站包括的国家有（　　）。

　　A. 美国　　　　B. 加拿大　　　C. 古巴　　　　D. 墨西哥

④ 多选题：速卖通的优势有（　　）。

　　A. 价格竞争激烈，宣传推广费用高（有直通车竞价排名机制）

　　B. 运营政策偏向大卖家和品牌商

　　C. 买家对于平台的忠诚度不高

　　D. 新卖家可以靠拍卖曝光

⑤ 多选题：在eBay，影响排名的因素有（　　）。

　　A. 产品数量　　B. 卖家表现　　C. 产品更新速度　　D. 产品价格

⑥ 判断题：在eBay，买家因为产品或者物流方面的问题而与卖家发生纠纷时，eBay进行的判决往往会倾向于卖家。（　　）

⑦ 判断题：Mercado Libre是拉丁美洲的电子商务平台。（　　）

⑧ 判断题：在Qoo10上下单的买家，可以在当地7-11便利店进行付款。（　　）

⑨ 判断题：Lazada是东南亚地区最大的在线购物网站，成立于2012年，总部设在泰国。（　　）

⑩ 判断题：速卖通和Temu的半托管模式一样。（　　）

⑪ 实践活动

　　跨境电商是当下我国制造业转型的重要机遇，除了产品智能化升级改造迎接 2025 年国家战略之外，中国制造的产品国际化、品牌化发展也至关重要。服装是我国跨境电子商务出口排名第二的产品类别，同类卖家在海外市场的竞争日趋激烈。D 公司是一家婴童服装出口企业，年出口额达到 2 000 万美元，美国是 D 公司的主要市场。请同学根据 D 公司的实际出口情况，分别从平台特性、平台流量、平台成本、平台服务、平台客户群体、平台信息质量等这些指标，对速卖通、亚马逊、eBay、Shein 这四个电商平台进行分析，尝试帮 D 企业选择最合适的出口平台。

▼ 学习评价

序号	评价内容	参考分值	得分
1	认识跨境电商出口平台 LOGO	10	
2	了解速卖通平台的运营模式	15	
3	了解 Temu 平台的运营模式	15	
4	了解 Shein 平台的运营模式	15	
5	能分析主流跨境电商出口平台的优劣势	15	
6	完成课堂探究活动	10	
7	有效地参与小组讨论，并在团队中发挥积极作用	10	
8	独立完成课后习题	10	
总分			

项目三
初识"一带一路"背景下的跨境电商物流

知识目标

- 说出"一带一路""五通"建设的内容和意义
- 复述"一带一路"经济走廊建设背景及意义
- 概述"一带一路"对跨境电商物流的影响
- 列举各种跨境电商物流运输方式及其特点

技能目标

- 能识别"一带一路""五通"指数
- 能根据不同的跨境电商物流业务选择适合的运输方式

素养目标

- 领会"一带一路"倡议的意义,体会中国式现代化新成就为世界提供新机遇,将社会主义核心价值观内化为家国情怀,增强民族自豪感和民族自信心
- 分析新能源低碳助力"中欧班列"发展,树立绿色物流意识,践行低碳理念

项目背景

2023年,是中国改革开放45周年,是共建"一带一路"倡议提出10周年,也是构建人类命运共同体理念提出10周年。随着中国与"一带一路"沿线国家电商领域的政策沟通不断深入,"一带一路"电商合作机制正逐步建立。截至2023年9月,中国已经与29个国家和地区签署了电商合作备忘录,建立了双边电商合作机制。

上海力达跨境电商物流有限公司近几年发展显著,主要得益于"一带一路"的各种利好政策。公司员工密切关注"一带一路"沿线国家和地区的物流行业动态,了解最新的政策、法规及市场趋势,以便及时调整企业战略。

▶ 项目三 初识"一带一路"背景下的跨境电商物流

任务一　了解"一带一路"倡议内容

▼ 任务导入

王丽在处理一笔由苏州发往德国汉堡的扫地机器人订单时遇到了困难，以往都采用海运方式运输，但由于近期"亚欧航道"受阻，运费飙升且延期严重。这时李华建议王丽了解一下新开通的"中欧班列"。王丽经过调查了解，并比较后发现采用中欧班列，不仅时效上可比海运节省 20 多天，而且通关便捷，与海运相比，性价比高。与客户沟通后，王丽更改了运输方式，一批"苏州制造"的扫地机器人由苏州出发，驶向了欧洲。

跨境电商中的物流环节，是成本中心，是利润中心，是用户体验的关键，还是提升企业运营效率的关键。"一带一路"倡议覆盖了亚洲、欧洲、非洲等多个国家和地区，为跨境物流企业开辟了广阔的国际市场空间。

一、"一带一路"五通建设

构建丝绸之路经济带要创新合作模式，加强"五通"建设，即政策沟通、设施联通、贸易畅通、资金融通和民心相通，以点带线、以线带面，逐步形成区域大合作格局。

◉ 探究活动

"一带一路"倡议中的"一带"指的是什么，"一路"又指的是什么呢？

2013 年 9 月 7 日，国家主席习近平在哈萨克斯坦纳扎尔巴耶夫大学发表演讲，提出了共同建设"丝绸之路经济带"的畅想。同年 10 月 3 日，习近平在印度尼西亚国会发表演讲，提出共同建设"21 世纪海上丝绸之路"。这二者共同构成了"一带一路"重大倡议。

"五通"概念的雏形最早开始于2013年"一带一路"建设初期。2015年3月,中华人民共和国国家发展和改革委员会(以下简称国家发展改革委)、中华人民共和国外交部(以下简称外交部)、中华人民共和国商务部(以下简称商务部)联合发布《推动共建丝绸之路经济带和21世纪海上丝绸之路的愿景与行动》,对于"五通"的概念进行了完善,明确了"五通"建设的主要内容。

(一)政策沟通

政策沟通是推进"一带一路"建设的重要保障。"一带一路"倡议提出以来,我国成功搭建了以高峰论坛为引领、以多双边合作机制为支撑的"一带一路"复合型国际合作框架,并在此框架下不断加强与"一带一路"共建国家的发展战略对接、规划对接、机制平台对接和项目对接,在凝聚各方发展共识、形成建设合力方面发挥了重大作用。

我国与"一带一路"共建国家的政策沟通主要体现在以下几个方面。

1. 成功举办"一带一路"国际合作高峰论坛

首届"一带一路"国际合作高峰论坛于2017年5月14日至15日在北京举行,主题为"加强国际合作,共建'一带一路',实现共赢发展"。这次论坛汇聚了来自140多个国家和80多个国际组织的1600余名外宾,包括29位外国元首和政府首脑。第二届"一带一路"国际合作高峰论坛于2019年4月26日至27日在北京举行,主题是"共建'一带一路'、开创美好未来"。这一主题不仅体现了中国政府对"一带一路"倡议的重视,也反映了国际社会对通过这一倡议实现共同发展和繁荣的期待。第三届"一带一路"国际合作高峰论坛于2023年10月17日至18日在北京举行,主题是"高质量共建'一带一路',携手实现共同发展繁荣"。这一主题体现了"一带一路"倡议的核心目标,即通过促进高质量的合作和发展,推动参与国家之间的互联互通,实现共同繁荣。这次论坛不仅是纪念"一带一路"倡议提出10周年最隆重的活动,还是各方共商高质量共建"一带一路"合作的重要平台。

2. "一带一路"的朋友圈不断扩大

中国与共建国家、国际组织积极构建多层次政策沟通交流机制,共同制定推进区域合作的规划和措施,形成了政策沟通的长效机制,截至2023年6月底,中国与五大洲的150多个国家、30多个国际组织签署了200多份共建"一带一路"合作文件。从"大写意"到"工笔画",从落地生根到持久发展,共建"一带一路"朋友圈越来越大,好伙伴越来越多,合作质量越来越高,发展前景越来越好。中国将继续与各方共建和平、繁荣、开放、绿色、创新、文明之路,让共建"一带一路"这一世纪工程更好造福各国人民。

3. 加快推动规划对接与项目对接

在共建"一带一路"框架下,截至2023年我国已与20多个国家共同编制并签署了合作规划或行动计划。这些文件明确了我国与相关国家合作的具体内容、资金来源和实施机制，商定了双方重点合作项目，为推动我国与相关国家项目对接及务实合作指明了方向和路径。

4. 有序拓展专业领域的沟通合作，政策及规则标准对接成为工作重点

我国积极推动与沿线国家在交通、税收、贸易、审计等专业领域的政策及规则标准对接，与相关国家和国际组织在各专业领域签署了100多项多双边合作文件。此外，中国国家标准化管理委员会还专门发起建立了"一带一路"共建国家标准信息平台，从标准化领域对"一带一路"共建国家有关标准信息进行分类和翻译。上述举措都大大促进了我国与相关国家间的政策及规则标准的交换、沟通、共享和对接，为推动"五通"建设领域的合作提供了必要基础。

5. 建立完善多边常态化工作机制

我国在中欧班列、港口、金融、海关、会计、税收、能源、环保、文化、智库、媒体等专业领域发起成立了20多个"一带一路"多边对话合作平台，签署了多项中外地方合作协议。这些都大大丰富了我国与相关国家和国际组织开展政策沟通的渠道，提高了"一带一路"建设政策沟通的效率及保障能力，使"一带一路"建设政策沟通更加便捷、高效。

6. 大力推广第三方市场合作新模式

第三方市场合作是在"一带一路"背景下中国首创的国际经贸合作新模式，即秉持着和平合作、开放包容、互学互鉴、互利共赢的丝绸之路精神，中国企业根据项目特点和需要，以市场为导向，联合外国企业共同在第三方国家市场为项目落地提供整体解决方案，实现优势互补，促进项目高效运作。表现形式主要是中国与发达国家合作开发发展中国家市场，灵活创新中外企业的合作方式，坚持质量效益优先，是将中国的优势产能、发达国家的先进技术和广大发展中国家的发展需求有效对接，协同发挥各自企业的优势、实现互利多赢，共同推动第三方国家的产业发展、基础设施水平提升和民生改善的务实举措。第三方市场合作新模式为发达国家参与共建"一带一路"提供了有效途径。越来越多的发达国家公司、金融机构正积极与我国合作，深度参与开拓第三方市场。例如：中国丝路基金与欧洲投资开发银行建立了第三方合作的市场基金；中国人民银行与欧洲复兴开发银行签署了加强第三方市场投融资合作谅解备忘录；中车集团与德国西门子就部分重点项目达成第三方合作协议；等等。第三方市场合作有助于各国企业优势互补，共同推动第三方国家的产业发展、基础设施水平提升和民生改善，实现"1+1+1>3"的协同效果。

总之，我国与"一带一路"共建国家政策沟通的广度、深度不断拓展，常态性对话沟通机制持续增加，不断涌现出一些新亮点，为"一带一路"建设开展全面务实合作及实现高质量发展提供了有力支撑。

（二）设施联通

1. 设施联通的内涵

设施联通是指各个国家或地区间基础设施的互联互通，其中既包括交通基础设施，如公路、铁路等，又包括公共设施，如通信、电力、能源管道等。它为跨境旅游、跨境电商、跨境物流等跨境合作提供了便利前提，为深化经济合作提供了重要基础。基础设施互联互通是"一带一路"建设的优先领域，是"一带一路"建设的"血脉经络"。

2. 设施联通包含的内容

（1）在尊重相关国家主权和安全关切的基础上，沿线国家应加强基础设施建设规划、技术标准体系的对接，共同推进国际骨干通道建设，逐步形成连接亚洲各次区域及亚欧非之间的基础设施网络，建设中充分考虑气候变化影响，强化基础设施绿色低碳化建设和运营管理。

（2）抓住交通基础设施的关键通道、关键节点和重点工程，优先打通缺失路段，畅通瓶颈路段，配套完善道路安全防护设施和交通管理设施设备，提升道路通达水平。推进建立统一的全程运输协调机制，促进国际通关、换装、多式联运有机衔接，逐步形成兼容规范的运输规则，实现国际运输便利化。推动口岸基础设施建设和港口合作建设，畅通陆水联运通道，增加海上航线和班次，加强海上物流信息化合作。拓展建立民航全面合作的平台和机制，加快提升航空基础设施水平。

（3）加强能源基础设施互联互通合作，共同维护输油、输气管道等运输通道安全。推进跨境电力与输电通道建设，积极开展区域电网升级改造合作。

（4）共同推进跨境光缆等通信干线网络建设，提高国际通信互联互通水平，畅通"信息丝绸之路"。加快推进双边跨境光缆等建设，规划建设洲际海底光缆项目，完善空中（卫星）信息通道，扩大信息交流与合作。

（三）贸易畅通

投资贸易合作是"一带一路"建设的重点内容。贸易畅通旨在研究国家间的经贸往来、产业投资、能源资源合作和产能合作等问题，致力于推进贸易便利化进程，消除贸易壁垒，促进区域内生产要素的自由流动，构建良好的贸易环境，提高资源配置效率和融入市场的能力，为实现国家间的互利互惠、共同发展打下坚实基础。

随着资本、技术、人才、信息等生产要素在全球范围内的自由流动和优化配置，能否背靠"一带一路"沿线国家庞大的市场，不断取消各种有形和无形的贸易壁垒，解决投资贸易便利化问题，构建区域内和各国良好的营商环境，积极同沿线国家共同商建自由贸易区,激发并释放合作潜力,做大做好合作"蛋糕",成为决定"一带一路"贸易畅通的关键。

(四)资金融通

资金融通是"一带一路"建设的重要支撑,是"一带一路""五通"建设的关键环节。"一带一路"覆盖中亚、南亚、西亚、东南亚和中东欧等60多个国家和地区,其中大多数为新兴市场或发展中经济体,普遍存在国民储蓄率低、金融市场不发达等问题,原有的融资模式越来越无法承担推动经济发展的重任。

资金融通的重大意义具体如下:

(1)资金融通是实现设施联通的基础。"一带一路"倡议初始阶段把设施联通作为优先领域,以运输通道的互联互通为纽带,以经济走廊为依托,率先建立亚洲基础设施互联互通的基本框架。根据沿线国家的自然资源禀赋和劳动力成本比较优势,"一带一路"倡议推进了国际运输大通道建设,加快发展了高铁、轨道交通,弥补了内陆国家经济地理的不足,通过推动沿线各国共同编组陆运、海运、空运和资讯等立体交通大网络,带动沿线基础设施建设投资强劲增长,产生了大量的资金缺口,需要资金融通来满足投资需求。

(2)贸易畅通对资金融通提出了更高的要求。交通基础设施的建设推动了资源和能源的开发利用,进一步加强了"一带一路"沿线国家全方位的贸易服务往来。要实现投资贸易便利化、消除投资和贸易壁垒,积极同沿线国家共同商建自由贸易区,都离不开资金融通的支持。

(3)资金融通的发展与政策沟通息息相关。"一带一路"沿线国家存在法规政策不相容、地缘政治风险居高不下、文化宗教冲突等风险因素,因此加强政策沟通是把"一带一路"建设成和平之路的重要保障。无论是政府间合作,还是各国商业机构的沟通磋商,都需要寻找更多的利益契合点,都离不开资金融通的支持。

(五)民心相通

民心相通于2013年提出,符合经济全球化时代利益交融、文明交汇、人民交流的大潮流。民心相通意在传承丝绸之路精神,通过推动各国民众之间的交往、交流、交融,通民心、达民意、汇民情,实现增进信任、促进友谊、深化合作、共同发展的目的。其内涵主要体现在以下三个方面。

一是理念认同。理念认同就是加强理念沟通,弘扬和平合作、开放包容、互学互鉴、互利共赢的丝绸之路精神,在文化不同、国情不同、制度不同、发展阶段不同的各国人民之间搭建起理解、互信与合作的桥梁。

二是利益契合。利益契合就是夯实物质基础,找准"一带一路"沿线国家民众的突出利益关切,以推进发展战略对接为统领,以促进发展的大项目合作为重点,以有利于改善民生的具体合作项目为优先,在不断扩大我国同相关国家利益汇合点的过程中,注重使人民从合作中获得更多实实在在的利益,提升满意度,从而提高"一带一路"合作的民意支持率。

三是感情友好。感情友好就是升华友好情谊,积极推动同相关国家民众之间的交流,加强人文、旅游、教育、科技、媒体、智库等各领域的往来,结成内容丰富、形式多样、深入基层的交流合作对子,从人的层面不断拉近相互之间的心理距离,促进心灵相通,使友谊的纽带变得更加牢固。

民心相通是"一带一路"建设的社会根基,也是"一带一路"建设能否真正取得成功的根本落脚点。

小贴士

"一带一路"和"五通"指数

政策沟通、设施联通、贸易畅通、资金融通和民心相通是对互联互通的具体化、系统化描述,在此基础上构建的"五通"指数反映了各国在政治环境、基础设施、贸易水平、营商环境、金融环境、民间交流等宏观层面上的互联互通水平。

为了量化"一带一路"沿线国家互联互通的水平与进展,2018年9月7日,北京大学"五通指数"课题组发布了全球首份2018年"一带一路"沿线国家"五通指数"报告。该报告对"一带一路"沿线94个国家的政策沟通、设施联通、贸易畅通、资金融通和民心相通的发展水平进行了指数化分析,根据指标数据之间的逻辑关系建立了科学的分层指数结构,较全面、客观、科学地反映了我国与"一带一路"沿线国家互联互通的现实情况。

"五通"指数指标体系由5个一级指标、15个二级指标和41个三级指标组成(见表3-1-1)。这些指标综合反映了"五通"在"一带一路"倡议中起到的作用。

表3-1-1 "五通"指数指标体系

一级指标	二级指标	三级指标
A 政策沟通	A1 政治互信	A11 高层交流频繁度
		A12 伙伴关系
		A13 政策沟通效度
	A2 合作机制	A21 驻我国使馆数
		A22 双边重要文件数
	A3 政治环境	A31 政治稳定性
		A32 清廉指数

续表

一级指标	二级指标	三级指标
B 设施联通	B1 交通设施	B11 物流绩效指数
		B12 是否与中国直航
		B13 是否与中国铁路联通
		B14 是否与中国海路联通
	B2 通信设施	B21 电话线路覆盖率
		B22 互联网普及率
	B3 能源设施	B31 石油输送力
		B32 天然气输送力
		B33 电力输送力
C 贸易畅通	C1 畅通程度	C11 关税水平
		C12 非关税贸易壁垒
		C13 贸易条件指数
		C14 双边贸易额
	C2 投资水平	C21 双边投资水平
		C22 中国对该国直接投资流量
		C23 该国对中国直接投资流量
	C3 营商环境	C31 跨国贸易自由度
		C32 商业管制
D 资金融通	D1 金融合作	D11 货币互换合作
		D12 金融监管合作
		D13 投资银行合作
	D2 信贷体系	D21 信贷便利度
		D22 信用市场规范度
	D3 金融环境	D31 总储备量
		D32 公共债务规模
		D33 货币稳健性
E 民心相通	E1 旅游活动	E11 旅游目的地热度
		E12 来华旅游人数
	E2 科研交流	E21 科研合作
		E22 百万人拥有孔子学院数量
	E3 民间往来	E31 我国网民对该国的关注度
		E32 该国网民对我国的关注度
		E33 友好城市数量
		E34 民众好感度

二、"一带一路"经济走廊

> **探究活动**
>
> 六大经济走廊是"一带一路"的战略支柱,也是区域经济合作网络的重要框架。六大经济走廊不但各具优势,而且切实地给相关国家民众带来实惠和收益。更为关键的是,六大经济走廊使"一带一路"内涵的天下大同、和谐万邦的理念和观点得以落地生根。
>
> 你知道六大经济走廊分别是哪六条吗?

(一)新亚欧大陆桥经济走廊

新亚欧大陆桥、中国—中南半岛、中国—中亚—西亚、中蒙俄、中巴和孟中印缅六大经济走廊已经成为"一带一路"倡议的战略支柱。作为"一带一路"倡议的主要内容和骨架,这些优先发展的经济走廊将沿线60多个发展中国家列为中国对外交往的优先和重点对象,并将"一带一路"倡议的构想落到了实处。

新亚欧大陆桥经济走廊是六大经济走廊中的第一个,从中国出发连通亚欧,是"一带一路"在贸易畅通领域及设施联通中的重要一环,为货物的便捷化通关提供了有力保障。

1. 新亚欧大陆桥经济走廊的建设背景

新亚欧大陆桥又名"第二亚欧大陆桥",是指东起中国连云港西至荷兰鹿特丹的国际化铁路干线,国内部分由陇海铁路和兰新铁路组成。新亚欧大陆桥途经江苏、山东、安徽、河南、陕西、甘肃、青海、新疆8个省、自治区,65个地、市、州的430多个县、市,到中哈(哈萨克斯坦)边界的阿拉山口出国境。出国境后可经3条线路抵达荷兰鹿特丹,全长10 900千米,辐射全球30多个国家和地区。

2015年3月,国家发展改革委、外交部、商务部联合发布的《推动共建丝绸之路经济带和21世纪海上丝绸之路的愿景与行动》勾勒出了"一带一路"倡议的大框架,其中新亚欧大陆桥经济走廊建设居于共建国际大通道和经济走廊建设的重要位置。新亚欧大陆桥与中国古丝绸之路重合较多,在"一带一路"倡议中占有极为重要的地位。

2. 新亚欧大陆桥经济走廊建设的重要性

(1)引领示范作用。新亚欧大陆桥经济走廊在地理区位上对其他经济走廊的建设具有引领、示范效应。它东西两端连接着太平洋与大西洋的两大经济中心,辽阔狭长的中间地带即亚欧腹地，地域辽阔，虽然交通不够便利、自然环境较差，但空间容量大、资源富集，开发前景好、开发潜力大，是人类社会赖以生存和发展的物华天宝之地。经过多年发展，新亚欧大陆桥逐渐变成了亚欧大陆的"金腰带"，极大地促进了沿线国家的经贸往来，成了"一带一路"倡议下互联互通的典范。

在新亚欧大陆桥经济走廊建设中，中欧班列起到了至关重要的作用。随着中欧贸易的不断发展，尤其是在"一带一路"倡议提出后，为争夺对外经济发展的主动权，不少城市相继开通了中欧班列，班列数呈爆发式增长。中欧班列依托新亚欧大陆桥和西伯利亚大陆桥，形成西、中、东3条运输通道，凭借速度快、成本低的陆路运输优势，辐射整个亚欧大陆。中欧班列的开行为中国与欧洲、中亚的贸易往来打开了便捷通道，我国通过"中欧班列＋跨境电商"新渠道向全球企业分享了我国扩大开放、消费升级带来的发展红利。

时事聚焦

红海航运受阻 中欧班列成国际运输优选项

红海航道是全球海运线路上的重要航道之一。2023年以来受红海局势持续紧张影响，有海上"咽喉要道"之称的苏伊士运河船舶通行量降幅明显，运输不确定性大增，许多企业面临生产中断和交货延迟风险。

红海局势暴露了"海上咽喉"的脆弱性，使全球物流企业开始重新审视货物运输选择，寻求以陆代海的物流方案。贯通欧亚大陆的中欧班列以其快速高效和安全稳定的特点，成为国际产业链供应链的"稳定器"。

2024年中欧班列客户询价、订舱意向增多，发运需求和运量均有所增长。自2023年12月全球知名的邮递和物流集团敦豪（DHL）集装箱船开始改道走较长路线以来，通过俄罗斯铁路走廊运输货物的请求激增约40%。

中欧班列受到青睐与其独特的运输优势紧密相关。

从价格角度来看，性价比优势让更多物流企业选择中欧班列。联合国贸易和发展会议于2024年2月发布的报告显示，上年11月以来，从上海经由苏伊士运河至欧洲的航运费上涨约3倍。相较中欧班列，海运已不具备明显的价格优势。

从时效性来看，中欧班列从重庆发车至欧洲仅需15至20天，比红海航运快7至10天。这对于有一定运量规模和时效性要求较高的企业来说具有很强吸引力。

从安全角度看，与海运相比，中欧班列货运的可靠性和准时性更高。国铁集团数据显示，2024年以来，全程时刻表中欧班列累计开行45列，境内外运输时效得到可靠保障，受到各国企业青睐。

> 数据显示，2024年1至2月，中欧班列累计开行2 928列，发送货物31.7万标箱，同比分别增长9%、10%。截至2月底，中欧班列国内出发城市达120个，通达欧洲25个国家219个城市。
>
> 随着中欧班列稳定开行，越来越多欧洲产品走进中国百姓生活；大量来自中国的商品也搭乘这一稳定物流通道进入欧洲，赢得了欧洲民众认可。
>
> 中欧班列在动荡世界中构筑起一条畅通的国际经贸大动脉，成为全天候维系全球供应链、价值链安全运行的黄金通道。中欧班列的发展开创了亚欧国际运输新格局，搭建了亚欧大陆经贸合作新平台，打造了富有韧性的国际物流供应链。
>
> 随着亚欧大陆铁路运输基础设施日益完善、通关标准更加协调便捷，中欧班列优势将进一步凸显，为全球贸易注入更多稳定性。
>
> （新闻来源：记者刘文文，中新社北京2024年3月13日电）

（2）提高效果效率，降低交易成本。新亚欧大陆桥经济走廊的建设使很多货物可以在出发地检验、目的地验收，极大地提高了交易效率，降低了交易成本。日渐增多的中欧班列激活了亚欧大陆的陆上贸易，不仅扩大了物资交流的范围，增加了货物品种和商品数量，还加深了国家之间的相互联系，进一步推动了整个亚欧大陆的专业化分工与合作和经济一体化进程，为未来政府与非政府之间的双边、多边合作和自由贸易区建设提供了更有利的市场环境。

新亚欧大陆桥辐射全球30多个国家和地区，不同的文明及利益的碰撞难免会出现摩擦，使这条以较短的运输路线和优越的地理位置为优势的"黄金运输通道"在实际运行过程中存在风险。可以说，在新亚欧大陆桥经济走廊建设过程中，机遇与风险并存，想要防范、化解可能遇到的风险，国家不仅需要对风险进行充分估计和研判，还需要出台和完善相应的政策。

（二）中国—中南半岛经济走廊

中国—中南半岛经济走廊是中国与"一带一路"沿线国家规划建设的六大经济走廊之一。该走廊以中国广西南宁和云南昆明为起点，以新加坡为终点，纵贯中南半岛的越南、老挝、柬埔寨、泰国、缅甸、马来西亚等国家，是中国连接中南半岛的大陆桥，也是中国与东盟合作的跨国经济走廊。

东盟是东南亚国家联盟（Association of Southeast Asian Nations，ASEAN）的简称，于1967年8月8日在泰国曼谷成立，秘书处设在印度尼西亚首都雅加达。截至2023年，东盟有10个成员国：文莱、柬埔寨、印度尼西亚、老挝、马来西亚、菲律宾、新加坡、泰国、缅甸、越南。

小贴士

区域全面经济伙伴关系协定（RCEP）

《区域全面经济伙伴关系协定》（Regional Comprehensive Economic Partnership，RCEP）是2012年由东盟发起，历时8年，由包括中国、日本、韩国、澳大利亚、新西兰和东盟10国共15方成员制定的协定。2022年1月1日，RCEP正式生效，文莱、柬埔寨、老挝、新加坡、泰国、越南6个东盟成员国和中国、日本、新西兰、澳大利亚4个非东盟成员国正式开始实施协定。RCEP的生效标志着全球人口最多、经贸规模最大、最具发展潜力的自由贸易区正式落地。

RCEP中与跨境电商相关的内容主要体现在四个方面：提高贸易便利化水平、创造有利的电商环境、促进跨境电商的发展与合作以及构建电商对话与争端解决机制。

1. 提高贸易便利化水平

（1）无纸化贸易。每一缔约方应当努力接受以电子形式提交的贸易管理文件与纸质版贸易管理文件具有同等法律效力；努力使电子形式的贸易管理文件可公开获得，并增强对其的接受度。

（2）电子认证和电子签名。允许各方确定适当的电子认证技术和电子交易实施模式，不予限制；鼓励使用可交互操作的电子认证，不得否认电子签名的法律效力，除非其法律和法规另有规定。

2. 创造有利的电商环境

（1）线上消费者保护。缔约方应认识到采取和维持透明及有效的电商消费者保护措施的重要性，采取和维持法律法规保护消费者免受欺诈和误导，并加强各主管部门的合作；发布消费者如何寻求救济和企业如何遵守法律要求的相关信息。

（2）线上个人信息保护。每一缔约方应当考虑相关国际标准、原则，采取和维持保护电商用户信息的法律框架，向其电商用户公布个人信息保护的相关信息；鼓励法人通过互联网公布其与个人信息保护相关的政策和程序，保护从任一缔约方转移来的个人信息。

（3）非应邀商业电子信息。每一缔约方应将非应邀商业电子信息减少到最低程度，对未遵守者具有相关追索权，加强关切问题的监管与合作。

（4）国内监管框架。在考虑电商的国际公约和示范法的基础上，采取和维持监管电子交易的法律框架，避免施加不必要的监管负担。

（5）海关关税。维持其目前不对缔约方之间的电子传输征收关税的现行做法，但不得阻止缔约方对符合本协定的电子传输征收税费、费用或其他支出。

（6）透明度。每一缔约方应当通过各种方式尽快公布所有相关措施，并尽快答复另一缔约方关于特定信息的相关请求。

（7）网络安全。缔约方应认识到网络安全相关主管部门的能力建设及针对网络安全进行交流合作的重要性。

3. 促进跨境电商的发展与合作

（1）计算设施的位置。尊重各缔约方计算设施的通信安全和保密要求，不设不合理的商业行为交换条件，且不得阻止任一缔约方采取或维持合法、非歧视和保护其基本安全利益所必要的任何措施。

（2）通过电子方式跨境传输信息。尊重每一缔约方对于通过电子方式跨境传输信息的监管惯例，任一缔约方不得阻止跨境传输信息，且保留各缔约方采取和维持措施的权力。

（3）电商合作。每一缔约方应当在适当时就帮助中小型企业克服使用电子商务障碍、构建电子商务法律框架及分享信息经验和最佳实践等多方面开展合作，努力采取建立在国际论坛等既有合作倡议上的合作形式。

4. 构建电商对话与争端解决机制

（1）电商对话。缔约方应认识到对话，包括在适当时与利益相关方对话，对于促进电商发展和使用的价值，考虑合作机遇与相关问题，并提出相应建议。

（2）争端解决。发生分歧时缔约方应当先善意地进行磋商，尽最大努力达成共同满意的解决方案，未能解决分歧时可提交至RCEP联合委员会，不得就电商下产生的任何事项诉诸非电商法律层面进行解决。

（三）中巴经济走廊

中巴经济走廊起点在新疆喀什，终点在巴基斯坦瓜达尔港，全长3 000千米，贯通南北丝路关键枢纽，北接"丝路经济带"、南连"21世纪海丝之路"，是一条包括公路、铁路、油气和光缆通道在内的贸易走廊。

中巴经济走廊是共建"一带一路"的旗舰项目，中巴两国政府高度重视，积极开展了远景规划的联合编制工作。

2015年4月20日，两国领导人出席中巴经济走廊部分重大项目动工仪式，签订了51项合作协议和备忘录，其中近40项涉及中巴经济走廊建设。

（四）中国—中亚—西亚经济走廊

中国—中亚—西亚经济走廊与新亚欧大陆桥经济走廊重叠，在新亚欧大陆桥从阿拉山口—霍尔果斯越出中国国境后，出现了一条从哈萨克斯坦到乌兹别克斯坦、吉尔吉斯斯坦、塔吉克斯坦、土库曼斯坦、伊朗、伊拉克、土耳其的新经济走廊。

中国—中亚—西亚经济走廊与新亚欧大陆桥、中巴经济走廊在中国境内的新疆实现了"三廊合一"，并沿铁路线与环渤海经济圈、长三角经济圈、珠三角经济圈相联系。该走廊以能源合作为主轴。

（五）中蒙俄经济走廊

中蒙俄经济走廊分为两条线路：一是从华北京津冀到呼和浩特，再到蒙古和俄罗斯；二是东北地区从大连、沈阳、长春、哈尔滨到满洲里和俄罗斯赤塔。两条通道的共同特征是将中国的环渤海经济圈通过中蒙俄经济走廊与欧洲经济圈链接起来，形成一条从亚洲到欧洲的北方通道。这条经济通道连接东三省，向东可以抵达符拉迪沃斯托克出海口，向西到俄罗斯赤塔进入亚欧大陆桥，具有运输成本低、时间短、经过的国家少、海关通关成本低等优势，是一条潜力巨大的经济走廊。

中蒙俄经济走廊侧重口岸建设与能源合作。

（六）中印缅孟经济走廊

2013年5月，中印共同倡议建设中印缅孟经济走廊。中印缅孟经济走廊连接东亚、南亚、东南亚三大次区域，沟通太平洋、印度洋两大海域。中印缅孟经济走廊辐射作用将带动南亚、东南亚、东亚三大经济板块联合发展。

> 实践与思考

1 单选题：2013年9月7日，中国国家主席习近平在哈萨克斯坦发表重要演讲，首次提出了加强政策沟通、道路联通、贸易畅通、货币流通、民心相通，共同建设（　　）的倡议。

　　A. 丝绸之路经济带　　　　　　B. 21世纪海上丝绸之路

　　C. 一带一路　　　　　　　　　D. 丝绸之路

2 单选题："一带一路"构想是对古代丝绸之路、海上丝绸之路的（　　）。

　　A. 开拓和创新　　B. 复兴和开拓　　C. 继承和发展　　D. 传承和延续

3 单选题："一带一路"共建原则体现为（　　），各尽所能。

　　A. 各取所需　　B. 各抒己见　　C. 各施所长　　D. 物尽其用

4 单选题："一带一路"这条世界上跨度最长的经济大走廊，发端于（　　）。

　　A. 德国　　B. 日本　　C. 美国　　D. 中国

5 单选题：在"五通"指数指标中"C11"指的是（　　）。

　　A. 高层交流频繁度　　　　　　B. 关税水平

　　C. 双边投资水平　　　　　　　D. 信贷便利度

6 填空题："一带一路"的"五通"指的是（　　）、（　　）、（　　）、（　　）、（　　）。

7 多选题："一带一路"构想提出了沿线国家合力打造平等互利、合作共赢的（　　）。

　　A. 经济共同体　　B. 利益共同体　　C. 道义共同体　　D. 命运共同体

8 多选题：以下为RCEP成员国的是（　　）。

　　A. 泰国　　B. 印度　　C. 日本　　D. 韩国　　D. 澳大利亚

9 判断题：RCEP的生效有力促进亚太区域经济一体化进行，推动经济发展，促进区域贸易投资大幅增长。（　　）

⑩ 判断题:"中欧班列"是指按照固定的车次、线路、班期和全程运行时刻开行,往来于中国与欧洲以及"一带一路"沿线各国的集装箱国际线路联运班列。（　　）

⑪ 实践活动

在"一带一路"倡议下,截至 2023 年 9 月,中国已经与 29 个国家和地区签署了电商合作备忘录,建立了双边电商合作机制。登录"一带一路"官网,目前该项数据是否有更新,如有,请补充相关数据。

▼ 学习评价

序号	评价内容	参考分值	得分
1	说出"一带""一路"的含义	10	
2	复述"一带一路"中"五通"的具体内容	10	
3	识别"一带一路"和"五通"指数	10	
4	复述六条经济走廊起始点	10	
5	了解"中欧班列"对跨境电商物流的影响	10	
6	列举 RCEP 成员国	10	
7	登录"一带一路"官网,查询"一带一路"合作国家	10	
8	完成课堂探究活动	10	
9	有效地参与小组讨论,并在团队中发挥积极作用	10	
10	独立完成课后习题	10	
总分			

任务二　选择跨境电商物流运输方式

▼ 任务导入

经过上次改变运输方式的事，王丽发现，跨境电商物流除了传统的海运，在"一带一路"倡议下，还有多种运输方式可供选择。

"一带一路"倡议提出以来，已成为当今世界广泛参与的国际合作平台和普遍受欢迎的国际公共产品，"六廊六路多国多港"合作格局基本形成，其中"六路"涵盖了六种常见的跨境电商物流运输方式。

一、跨境电商物流运输方式

跨境电商货物运输必须通过国际运输方式实现，交易双方需根据货物的物理特性（如体积、重量、形状等）和生化特性（如生长特性、化学成分特性等）选择合适的运输方式，进而使货物安全、快速、便捷地由卖方顺利转移至买方。

探究活动

按运输设备及运输工具的不同，目前跨境电商货物常用的运输方式分为跨境海洋运输（简称跨境海运）、跨境航空运输（简称跨境空运）、跨境铁路运输、国际多式联运等。

请分组讨论：选择跨境电商物流运输方式时，你会从哪几方面进行考虑？

跨境电商的发展促使跨境电商物流的快速发展，各种运输方式在跨境电商物流业务中都有不同的适用范围（见表3-2-1）。

跨境海运承载能力强、成本低，适合运送大批量、大体积的跨境货物，但运输时间较长。

跨境空运主要应用于国际快递业务和空运专线业务，国际快递业务多采用空运方式，时效性最强，但成本最高，适合运送数量少、客单价和利润相对较高的货物；空运专线业务是从境内到境外某一国家（地区）的专用航空线路，是一种门到门的运输服务专线，也是一种物流成本较高的运输模式，适合运送快销快补的货物。

在我国，跨境铁路运输主要是指中欧之间、中国与东南亚国家（地区）之间的特定线路运输，目的国（地区）主要为"一带一路"沿线国家（地区），其特点是稳定安全、中转少、时间准确性强，由于受运输区域的限制，更适合运送沿线国家（地区）间的大宗货物。

在我国，公路运输主要适合运送从各省、区、市的综合保税区经阿拉山口口岸、俄罗斯、白俄罗斯运往欧洲的货物。为简化境外通关手续，我国于2016年正式加入《国际公路运输公约》，联合国授权国际道路运输联盟在全球管理国际公路运输（Transport International Routier，TIR）系统，持有TIR证且经批准的车辆可在《国际公路运输公约》各缔约方之间便捷通关。

表 3-2-1　　　　　　　　　　　　跨境电商物流运输方式比较

运输方式	优势	劣势	适合的跨境货物	适合的交易模式
跨境海运	运量大、单价低、通关能力强	货损率高、时间长、准时性差	批量大、运距长、价值较低、时限要求不高的货物	B2B
跨境空运	快速、安全、简化包装	运量小、运价高、受气候影响大	体积小、价值高、时限要求较高的货物	B2B、B2C
跨境铁路	运量较大、时间准确性强、安全性强、成本较低、全天候运输	建造投资大、受轨道限制、灵活性差	运距较长、时限要求不太高的货物	B2B
国际多式联运	灵活性强、适应性强、门到门运输	货损率高	所有货物均可	B2B、B2C

（一）跨境海运

跨境海运是指使用船舶通过海上航道在不同国家和地区港口之间运送货物的一种方式。

1. 跨境海运概述

跨境海运是各主要运输方式中兴起最早、历史最长的运输方式。其特征是载重量大、成本低、投资小，但灵活性弱、连续性差。跨境海运较适合运送大宗、低价值、笨重和散装的货物。跨境海运作为水路运输的一种，不仅适合运送各种外贸货物，还适合运送跨境电商B2B出口货物。

（1）跨境海运的特点。跨境海运与其他跨境电商物流运输方式相比，具有如下特点：

① 运载能力强、成本低、能耗少、投资省，是一些国家（地区）国际运输的重要方式之一。

② 受自然条件的限制与影响大。跨境海运明显受海洋与河流的地理分布及其地质、地貌、水文与气象等条件和因素的制约与影响。跨境海运航线无法在广大陆地上任意延伸，要与铁路、公路和管道运输配合，实行联运。

③ 开发利用涉及面较广。例如天然河流可用于通航、灌溉、防洪排涝、水力发电、水产养殖，以及作为生产与生活用水的来源等；海岸带与海湾可用于建港、农业围垦、海产养殖、发展临海工业和海洋捕捞业等。

（2）跨境海运的分类。

① 根据运输船舶营运方式，跨境海运可分为班轮运输和租船运输两大类。

班轮运输是指在固定的航线上，以既定的港口顺序，按照事先公布的船期表航行的水上运输方式。班轮运输适合运送货流稳定、品种多、批量小的杂货。

租船运输是指船舶所有人与租船人通过洽谈，将船舶以光船、定期或按航次出租给租船人，根据租船合同规定安排货物运输的方式。

班轮运输与租船运输比较如表 3-2-2 所示。

表 3-2-2　　　　　　　　　　　　班轮运输与租船运输比较

类　型	特　点
班轮运输	A."四固定、一负责"，即固定航线、固定港口、固定船期和相对固定的费率，由承运人负责装卸。这是班轮运输最基本的特点 B. 班轮运费包括装卸费用，即货物由承运人负责配载装卸，承托双方不计滞期费和速遣费 C. 承运人对货物负责的时段是从货物装上船到货物卸下船，即"船舷至船舷"（Rail to Rail）或"钩至钩"（Tackle to Tackle） D. 承运双方的权利义务和责任豁免以签发的提单为依据，并受统一的国际公约的制约
租船运输	A. 根据租船合同组织运输的，租船合同条款由船方和租船人双方共同商定 B. 一般由船方与租船人通过各自或共同的租船经纪人洽谈租船业务并成交 C. 不定航线，不定船期。船方对于船舶的航线、航行时间和载货种类等按照租船人的要求来确定，提供相应的船舶，经租船人同意进行调度安排 D. 租金率或运费率根据租船市场行情来确定 E. 船舶营运中有关费用的支出，根据不同的租船方式由船舶所有人和租船人分担，并在合同条款中订明。例如，装卸费用条款 FIO 表示租船人负责支付装卸费；若写明 Liner Term，则表示船方负责支付装卸费 F. 租船运输适合运送大宗货物 G. 各种租船合同均有相应的标准合同格式

② 根据运送货物的不同，跨境海运可分为集装箱运输和散货运输。

集装箱运输是指以集装箱这种大型容器为载体，将货物集合组装成集装箱单元，以便在现代流通领域内运用大型装卸机械和大型载运车辆进行装卸、搬运作业和完成运输任务，从而更好地实现货物"门到门"运输的一种新型、高效率和高效益的运输方式。散货运输是指海上散装货物运输的运输形式。散货运输一般适合运输散货、重大件等特殊货物（如散装铁矿石、大型机床设备等），跨境电商物流中一般较少采用此种运输方式。

集装箱，人们习惯称之为"货箱""货柜"，在货代业务中习惯称"箱子""柜子"。跨境电商物流中常见的集装箱为20英尺标准集装箱（Twenty Equivalent Unit，简称TEU或20ft，简写为20'）、40英尺集装箱（Forty Equivalent Unit，简称FEU或40ft，简写为40'）。为了便于计算集装箱数量，通常以20英尺标准集装箱作为换算标准箱。换算公式为：

$$1FEU=2TEU$$

不同的跨境电商货物需使用不同类型的集装箱，不同类型的集装箱有不同的箱型及代码，常见的20英尺、40英尺标准集装箱的箱型及代码如表3-2-3所示。

表3-2-3　　　　　　常见的20英尺、40英尺标准集装箱的箱型及代码

集装箱箱型	对应代码	集装箱箱型	对应代码
干货箱	GP	干货高箱	GH（HC美、HQ欧）
冷冻箱	RF	冷高箱	RH
挂衣箱	HT	敞顶箱	OT

2. 集装箱班轮运输

集装箱班轮运输是指集装箱班轮公司按事先制定的船期表，在固定航线的固定挂靠港口之间，按规定的操作规则为非固定的货主提供规范的、反复的集装箱货物运输服务，并按"箱运价"计收运费的一种运输方式。在运输组织上，集装箱班轮运输所用的船舶不仅大型化、高速化，在港停泊时间短、周转快，而且有专门的组织对集装箱进行调度和跟踪管理。相较于杂货班轮运输，集装箱班轮运输具有运送速度快、装卸方便、作业效率高、货运质量高、便于开展联运等优点，在跨境电商物流中更常使用。

（1）集装箱班轮运输的分类。集装箱班轮运输包括海运整箱和海运拼箱。

① 海运整箱（Full Container Load，FCL）指整箱货物仅有一个发货人，是由发货人负责装箱、计数、配积载并加以铅封的运输方式。常见集装箱的参数如表3-2-4所示。

表 3-2-4　　　　　　　　　　　　　　常见集装箱的参数

规　格	配货毛重（M/T）	配货体积（m³）	内容积（m）
20'GP	17.5	24~26	5.69×2.13×2.18
40'GP	22	55~58	11.8×2.13×2.18
40'HQ	22	65~70	11.8×2.13×2.72

② 海运拼箱（Less Container Load，LCL）指发货人托运的货物为不足整箱的小票货，代理人（承运人）通过分类整理货物，把发往同一目的地的货物集中到一定数量并拼装入集装箱。

（2）集装箱班轮运输货物的交接。

① 交接地点。集装箱班轮运输货物主要在集装箱码头堆场、集装箱货运站和发货人或收货人的工厂或仓库进行交接，详细内容如表 3-2-5 所示。

表 3-2-5　　　　　　　　　　　　集装箱班轮运输货物的交接地点

交接地点	简　称	说　明
集装箱码头堆场（Container Yard）	CY	在集装箱码头堆场交接的货物，无论是发货港集装箱堆场还是卸货港集装箱堆场，都是整箱交接
集装箱货运站（Container Freight Station）	CFS	集装箱货运站是处理拼箱货的场所，拼箱货在交接、配积载后，将被送往集装箱堆场。集装箱货运站一般包括集装箱装卸港的市区货运站，内陆城市、内河港口的内陆货运站和中转站。在集装箱货运站交接的货物，无论是在起运地集装箱货运站交接还是在到达地集装箱货运站交接，都是拼箱交接
发货人或收货人的工厂或仓库	Door	在发货人或收货人的工厂或仓库交接的货物都是整箱交接，这意味着发货人或收货人自行负责装箱或拆箱

② 交接方式。根据实际交接地点不同，集装箱班轮运输货物的交接方式有多种。在不同的交接方式中，集装箱运输经营人与货主承担的责任、义务不同，集装箱运输经营人的运输组织内容、范围也不同，详细如表 3-2-6 所示。

表 3-2-6　　　　　　　　　　　集装箱班轮运输货物的交接方式

交接方式	简　称	货物交接形式	集装箱运输经营人交接流程
门到门	Door to Door	整箱交接	在发货人的工厂或仓库接收货物，负责将货物运至收货人的工厂或仓库并交付
门到场	Door to CY	整箱交接	在发货人的工厂或仓库接收货物，并负责将货物运至卸货港码头堆场或其内陆堆场，向收货人交付
门到站	Door to CFS	以整箱接	在发货人的工厂或仓库接收货物，并负责将货物运至卸货港码头的集装箱货运站或其在内陆地区的集装箱货运站，经拆箱后向各收货人交付
场到门	CY to Door	整箱交接	在装货港集装箱堆场或其内陆堆场接收发货人的货物，并负责把货物运至收货人的工厂或仓库，向收货人交付
场到场	CY to CY	整箱交接	在装货港集装箱堆场或其内陆堆场接收货物，并负责把货物运至卸货集装箱堆场或其内陆堆场，向收货人交付
场到站	CY to CFS	以整箱接	以拼箱交在装货港集装箱堆场或其内陆堆场接收货物，并负责把货物运至卸货港集装箱货运站或其在内陆地区的集装箱货运站，一般经拆箱后向收货人交付
站到门	CFS to Door	以拼箱接	以整箱交在装货港码头的集装箱货运站或其内陆地区的集装箱货运站接收货物（拼箱），负责将货物运至收货人的工厂或仓库并交付
站到场	CFS to CY	以拼箱接	以整箱交在装货港码头或其内陆地区的集装箱货运站接收货物（拼箱），负责将货物运至卸货港码头或其内陆堆场并交付
站到站	CFS to CFS	以拼箱接	以拼箱交在装货码头或其内陆地区的集装箱货运站接收货物（拼箱），负责将货物运至卸货港码头或其在内陆地区的集装箱货运站，经拆箱后向收货人交付

（3）集装箱班轮运输公司。目前全球十大集装箱班轮运输公司如表3-2-7所示。

表3-2-7　　　　　　　　　　全球十大集装箱班轮运输公司

排名	公司名称	总部	运力/万标准箱	集装箱船数/艘	特点
1	地中海航运/MSC	瑞士日内瓦	521.2	774	在全球拥有215个停靠码头，是世界第二大航运公司
2	马士基/Maersk	丹麦哥本哈根	414.6	683	在全球100多个国家（地区）都拥有办事处，为世界经济的发展做出了巨大的贡献
3	法国达飞海运集团/CMA CGM	法国马赛	351.3	630	同全球100多个国家（地区）都有往来，也是中国主要的国际班轮运输商之一，在我国主要的港口都有停靠点
4	中远海运集运/COSCO	中国上海	292.8	463	由中远、中海合并，集装箱运力在世界上排名第三，公司经营401条航线，在全球拥有356个停靠港口
5	赫伯罗特/Hapag-Lloyd	德国汉堡	188.7	259	同全球100多个国家（地区）有海运往来，是世界五大船公司之一
6	海洋网联船务/ONE	日本东京	168.2	217	由川崎汽船、商船三井、日本邮轮合并成立的一家集装箱班轮运输公司，在全球90多个国家（地区）设有办事处
7	长荣海运/Evergreen Line	中国台湾	167.3	213	凭借前所未有的环球东西双向全货柜定期航线闻名
8	韩新海运/HMM	韩国首尔	79.2	72	原名"现在商船"，有遍布全球的海运网络，负责运输国家（地区）战略物资，是韩国经济的重要组成部分
9	阳明海运/Yang Ming	中国台湾	70.6	93	全球唯一一家有多温层的大型温控物流中心，在欧洲、北美洲都设有专属物流据点，拥有高效率的物流网络
10	以星航运/Zim	以色列海法	58.7	134	是以色列最大的货物运输公司

资料来源：Alphaliner，截至2024年6月7日。

时事聚焦

跨境电商海运专线也称跨境电商海运快线。"点对点"直航跨境电商海运专线涵盖跨境口岸联检单位、船公司、港口和物流等要素，船舶沿途可以挂靠跨境电商专用泊位。在仓储物流方面，使用跨境电商海运专线的跨境电商货物可直接进入综合保税区跨境电商海关监管中心，这可缩短20%的物流时间，大幅缩短境外跨境电商买家等待时间，助力跨境电商货物更快到达目的港。

（新闻来源：记者杨伏山，《福建首条东南亚跨境电商海运专线开通》，中新社厦门2022年6月10日电）

（二）跨境空运

空运是指利用飞机或飞行器进行运输的一种运输形式，比其他运输方式起步晚，但发展极为迅速。这是因为它有许多其他运输方式所没有的优越性，如运送速度快、不受地面条件影响、能够深入其他运输方式难以到达的地区、安全、准时、可以简化包装等。由于对时效性、精准性的高要求，在跨境电商物流中一些对时间要求急迫或高价值、小批量的货物多使用空运。

以跨境出口业务为例，跨境空运主要有直邮模式和海外仓模式两种。在直邮模式下，跨境物流服务商完成跨境电商货物"门到门"或"门到仓"的全部跨境物流环节。在海外仓模式下，以集中备货为主，跨境物流服务商通过将跨境电商货物运至目的国（地区）仓库，如目的国（地区）产生相关商品订单，海外仓则将备货商品直发给境外消费者。直邮模式又分为专线、邮政代理和国际快递三种模式。其中，跨境物流服务商通过自营及整合外部物流资源，完成跨境物流全链条运输而形成的专线模式，与跨境电商兴起的相关度最高，发展最为迅猛，最近几年占比已超过30%。海外仓模式通过借助第三方海外仓、自营海外仓等仓储资源实现订单的履约及商品的存储，降低了消费者对运输时间长的不佳体验感，节约了运输成本，提高了商品销售转换率，有利于卖家积极参与境外市场的竞争。因此，海外仓模式凭借物流成本低、库存周转率高、配套服务好等优势发展迅猛。

在实际的空运业务中，航空公司为了确保自己的主营业务，一般不开展诸如接受货主的托运、货物的装板装箱、办理通关手续等业务。进出口货物的收发货人则一般对运输时间要求比较高，货主为了能及时将货物安全地运送到目的地，会希望熟悉货物订舱、存储、制单、通关、地面交接等业务的企业（如航空货运代理公司）为他们提供服务。

1. 跨境空运的特点

跨境空运的特点主要如下：

① 运送速度快；

② 破损率低，安全性强；

③ 空间跨度大；

④ 可降低生产企业的相关费用；

⑤ 运价比较高；

⑥ 载量有限；

⑦ 易受天气影响。

从以上空运的特点可以看出，空运既有优势，也有劣势。在跨境出口业务中，货主应结合具体情形进行选择。

2. 跨境空运的方式

跨境空运的方式主要有班机运输、集中托运和航空快递。跨境空运通常以班机运输为主。

（1）班机运输。班机是指在固定的航线上定期航行的航班，即有固定始发站、目的站和途经站的航班。班机的航线基本固定，定期开航，收发货人可以确切地掌握起运时间和到达时间，这能保证货物被安全、迅速地运达目的地，有利于收货人及时安排鲜活易腐货物、急需货物或贵重货物的运送。班机通常为客货混合型，现在一些大型物流企业也开航货运班机。客货混合型班机的不足之处是运价较高、舱位有限，不能满足大批量货物及时出运的需要。

（2）集中托运。集中托运是航空货运代理公司把若干批单独发运的、发往同一方向的货物集中起来，组成一票货，向航空公司办理托运，填写一份总运单，集中发运到同一站，由航空货运代理公司在目的地指定的代理人负责将货物分发给各个实际收货人的运输方式（见图3-2-1）。在这种运输方式下，运价较低。

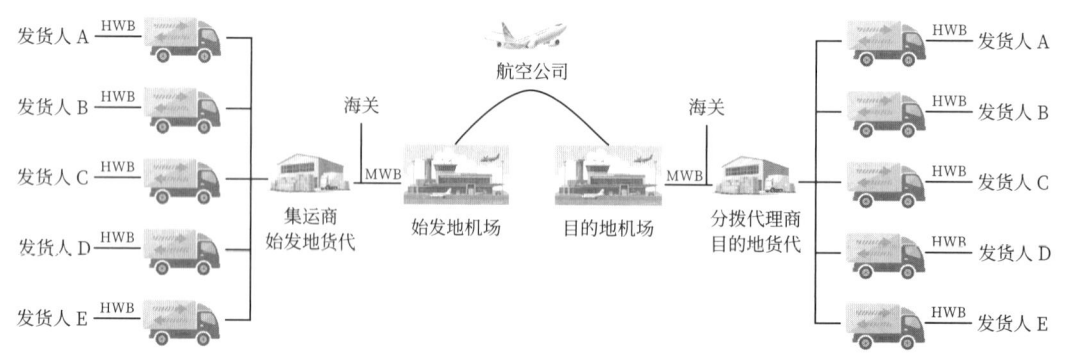

MWB: Master Air Way Bill（主运单）
HWB: House Air Way Bill（分运单）

图 3-2-1　集中托运服务过程示意

集中托运涉及的文件主要有主运单、分运单、集中托运货物舱单、识别标签。下列货物不得以集中托运形式运输：贵重物品、活体动物、尸体、骨灰、外交信袋、危险物品。

（3）航空快递。航空快递是指航空快递企业利用空运，收取发件人的快件（采用该种运输方式的进出境货物），并按照向发件人承诺的时间将快件送交指定地点或者收件人，掌握运送过程的全部情况且能将即时信息提供给有关人员查询的门对门速递服务。航空快递通常是由航空货运代理公司或航空速递公司与航空公司合作，以最快的速度在货主、机场和客户之间运送与交接快件，或两个以上的航空货运代理公司之间通过航空公司进行的比较快捷的一种运输方式。

航空快递的主要业务形式有门到门（Door to Door）、门到机场（Door to Airport）和专人派送（Courier on Board）。

（三）跨境铁路运输

铁路运输是使用铁路列车运送旅客和货物的一种运输方式。在跨境电商货物运输中，铁路运输是一种仅次于海运的主要运输方式，海运的跨境电商货物大多数是靠铁路运输进行货物的集中和分散的。铁路运输的特点是运送量大、速度快、成本较低，一般不受气候条件限制，适合运送需长途运输的大宗、笨重货物。

目前，我国跨境电商铁路运输主要以中欧班列和中老昆万铁路跨境运输为主。铁路运输与空运相比，时效更长，但费用较低；与海洋运输相比，时效更短，但费用较高。

一般情况下，铁路运输更适合运输高附加值并对运输时效和运输安全性有一定要求的货物。从我国现状来看，自从中西部地区相继设立跨境电商综合试验区起，更多跨境电商企业向西部集中，尤其是进出口至欧洲市场的跨境电商企业，其应用中欧班列的成本和时间优势更加突出。就现阶段而言，珠三角和长三角的货量更大、更散，铁路监管的条件和资质要求更加严格，即使具备开展铁路拼箱业务的潜力或可以通过邮包形式进行铁路运输，这些沿海地区的跨境电商企业也更倾向于进行海运或空运。

按中国铁路技术条件，铁路运输分为整车、零担、集装箱三种。整车适合运输大宗货物，零担适合运输小批量的零星货物，集装箱适合运输精密、贵重、易损的货物。

1. 整车

整车是指一批货物根据重量、性质、体积、形状需要以一车或一车以上装运的运输方式。我国现有的铁路货车以棚车、敞车、平车和罐车为主（见图3-2-2），标记载重量大多为 50 M/T 和 60 M/T，棚车容积在 100 m³ 以上，达到这个重量或容积条件的货物，应按整车运输。

图 3-2-2 常见铁路货车种类

2. 零担

零担是指货主需要运送的货物不足一车，作为零星货物交运，承运部门将不同货主的货物按同一到站凑整一车后再发运的运输方式。零担需要等待货物凑整一车，速度较慢。为克服这一缺点，目前已发展出定线路、定时间的零担班列。

3. 集装箱

集装箱是指以集装箱形式进行的运输方式，所用列车为集装箱列车。随着铁路集装箱运输和拖车式运输的不断发展，集装箱直达列车、集装箱专用列车以及双层集装箱列车相继出现。

> **小贴士**
>
> **中欧班列**
>
> 中欧班列（CHINA RAILWAY Express，CR Express）是由中国铁路总公司组织，按照固定车次、线路、班期和全程运行时刻开行，运行于中国与欧洲以及"一带一路"共建国家间的集装箱等铁路国际联运列车，是深化国家与沿线国家经贸合作的重要载体和推进"一带一路"建设的重要抓手。
>
> 近年来，在"一带一路"倡议推动下，中欧班列充分发挥其在时效、价格、运能、安全性等方面的比较优势，逐渐被中欧广大客户所接受，成为中欧间除海运、

空运外的第三种物流方式，开行数量和质量持续稳步提升，通达欧洲20多个国家，超过200个城市，一列列"钢铁驼队"正成为中国与"一带一路"相关国家政策沟通、设施联通、贸易畅通、资金融通、民心相通的重要桥梁。

目前，中欧间已形成了西、中、东三大铁路运输通道。西通道，主要吸引西南、西北、华中、华北、华东等地区进出口货源，在新疆阿拉山口、霍尔果斯铁路口岸与哈萨克斯坦铁路相连，途经俄罗斯、白俄罗斯、波兰等国铁路，通达欧洲其他各国。中通道，主要吸引华中、华北等地区进出口货源，在内蒙古二连浩特铁路口岸与蒙古国铁路相连，途经俄罗斯、白俄罗斯、波兰等国铁路，通达欧洲其他各国。东通道，主要吸引华东、华南、东北地区进出口货源，在内蒙古满洲里铁路口岸、黑龙江绥芬河铁路口岸与俄罗斯铁路相连，途经白俄罗斯、波兰等国铁路，通达欧洲其他各国。部分班次如表3-2-8所示。

表3-2-8　　　　　　　　　中欧班列部分班次

始发城市	始发站	口岸站	到达国家	运单到站	全程里程（千米）	参考时长（天）
绵阳市	皂角铺	阿拉山口境	俄罗斯	别雷拉斯特	7 513	12.3
南京市	尧化门	阿拉山口境	波兰	马拉舍维奇	9 865	16
南京市	尧化门	满洲里（境）	俄罗斯	沃尔西诺	9 700	17
南京市	尧化门	二连（境）	俄罗斯	沃尔西诺	8 831	16.5
青岛市	胶州	阿拉山口境	俄罗斯	埃列克特罗乌格利	8 324	13.2
青岛市	胶州	阿拉山口境	俄罗斯	谢利亚季诺	8 240	13
青岛市	胶州	阿拉山口境	俄罗斯	别雷拉斯特	8 292	13.1
上海市	闵行	满洲里（境）	俄罗斯	沃尔西诺	10 014	17.4
深圳市	平湖南	阿拉山口境	俄罗斯	埃列克特罗乌格利	9 659	14.6
深圳市	平湖南	满洲里（境）	俄罗斯	沃尔西诺	11 114	18.5
深圳市	平湖南	二连（境）	白俄罗斯	科利亚季奇	10 833	19.3

资料来源：中欧班列官网 https://www.crexpress.cn/#/trainLine。

截至2024年5月25日，中欧班列累计开行突破9万列，发送货物超870万标箱、货值超3 800亿美元。2015—2023年中欧班列开行数量如图3-2-3所示。

资料来源：中欧班列官网 https://www.crexpress.cn/#/allTraffic。

图 3-2-3　中欧班列开行数量

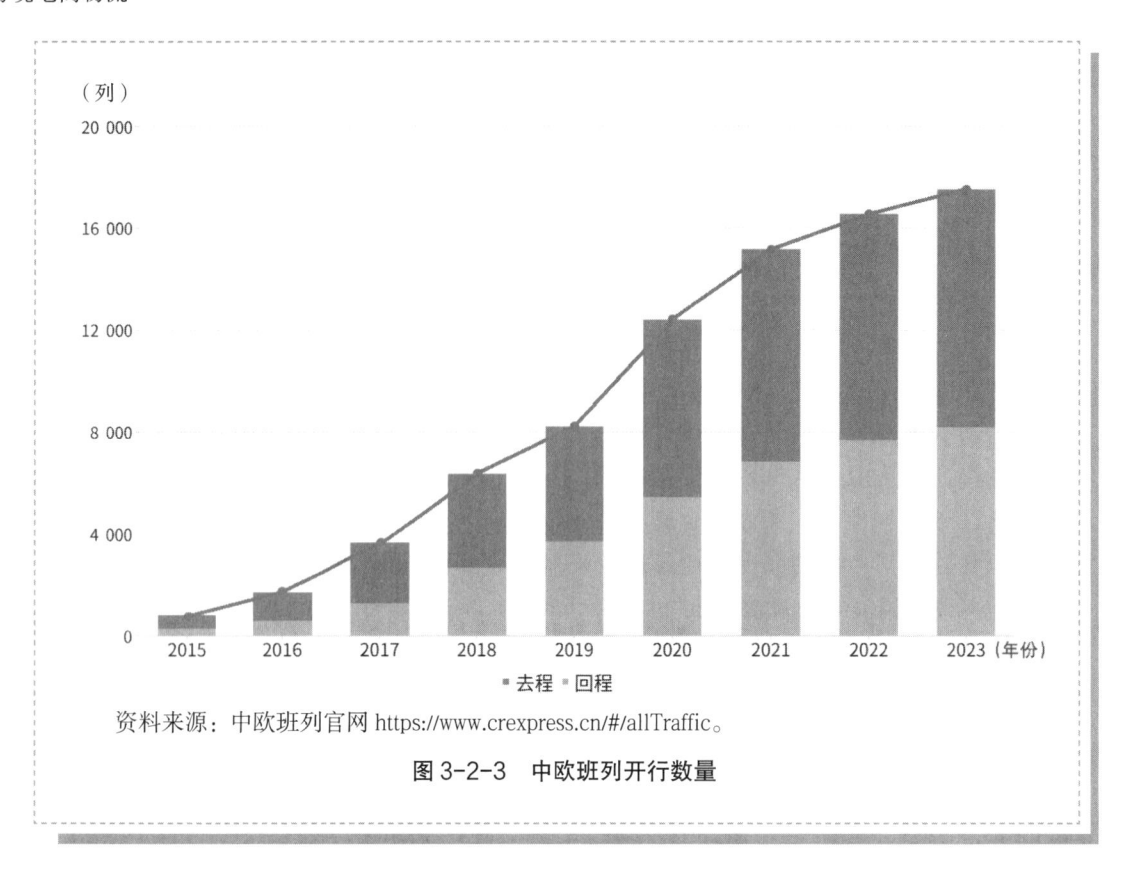

时事聚焦

中欧班列跨境电商专列

在中欧班列跨境电商专列中，有物流车辆进行全程引导护送，并张贴封条，施行"货车不停留、司机不离舱"的闭环式管理；直抵目的地，规避了部分传统站点拥堵造成的运行工况不稳定的情况。同时中欧班列跨境电商专列无须二次换装且全程使用统一运单，一票到底，降低了跨境电商货物运输的潜在风险。

中欧班列跨境电商专列线路环节少、通关关务少、时间可控性强、途径国家（地区）少、运行稳定、较少发生拥堵，最大程度保证了货物及时交付到客户手上。

（新闻来源：陕西广电融媒体集团·起点新闻，《中欧班列跨境电商专列开行量达到450列　货值超百亿元》，2023 年 11 月 5 日）

（四）国际多式联运

国际多式联运是在集装箱运输的基础上产生并发展起来的运输方式，也是近年来国际运输业中发展较快的一种综合连贯运输方式。国际多式联运的运输特点：它将传统的单一运输方式下的港、站之间的运输，发展成为根据货主的需要所进行的"门到门"之间的运输。例如，国际海运"港到港"运输发展成为"门到门"运输。国际多式联运可以根据货主需要提供定制化服务，真正实现"门到门"运输。

《联合国国际货物多式联运公约》将国际货物多式联运定义为"按照多式联运合同，以至少两种不同的运输方式，由多式联运经营人将货物从一国（地区）境内接管货物的地点运至另一国（地区）境内指定交付货物的地点"。

1. 国际多式联运的特征

（1）必须具有一份多式联运合同，该合同确定了多式联运经营人和托运人之间的权利与义务、责任与豁免的合同关系及多式联运的运输性质，也是区别多式联运与其他货物运输方式的主要依据。

（2）必须使用一份全程多式联运单证，该单证用于满足不同运输方式的需要，并可作为货物交付凭证、物权凭证、银行议付单证、运费收取凭证。

（3）必须是采取至少两种不同运输方式的连续运输。判断某种联运是否为多式联运，明确其采用了几种运输方式是关键。例如目前许多船公司开展的海海联运，由于只使用一种运输方式，所以并不是多式联运。

（4）必须是国际货物运输，这不仅是为了区别于境内货物运输，还涉及国际运输法规的适用问题。

（5）必须由一个多式联运经营人对货物运输的全程负责。

（6）实行全程单一运费率。

2. 国际多式联运的优越性

（1）责任统一、手续简单。

（2）中间环节少，运输时间短、质量高、成本低。

（3）实现"门到门"的运输服务，方便货主。

（4）运输组织水平高，能够实现合理运输。

二、选择跨境电商物流运输方式时考虑的因素

> **探究活动**
>
> 以下几种情况你会如何选择物流方式？说说你的理由。
>
> ① 600 公斤猕猴桃从澳大利亚悉尼运到中国上海，运输距离是 8 500 千米。
>
> ② 4 台大型、重量超过几百吨的起重设备，要在一个月内从中国青岛运到德国汉堡，运输距离大约为 8 000 千米。
>
> ③ 一辆中央广播电视总台 4K/8K 超高清转播车，要在三个月内从北京运往法国巴黎，运输距离大约为 8 200 千米。

不同跨境电商物流运输方式的特点不同，如果想要选择合适的跨境电商物流运输方式，就要对跨境电商货物的属性有所了解。一般要从以下几个方面进行考虑。

（1）运输成本；

（2）运行速度；

（3）货物的特点及性质；

（4）货物数量；

（5）物流基础设施条件。

货物属性与跨境电商物流运输方式的对应关系如表 3-2-9 所示。

表 3-2-9　　　　　　　　货物属性与跨境电商物流运输方式的对应关系

货物属性	跨境海运	跨境空运	跨境铁路	国际多式联运
时限要求	无	短	长	均可
价值高低	低	高	均可	均可
体积重量	均可	轻货	均可	均可
运输距离	长距离	600 千米以上	200 千米以上	均可

> 实践与思考

1. 单选题：下列具有速度快、货运质量高、可以简化货物包装等优势的运输方式是（　　）。

   A. 海洋运输　　　B. 航空运输　　　C. 铁路运输　　　D. 公路运输

2. 单选题：下列具有运量较大、准确性强、可以全天候运输等优势的运输方式是（　　）。

   A. 海洋运输　　　B. 航空运输　　　C. 铁路运输　　　D. 公路运输

3. 单选题：多式联运是指（　　）。

   A. 仅使用一种运输方式的运输

   B. 至少使用两种不同的运输方式的运输

   C. 使用同一种运输工具进行的长距离运输

   D. 在不同运输方式之间进行的短途运输

4. 单选题：下列货物属于适合装集装箱的货物是（　　）。

   A. 摩托车　　　B. 原油　　　C. 矿砂　　　D. 钢管

5. 多选题：海洋运输具有（　　）等优势。

   A. 速度快　　　B. 运量大　　　C. 单价低

   D. 安全准时　　　E. 通关能力强

6. 多选题：确定运输方式主要考虑（　　）等因素。

   A. 运输成本　　　B. 运输时间

   C. 货物的特点及性质　　　D. 物流基础设施条件

7. 多选题：铁路运输的类别有（　　）。

   A. 整车　　　B. 整列　　　C. 零担　　　D. 集装箱

❽ 多选题：构成国际多式联运的基本条件必须是（　　　　）。

A. 具有一份多式联运合同

B. 多次托运、多次收费

C. 国际间且至少由两种不同运输方式组成的连续运输

D. 使用一份全程多式联运单，多式联运经营人对货物运输全程负责

E. 按不同运输方式进行保险和理赔

❾ 判断题：国际多式联运所运输货物必须是集装箱货物，不可以是一般的散杂货。（　　）

❿ 判断题：《联合国国际货物多式联运公约》对运输方式的种类未做限制，可以有陆海、陆空、海空等运输方式。（　　）

⓫ 实践活动

下面是四种运输方式（铁路、公路、水运、航空）特征比较示意图。

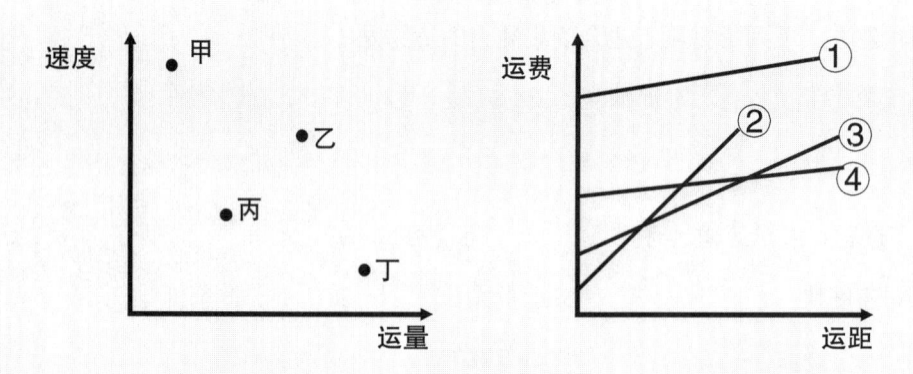

（1）王丽根据运输方式的特点，做了如下配对，你认为她做得对吗？

A. 甲—②　　　B. 乙—①　　　C. 丙—③　　　D. 丁—④

（2）现公司有10吨天然橡胶，需要在25天内，从泰国曼谷运至中国上海，运输距离约2 000千米，应选择上述甲、乙、丙、丁的哪种运输方式？

▼ 学习评价

序号	评价内容	参考分值	得分
1	列举我国常见的跨境电商物流运输方式	10	
2	分析跨境海运、空运、铁路及多式联运的优缺点	10	
3	根据不同方式列举跨境海运的分类	10	
4	列举全球十大集装箱班轮运输公司	10	
5	说出跨境空运、铁路运输的方式及特点	10	
6	说出国际多式联运与其他货物运输方式区别的主要依据	10	
7	能根据不同的跨境电商物流业务选择适合的运输方式	10	
8	完成课堂探究活动	10	
9	有效地参与小组讨论，并在团队中发挥积极作用	10	
10	独立完成课后习题	10	
	总分		

项目四 跨境电商物流出口操作

知识目标

- 概述常见的跨境物流模式
- 简述各种跨境电商出口物流模式及其特点
- 列举跨境电商物流的主要包装材料及工具
- 归纳各种跨境电商出口物流方式的运费计算方法
- 辨认各种跨境电商出口物流方式的运输单据相关内容

技能目标

- 能够根据不同的跨境电商物流业务情况选择合适的物流方式
- 能够根据不同的跨境电商出口物流方式计算相关运费
- 能够根据商品的特点选择合理的包装材料
- 能够根据不同的跨境电商出口物流业务填制相应的运输单据

素养目标

- 具有成本意识和环保意识，养成绿色环保操作理念
- 养成遵守契约的意识，有时间观念和安全意识，准确、规范、安全地执行物流操作
- 树立法规意识，具备诚实、守信、守法的价值观和求真务实的工作态度
- 具有国际视野与爱国意识，能正确解读和执行国家有关跨境电商物流的政策

项目背景

经过一段时间的带教学习，王丽对公司业务有了大致的了解，开始着手负责业务。李华安排王丽负责对接一位速卖通卖家的订单业务。

任务一 比较和选择跨境电商出口物流方式

▼ **任务导入**

王丽收到速卖通卖家发来的3笔订单,根据平台规则,公司要在7~15天内安排发货,王丽十分激动,马上跟师傅李华汇报订单情况。李华建议王丽不要着急,这类跨境物流单个"小"包,应先去了解跨境商品的物流如何解决,物流公司对商品重量和体积有哪些要求,哪家物流公司的报价最为合适等,然后制定跨境电商物流解决方案,为发货做好准备。

一、比较跨境电商出口物流方式

据中国海关测算,2023年,我国跨境电商进出口总额2.38万亿元(见图4-1-1),增长15.6%。其中,出口1.83万亿元,增长19.6%;进口5 483亿元,增长3.9%。跨境电商快速发展,既满足了国内消费者多样化、个性化需求,又助力我国产品通达全球,成为外贸发展的重要动能。

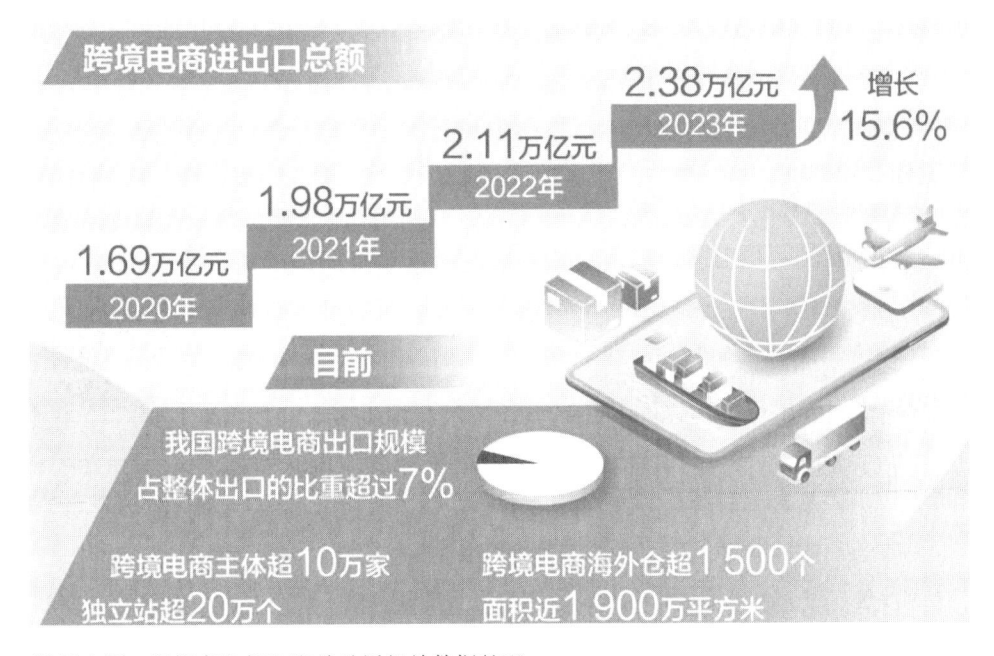

跨境电商进出口总额

- 1.69万亿元 2020年
- 1.98万亿元 2021年
- 2.11万亿元 2022年
- 2.38万亿元 2023年 增长15.6%

目前

我国跨境电商出口规模占整体出口的比重超过7%

跨境电商主体超10万家
独立站超20万个

跨境电商海外仓超1 500个
面积近1 900万平方米

资料来源:根据商务部和海关总署相关数据整理。

图 4-1-1 2023年跨境电商进出口总额

▶ 跨境电商物流

跨境电商推动了我国外贸模式改变，缩短了外贸交易链条（见图 4-1-2）。传统贸易模式中，往往是专业外贸经销商专门从事跨境贸易，帮助制造商将生产的货物出口，并在目的国对接专业的外贸采购商，收货后分给各级分销商、零售商。但在电子商务的帮助下，制造商仅需通过跨境电商平台即可触达消费者，贸易链条大大缩短，对维持我国对外贸易的稳定增长具有深远的意义。

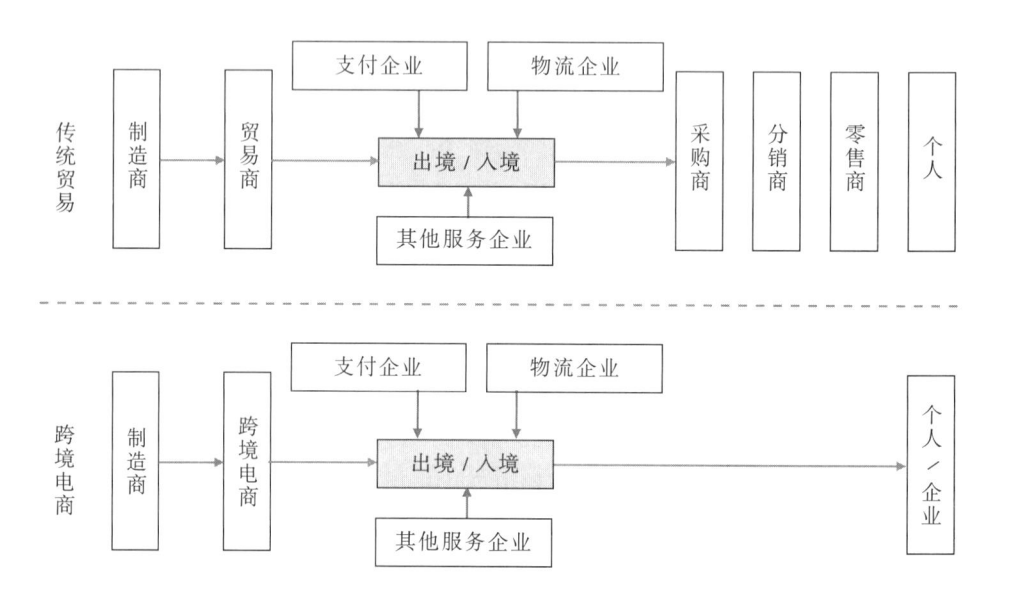

图 4-1-2 传统贸易与跨境电商产业链条

目前主要的跨境电商出口物流方式有四种：邮政包裹、国际商业快递、专线物流和海外仓。

探究活动

邮政包裹是跨境电商使用最广的物流产品，通过对主流邮政包裹产品特点、优势比较分析，可以为跨境电商出口，尤其是 B2C 物流解决方案的制定提供参考。

请以小组为单位，完成以下邮政包裹物流方式比较。

邮政包裹方式	寄送时效	优 势	劣 势	其 他
挂号小包				

邮政包裹方式	寄送时效	优 势	劣 势	适用情况
国际e邮宝				
国际特快专递EMS				

（一）邮政包裹

邮政包裹就是通过中国邮政（China Post）的物流网络，将本地货品送交国外买家的运输体系。目前我国跨境电商出口超过70%的包裹都是通过邮政系统投递的，其中中国邮政占据50%左右。邮政包裹模式之所以如此受欢迎，主要是因为其涵盖的区域广，基本可以送达全球。

按照2013年4月中国邮政速递物流股份有限公司制定的《中国邮政速递物流业务流程及操作规范转运部分》，国际邮政包裹物流模式运作流程可参考图4-1-3。

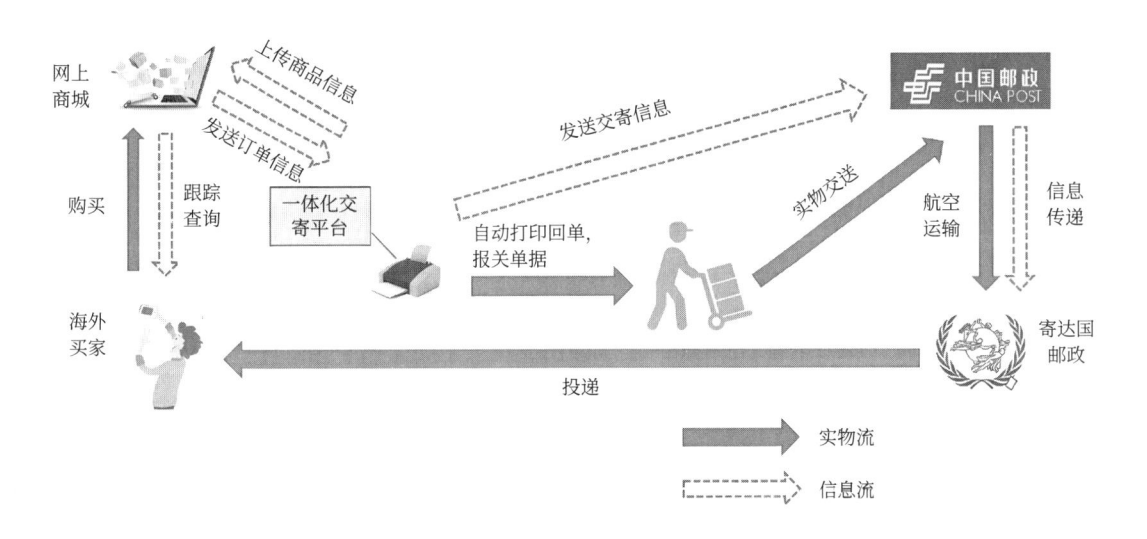

图4-1-3 国际邮政包裹物流模式运作流程

万国邮政联盟

> 小贴士

邮政网络基本覆盖全球，比其他任何物流企业的渠道都要广，这主要得益于万国邮政联盟（Universal Postal Union，UPU），简称"万国邮联"或"邮联"。万国邮政联盟是商定国际邮政事务的政府间国际组织，其前身是1874年10月9日成立的"邮政总联盟"，1878年改为现名。万国邮政联盟标志如图4-1-4所示。

图 4-1-4 万国邮政联盟标志

万国邮联自1978年7月1日起成为联合国一个关于国际邮政事务的专门机构，总部设在瑞士首都伯尔尼，宗旨是促进、组织和改善国际邮政业务，并向成员提供可能的邮政技术援助。其宗旨是组织和改善国际邮政业务，发展邮政方面的国际合作，以及在力所能及的范围内给予会员国所要求的邮政技术援助。

2016年10月6日，在土耳其伊斯坦布尔举行的第26届万国邮联大会上，我国成功当选新一届万国邮联行政理事会和邮政经营理事会理事国，这对于推动我国邮政深度参与国际邮政事务，扩大我国在邮政领域影响，推动我国邮政业发展走出去战略实施和加强我国"一带一路"建设、"中欧班列"实施，具有重要的作用。目前，万国邮政联盟共有192个成员国（见表4-1-1）。

表 4-1-1　　　　　　　　万国邮政联盟成员国

国家	加入时间	国家	加入时间	国家	加入时间
阿富汗	1928-04-01	阿尔巴尼亚	1922-03-01	阿尔及利亚	1907-10-01
安哥拉	1977-03-03	安提瓜和巴布达	1994-01-20	阿根廷	1878-04-01
亚美尼亚	1992-09-14	阿鲁巴、库拉索和圣马丁	1985-07-01	澳大利亚	1907-10-01
奥地利	1875-07-01	阿塞拜疆	1993-04-01	巴哈马	1974-04-24
巴林	1973-12-21	孟加拉国	1973-02-07	巴巴多斯	1967-11-11
白俄罗斯	1947-05-13	比利时	1875-07-01	伯利兹	1875-07-01
贝宁	1961-04-27	不丹	1969-03-07	玻利维亚	1886-04-01
波斯尼亚和黑塞哥维纳	1993-01-26	博茨瓦纳	1968-01-12	巴西	1877-07-01

续表

国家	加入时间	国家	加入时间	国家	加入时间
文莱达鲁萨兰国	1985-01-15	保加利亚	1879-07-01	布基纳法索	1963-03-29
布隆迪	1963-04-06	柬埔寨	1951-12-21	喀麦隆	1960-07-26
加拿大	1878-07-01	佛得角	1976-09-30	中非	1961-06-28
乍得	1961-06-23	智利	1881-04-01	中国	1914-03-01
哥伦比亚	1881-07-01	科摩罗	1976-07-29	刚果	1961-05-23
哥斯达黎加	1883-01-01	科特迪瓦	1961-05-23	克罗地亚	1992-07-20
古巴	1902-10-04	塞浦路斯	1961-11-23	捷克	1993-03-18
朝鲜	1974-06-06	刚果民主共和国	1961-05-23	丹麦	1875-07-01
吉布提	1978-06-06	多米尼加	1980-01-31	多米尼加共和国	1880-10-01
厄瓜多尔	1880-07-01	埃及	1875-07-01	萨尔瓦多	1879-04-01
赤道几内亚	1970-07-24	厄立特里亚	1993-08-19	爱沙尼亚	1992-04-30
埃塞俄比亚	1908-11-01	斐济	1971-06-18	芬兰（包括土地群岛）	1918-02-12
法国	1876-01-01	加蓬	1961-07-17	冈比亚	1974-10-09
格鲁吉亚	1993-04-01	德国	1875-07-01	加纳	1957-10-10
英国	1875-07-01	希腊	1875-07-01	格林纳达	1959-05-06
危地马拉	1881-08-01	几内亚	1959-05-06	几内亚比绍	1974-05-30
圭亚那	1967-03-22	海地	1881-07-01	洪都拉斯	1879-04-01
匈牙利	1875-07-01	冰岛	1919-11-15	印度	1876-07-01
印度尼西亚	1877-05-01	伊朗	1877-09-01	伊拉克	1929-04-22
爱尔兰	1923-09-06	以色列	1949-12-24	意大利	1875-07-01
牙买加	1963-08-29	日本	1877-06-01	约旦	1947-05-16
哈萨克斯坦	1992-08-27	肯尼亚	1964-10-27	基里巴斯	1984-08-14
韩国	1900-01-01	科威特	1960-02-16	吉尔吉斯斯坦	1993-01-26
老挝	1952-05-20	拉脱维亚	1992-06-17	黎巴嫩	1946-05-15
莱索托	1967-09-06	利比里亚	1879-04-01	利比亚	1952-06-04
列支敦士登	1962-04-13	立陶宛	1992-01-10	卢森堡	1875-07-01
马达加斯加	1961-11-02	马拉维	1966-10-25	马来西亚	1958-01-17
马尔代夫	1967-08-15	马里	1961-04-21	马耳他	1965-05-21
毛里塔尼亚	1967-03-22	毛里求斯	1969-08-29	墨西哥	1879-04-01
摩尔多瓦	1992-11-16	摩纳哥	1955-10-12	蒙古国	1963-08-24
黑山	2006-07-26	摩洛哥	1920-10-01	莫桑比克	1978-10-11
缅甸	1949-10-04	纳米比亚	1992-04-30	瑙鲁	1969-04-17
尼泊尔	1956-10-11	荷兰	1875-07-01	新西兰	1907-10-01
尼加拉瓜	1882-05-01	尼日尔	1961-06-12	尼日利亚	1961-07-10
挪威	1875-07-01	阿曼	1971-08-17	英国海外领土	1877-04-01
巴基斯坦	1947-11-10	巴拿马	1904-06-11	巴布亚新几内亚	1976-06-04
巴拉圭	1881-07-01	秘鲁	1879-04-01	菲律宾	1922-01-01
波兰	1919-05-01	葡萄牙	1875-07-01	卡塔尔	1969-01-31
罗马尼亚	1875-07-01	俄罗斯	1875-07-01	卢旺达	1963-04-06
圣基茨和尼维斯	1988-01-11	圣卢西亚	1980-07-10	圣文森特和格林纳丁斯	1981-02-03

续表

国家	加入时间	国家	加入时间	国家	加入时间
萨摩亚	1989-08-09	圣马力诺	1915-07-01	圣多美和普林西比	1977-08-22
沙特阿拉伯	1927-01-01	塞内加尔	1961-06-14	塞尔维亚	2001-06-18
塞舌尔	1977-10-07	塞拉利昂	1962-01-29	新加坡	1966-01-08
斯洛伐克	1993-03-18	斯洛文尼亚	1992-08-27	所罗门群岛	1984-05-04
索马里	1959-04-01	南非	1994-08-22	南苏丹	2011-10-04
西班牙	1875-07-01	斯里兰卡	1949-07-13	苏丹	1956-07-27
苏里南	1976-04-20	斯威士兰	1969-11-07	瑞典	1875-07-01
瑞士	1875-07-01	叙利亚	1946-05-15	塔吉克斯坦	1994-06-09
坦桑尼亚	1963-03-29	泰国	1885-07-01	马其顿	1993-07-12
东帝汶	2003-11-28	多哥	1962-03-21	汤加	1972-01-26
特立尼达和多巴哥	1963-06-15	突尼斯	1888-07-01	土耳其	1875-07-01
土库曼斯坦	1993-01-26	图瓦卢	1981-02-03	乌干达	1964-02-13
乌克兰	1947-05-13	阿拉伯联合酋长国	1973-03-30	美国	1875-07-01
乌拉圭	1880-07-01	乌兹别克斯坦	1994-02-24	瓦努阿图	1982-07-16
梵蒂冈	1929-06-01	委内瑞拉	1880-01-01	越南	1951-10-20
也门	1930-01-01	赞比亚	1967-03-22	津巴布韦	1981-07-31

截至 2024 年 9 月，中国邮政推出的出口业务共计 12 种（见图 4-1-5），分为优先类、标准类、经济类、货运类、海外仓配送服务五种。

优先类：时效最快的寄递服务，邮政内部优先处理，使用最快的运输工具运递，境外使用快递类网络优先处理和投递，全程节点轨迹可视。具体有国际（地区）特快专递、中速快件、e 特快。

标准类：时效较稳定的寄递服务，邮政内部快速处理，使用性价比较高的运输工具运递，境外使用标准类网络处理和投递，主要节点轨迹可视。具体有国际 e 邮宝、挂号小包、国际包裹、e 包裹、中邮商业专线。

经济类：时效相对较长，价格最有竞争力的寄递服务，使用成本相对较低的运输工具运递，境外使用非优先网络处理和投递，部分节点轨迹可视。具体有平常小包。

货运类：多元化、定制化国际货运解决方案。具体有中速快运。

海外仓配送服务：分为中邮海外仓和中邮 FBA。中邮海外仓服务内容包括国内仓库接发操作、国际段运输、目的国进口清关/仓储/配送以及个性化增值服务等。中邮 FBA 则是为满足广大亚马逊买家所设计推出的一款可接收带电产品、时效快捷、性价比高的亚马逊仓库头程运输专线物流服务。

图 4-1-5 中国邮政现有出口业务（截至 2024 年 9 月）

中国邮政相关业务的寄送要求均可通过中国邮政速递物流官网（https://www.ems.com.cn/international）查询，以下将介绍 B2C 卖家常采用的几种出口物流方式。

1. 挂号小包

国际挂号小包业务是中国邮政基于万国邮联网络，针对 2kg 以下小件物品推出的标准类直发寄递服务，通达全球 200 多个国家和地区。挂号小包具有以下优势：

平台认可：挂号小包业务是最早在主流电商平台上线的物流解决方案之一，可通过线上、线下两种渠道发货。

交寄便利：全国大部分地区可交寄挂号小包，线上渠道提供上门揽收、客户自送等多种交寄方式。

赔付保障：丢损赔付，安心交寄（不同渠道赔付标准详情请咨询本地客户经理）。

全程可控：主要路向提供全程跟踪信息，并提供异常情况查询、收件人签收等增值服务。

（1）寄送要求。

① 规格限制。重量不超过 2 千克。最大：长、宽、厚合计 900 毫米，最长一边不得超过 600 毫米，公差不超过 2 毫米；圆卷状的，直径的两倍和长度合计 1 040 毫米，长度不得超过 900 毫米，公差 2 毫米。最小：至少有一面的长度不小于 140 毫米，宽度不小于 90 毫米，公差 2 毫米；圆卷状的，直径的两倍和长度合计 170 毫米，长度不得少于 100 毫米。

② 禁止寄送物品。主要包括国家规定禁止邮寄的物品（见表 4-1-2），带有危险性、爆炸性、放射性、易燃性的物品，鲜活的动植物以及易腐烂的物品。

表 4-1-2　　　　　　　　　　　　　　禁止寄递物品指导目录

一、枪支（含仿制品、主要零部件）弹药
1.枪支（含仿制品、主要零部件）：如手枪、步枪、冲锋枪、防暴枪、气枪、猎枪、运动枪、麻醉注射枪、钢珠枪、催泪枪等。
2.弹药（含仿制品）：如子弹、炸弹、手榴弹、火箭弹、照明弹、燃烧弹、烟幕（雾）弹、信号弹、催泪弹、毒气弹、地雷、手雷、炮弹、火药等。
二、管制器具
1.管制刀具：如匕首、三棱刮刀、带有自锁装置的弹簧刀（跳刀）、其他相类似的单刃、双刃、三棱尖刀等。
2.其他：如弩、催泪器、催泪枪、电击器等。
三、爆炸物品
1.爆破器材：如炸药、雷管、导火索、导爆索、爆破剂等。
2.烟花爆竹：如烟花、鞭炮、摔炮、拉炮、砸炮、彩药弹等烟花爆竹及黑火药、烟火药、发令纸、引火线等。
3.其他：如推进剂、发射药、硝化棉、电点火头等。
四、压缩和液化气体及其容器
1.易燃气体：如氢气、甲烷、乙烷、丁烷、天然气、液化石油气、乙烯、丙烯、乙炔、打火机等。
2.有毒气体：如一氧化碳、一氧化氮、氯气等。
3.易爆或者窒息、助燃气体：如压缩氧气、氮气、氦气、氖气、气雾剂等。
五、易燃液体
如汽油、柴油、煤油、桐油、丙酮、乙醚、油漆、生漆、苯、酒精、松香油等。
六、易燃固体、自燃物质、遇水易燃物质
1.易燃固体：如红磷、硫磺、铝粉、闪光粉、固体酒精、火柴、活性炭等。
2.自燃物质：如黄磷、白磷、硝化纤维（含胶片）、钛粉等。
3.遇水易燃物质：如金属钠、钾、锂、锌粉、镁粉、碳化钙（电石）、氰化钠、氰化钾等。
七、氧化剂和过氧化物
如高锰酸盐、高氯酸盐、氧化氢、过氧化钠、过氧化钾、过氧化铅、氯酸盐、溴酸盐、硝酸盐、双氧水等。
八、毒性物质
如砷、砒霜、汞化物、铊化物、氰化物、硒粉、苯酚、汞、剧毒农药等。

续表

九、生化制品、传染性、感染性物质
如病菌、炭疽、寄生虫、排泄物、医疗废弃物、尸骨、动物器官、肢体、未经硝制的兽皮、未经药制的兽骨等。
十、放射性物质
如硫酸、硝酸、盐酸、蓄电池、氢氧化钠、氢氧化钾等。
十一、腐蚀性物质
如硫酸、硝酸、盐酸、蓄电池、氢氧化钠、氢氧化钾等。
十二、毒品及吸毒工具、非正当用途麻醉药品和精神药品、非正当用途的易制毒化学品
1.毒品、麻醉药品和精神药品：如鸦片（包括罂粟壳、花、苞、叶）、吗啡、海洛因、可卡因、大麻、甲基苯丙胺（冰毒）、氯胺酮、甲卡西酮、苯丙胺、安钠咖等。
2.易制毒化学品：如胡椒醛、黄樟素、黄樟油、麻黄素、伪麻黄素、羟亚胺、邻酮、苯乙酸、溴代苯丙酮、醋酸酐、甲苯、丙酮等。
3.吸毒工具：如冰壶等。
十三、非法出版物、印刷品、音像制品等宣传品
如含有反动、煽动民族仇恨、破坏国家统一、破坏社会稳定、宣扬邪教、宗教极端思想、淫秽等内容的图书、刊物、图片、照片、音像制品等。
十四、间谍专用器材
如暗藏式窃听器材、窃照器材、突发式收发报机、一次性密码本、密写工具、用于获取情报的电子监听和截收器材等。
十五、非法伪造物品
如伪造或者变造的货币、证件、公章等。
十六、侵犯知识产权和假冒伪劣物品
1.侵犯知识产权：如侵犯专利权、商标权、著作权的图书、音像制品等。
2.假冒伪劣：如假冒伪劣的食品、药品、儿童用品、电子产品、化妆品、纺织品等。
十七、濒危野生动物及其制品
如象牙、虎骨、犀牛角及其制品等。
十八、禁止进出境物品
如有碍人畜健康的、来自疫区的以及其他能传播疾病的食品、药品或者其他物品；内容涉及国家秘密的文件、资料及其他物品。

续表

十九、其他物品
《危险化学品目录》《民用爆炸物品品名表》《易制爆危险化学品名录》《易制毒化学品的分类和品种目录》《中华人民共和国禁止进出境物品表》载明的物品和《人间传染的病原微生物名录》载明的第一、二类病原微生物等,以及法律、行政法规、国务院和国务院有关部门规定禁止寄递的其他物品。

资料来源:中华人民共和国国家邮政局,截至2024年6月7日。

(2)通达范围。具体如表4-1-3所示。

表4-1-3　　　　　　　挂号小包通达范围(截至2024年9月)

序号	寄达路向	序号	寄达路向	序号	寄达路向	序号	寄达路向
1	俄罗斯	2	立陶宛	3	芬兰	4	荷兰
5	加拿大	6	美国	7	葡萄牙	8	瑞典
9	瑞士	10	西班牙	11	奥地利	12	比利时
13	以色列	14	巴西	15	意大利	16	英国
17	日本	18	匈牙利	19	哈萨克斯坦	20	丹麦
21	墨西哥	22	土耳其	23	希腊	24	爱尔兰
25	韩国	26	卢森堡	27	印度尼西亚	28	沙特阿拉伯
29	乌克兰	30	越南	31	阿富汗	32	阿尔巴尼亚
33	阿尔及利亚	34	安哥拉	35	阿根廷	36	阿鲁巴岛
37	波兰	38	阿塞拜疆	39	巴林	40	孟加拉国
41	巴巴多斯	42	贝宁	43	不丹	44	博茨瓦纳
45	文莱	46	保加利亚	47	布基纳法索	48	布隆迪
49	柬埔寨	50	喀麦隆	51	乍得	52	智利
53	哥伦比亚	54	刚果(布)	55	捷克	56	哥斯达黎加
57	科特迪瓦	58	古巴	59	塞浦路斯	60	刚果(金)
61	吉布提	62	多米尼加共和国	63	厄瓜多尔	64	埃及
65	萨尔瓦多	66	赤道几内亚	67	埃塞俄比亚	68	福克兰群岛(马尔维纳斯)

续表

序号	寄达路向	序号	寄达路向	序号	寄达路向	序号	寄达路向
69	法罗群岛	70	法属波利尼西亚	71	加蓬	72	加纳
73	格陵兰	74	危地马拉	75	几内亚	76	冰岛
77	印度	78	伊朗	79	伊拉克	80	牙买加
81	亚美尼亚	82	约旦	83	肯尼亚	84	基里巴斯
85	科威特	86	吉尔吉斯斯坦	87	老挝	88	拉脱维亚
89	黎巴嫩	90	马尔代夫	91	马里	92	马耳他
93	毛里塔尼亚	94	摩尔多瓦	95	蒙古	96	莫桑比克
97	缅甸	98	纳米比亚	99	瑙鲁	100	尼泊尔
101	尼加拉瓜	102	尼日尔	103	尼日利亚	104	诺福克岛
105	阿曼	106	巴基斯坦	107	巴勒斯坦	108	巴拿马
109	秘鲁	110	菲律宾	111	皮特凯恩群岛（英海外属地）	112	卡塔尔
113	罗马尼亚	114	卢旺达	115	美属萨摩亚	116	圣多美和普林西比
117	塞内加尔	118	塞尔维亚	119	塞舌尔	120	塞拉利昂
121	瓦利斯和富图纳群岛	122	所罗门群岛	123	南非	124	斯里兰卡
125	苏里南	126	塔吉克斯坦	127	坦桑尼亚	128	东帝汶
129	多哥	130	汤加	131	特立尼达和多巴哥	132	马达加斯加
133	突尼斯	134	土库曼斯坦	135	图瓦卢	136	乌干达
137	阿拉伯联合酋长国	138	乌拉圭	139	乌兹别克斯坦	140	瓦努阿图
141	梵蒂冈	142	库克群岛	143	赞比亚	144	津巴布韦
145	留尼汪	146	北马里亚纳	147	圣诞岛	148	格鲁吉亚
149	科科斯（基林）群岛	150	斯洛伐克	151	斯洛文尼亚	152	波多黎各（美）
153	圣皮埃尔和密克隆群岛	154	克罗地亚				

资料来源：中国邮政速递物流官网。

2. 国际 e 邮宝

国际 e 邮宝业务是中国邮政为适应跨境轻小件物品寄递需要而开办的标准类直发寄递业务，目前已覆盖主流路向，其中部分路向开通国际 e 邮宝特惠业务，国际干线以水陆路方式运输。该业务依托邮政网络资源优势，境外邮政合作伙伴优先处理，提供价格优惠、时效稳定的跨境轻小件寄递服务。

国际 e 邮宝通常在 7~15 天即可完成妥投工作，头程在国内段使用国际特快专递 EMS 进行发运，出口至境外后，通过境外邮政一类的函件网络投递邮件，通关采用 UPU 电子报关体系，保障清关速度，每一票都投递到门，全程可追踪。具体发货流程如图 4-1-6 所示。

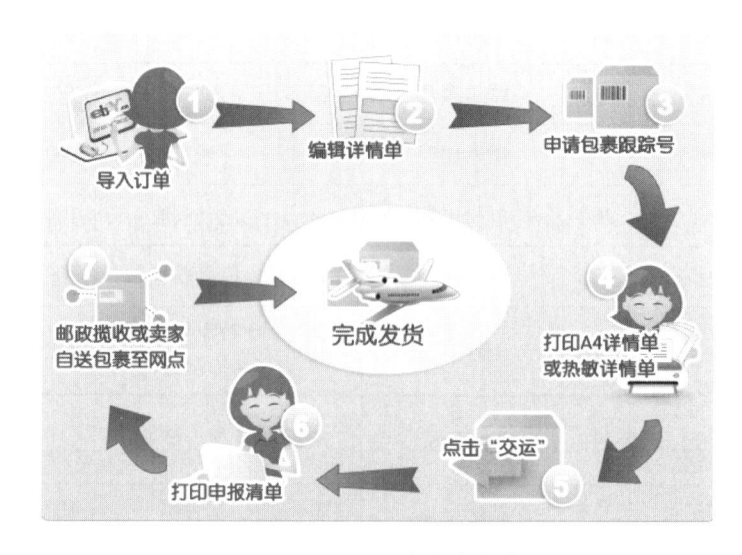

图 4-1-6　国际 e 邮宝发货流程

（1）寄送要求。

① 国际 e 邮宝的重量及尺寸限制如表 4-1-3 所示。

表 4-1-4　　　　　　　　　　国际 e 邮宝重量及体积限制

邮件形状	重量限制	最大体积限制	最小体积限制
常规形状	最高限重 2kg（英国、俄罗斯、以色列最高限重 5kg）	长、宽、厚合计不超过 90cm，最长一边不超过 60 cm	长度不小于 14cm，宽度不小于 11cm
圆卷邮件		圆卷邮件直径的两倍和长度合计不超过 104cm，长度不得超过 90cm	直径的两倍和长度合计不小于 17cm，长度不小于 11cm

② 禁止寄送物品如下：
- 国家法律法规禁止流通或寄递的物品；
- 反动性报刊、书籍、宣传品或者淫秽物品；

- 易燃性、腐蚀性、放射性等危险物品；
- 妨碍公共卫生的物品；
- 容易腐烂的物品；
- 各种活动物；
- 各种货币；
- 不适合邮寄条件的物品。

（2）寄送时效。重点路向全程平均时效（参考时效）7~15个工作日。

（3）通达范围及规格限重。截至2024年6月，根据中国邮政官网发布的信息，国际e邮宝可通达范围及限重如表4-1-5所示。

表4-1-5　　　　　　　　　　国际e邮宝可通达范围及限重

序号	产品名称	目的地	限重（克）	序号	产品名称	目的地	限重（克）
1	国际e邮宝	阿拉伯联合酋长国	2 000	2	国际e邮宝	爱尔兰	2 000
3	国际e邮宝	爱沙尼亚	2 000	4	国际e邮宝	埃及	2 000
5	国际e邮宝	奥地利	2 000	6	国际e邮宝	澳大利亚	2 000
7	国际e邮宝	巴西	2 000	8	国际e邮宝	白俄罗斯	2 000
9	国际e邮宝	比利时	2 000	10	国际e邮宝	波兰	2 000
11	国际e邮宝	丹麦	2 000	12	国际e邮宝	德国	2 000
13	国际e邮宝	俄罗斯	2 000	14	国际e邮宝	法国	2 000
15	国际e邮宝	菲律宾	2 000	16	国际e邮宝	芬兰	2 000
17	国际e邮宝	哥伦比亚	2 000	18	国际e邮宝	格鲁吉亚	2 000
19	国际e邮宝	哈萨克斯坦	2 000	20	国际e邮宝	韩国	2 000
21	国际e邮宝	荷兰	2 000	22	国际e邮宝	吉尔吉斯斯坦	2 000
23	国际e邮宝	加拿大	2 000	24	国际e邮宝	柬埔寨	2 000
25	国际e邮宝	克罗地亚	5 000	26	国际e邮宝	拉脱维亚	2 000
27	国际e邮宝	老挝	2 000	28	国际e邮宝	卢森堡	2 000
29	国际e邮宝	罗马尼亚	2 000	30	国际e邮宝	马耳他	2 000
31	国际e邮宝	马来西亚	2 000	32	国际e邮宝	美国	2 000

续表

序号	产品名称	目的地	限重（克）	序号	产品名称	目的地	限重（克）
33	国际e邮宝	缅甸	2 000	34	国际e邮宝	摩尔多瓦	2 000
35	国际e邮宝	摩洛哥	2 000	36	国际e邮宝	墨西哥	2 000
37	国际e邮宝	南非	2 000	38	国际e邮宝	挪威	2 000
39	国际e邮宝	葡萄牙	2 000	40	国际e邮宝	日本	2 000
41	国际e邮宝	瑞典	2 000	42	国际e邮宝	瑞士	2 000
43	国际e邮宝	塞尔维亚	2 000	44	国际e邮宝	塞浦路斯	2 000
45	国际e邮宝	沙特阿拉伯	2 000	46	国际e邮宝	斯洛伐克	2 000
47	国际e邮宝	斯洛文尼亚	2 000	48	国际e邮宝	泰国	2 000
49	国际e邮宝	土耳其	2 000	50	国际e邮宝	乌克兰	5000
51	国际e邮宝	乌拉圭	2 000	52	国际e邮宝	西班牙	2 000
53	国际e邮宝	希腊	2 000	54	国际e邮宝	新加坡	2 000
55	国际e邮宝	新西兰	2 000	56	国际e邮宝	匈牙利	2 000
57	国际e邮宝	以色列	2 000	58	国际e邮宝	意大利	5000
59	国际e邮宝	印度	2 000	60	国际e邮宝	印度尼西亚	2 000
61	国际e邮宝	英国	2 000	62	国际e邮宝	越南	2 000
63	国际e邮宝	智利	2 000	64	国际e邮宝	中国香港	2 000

3. 国际包裹

国际包裹业务是中国邮政基于万国邮联体系推出的标准类直发物品寄递服务，可以通达全球200多个国家和地区。客户在使用国际包裹服务时，可以自主选择航空、陆运或者空运水陆路三种运输方式（部分路向只接受特定运输方式的包裹服务）。它具有以下优势：

通达广泛：通达全球200多个国家和地区。

运输灵活：客户可以自主选择航空、陆运或者空运水陆路三种运输方式（部分路向只接受特定运输方式的包裹服务）。

全程跟踪：提供全程轨迹跟踪信息。

补偿服务：为丢失损毁的国际及港澳台包裹提供补偿服务。

国际包裹根据运输方式和国家有不同的尺寸限重（见图4-1-7），可登录官网 https://www.ems.com.cn/international_parcel 查询。

通达范围及尺寸限重

序号	寄达地	水陆路包裹最高限重（Kg）	航空包裹最高限重（Kg）	水陆路包裹最大尺寸规格	航空包裹最大尺寸规格
1	阿松森岛	30	30	第三类尺寸	第三类尺寸
2	阿拉伯联合酋长国	30	30	第一类尺寸	第一类尺寸
3	阿富汗	30	30	第一类尺寸	第一类尺寸
4	安圭拉	25	20	第二类尺寸	第二类尺寸
5	阿尔巴尼亚	20	20	第二类尺寸	第二类尺寸
6	亚美尼亚	20	20	第二类尺寸	第二类尺寸
7	安哥拉	20	20	第二类尺寸	第二类尺寸

第一类尺寸：2m×2m×2m，或者长度和长度以外最大横周合计不超过3m。
第二类尺寸：1.5m×1.5m×1.5m，或者长度和长度以外最大横周合计不超过3m。
第三类尺寸：1.05m×1.05m×1.05m，或者长度和长度以外最大横周合计不超过2m。

图 4-1-7　国际包裹通达范围及尺寸限重（部分）

4. 国际特快专递 EMS

国际（地区）特快专递（简称国际 EMS）是中国邮政与各国（地区）邮政合作开办的中国大陆与其他国家和地区寄递特快专递（EMS）邮件的快速类直发寄递服务，可快速传递各类文件资料和物品，同时提供多种形式的邮件跟踪查询服务。该业务与各国（地区）邮政、海关、航空等部门紧密合作，打通了绿色便利邮寄通道。此外，中国邮政还提供保价、代客包装、代客报关等一系列综合延伸服务。

国际特快专递 EMS 相关寄送范围、时效及资费可登录中国邮政国际专递官网查询。

（二）国际商业快递

国际商业快递一般是指 UPS、FedEx、TNT 和 DHL 这四大商业快递公司（具体见表 4-1-6）。这些国际快递商通过自建的全球网络，利用强大的 IT 系统和遍布世界各地的本地化服务，为网购中国产品的海外用户带来极好的物流体验。

国际快递模式相对货物配送速度快、丢包率低、服务好，体积较大的货物也可以运输，货物所受的限制较少。但是该模式也存在一些不足：一是与邮政包裹模式相比价格较高；二是配送范围没有邮政包裹模式广。通常在境外消费者对时效性要求很高，或者货物价值比较高的情况下，境内卖家或跨境电商平台才会选择该模式。具体流程如图 4-1-8 所示。

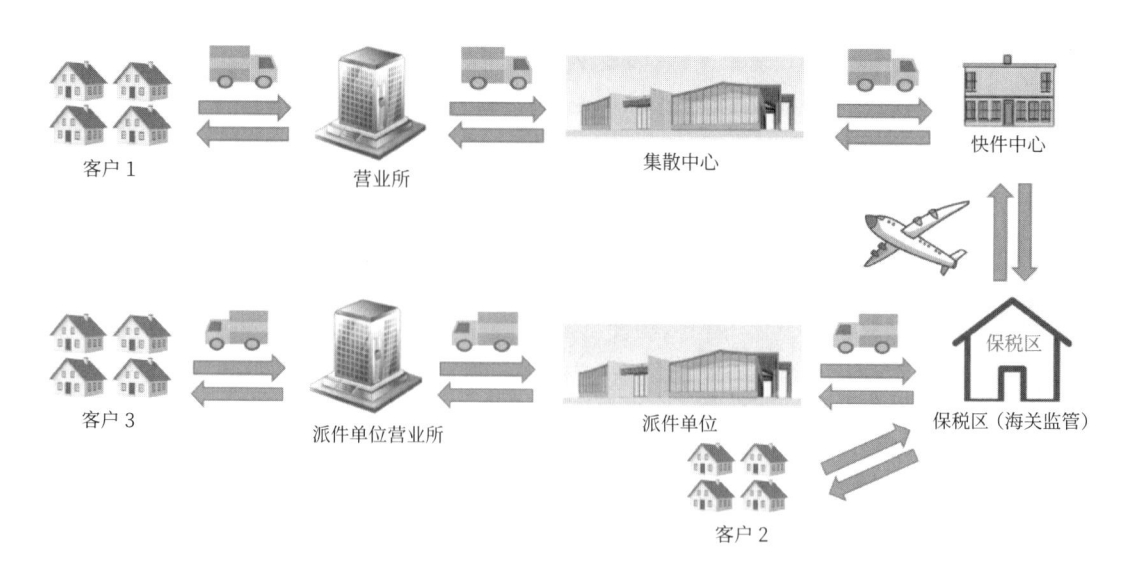

图 4-1-8　国际商业快递物流模式流程

表 4-1-6　　　　　　　　　　　　　四大国际快递公司

国际快递公司	DHL	UPS	FedEx	TNT
LOGO	DHL	UPS	FedEx	TNT a TPG company
总部	德国	美国	美国	荷兰
规模	世界上最大的海运和合同物流提供商之一，可以为客户提供从文件到供应链管理的全系列物流解决方案	世界上最大的快递承运商和包裹快递公司之一，适合发小件货物，尤其是在美国、加拿大和英国等国家（地区）	1984年进入中国，是拥有直飞中国航班数量最多的国际快递公司，可以服务全球200多个城市	为超过200个国家（地区）的客户提供邮运、快递、物流服务，拥有较先进的电子查询网络
特点	5.5kg以下货物发往美国、英国有价格优势，21kg以下货物有单独的大货价格	6~21kg货物发往美国、英国有价格优势，发往美国的速度极快	价格偏高，21kg以上货物发往东南亚国家（地区），速度快，有价格优势	在西欧国家（地区）通关速度快，发往欧洲的货物一般3个工作日可到

（三）专线物流

专线物流服务是依托在发件国与收件国的业务量规模，通过航空包舱的方式将货物运输至海外，然后通过合作公司对货物进行目的地国内配送。

专线物流一般包括：接审单、调配车、提收货、出入库、中转配、保险服务等环节，如中国大陆地区专线物流公司有些要通过中国香港地区中转，具体流程如图4-1-9所示。

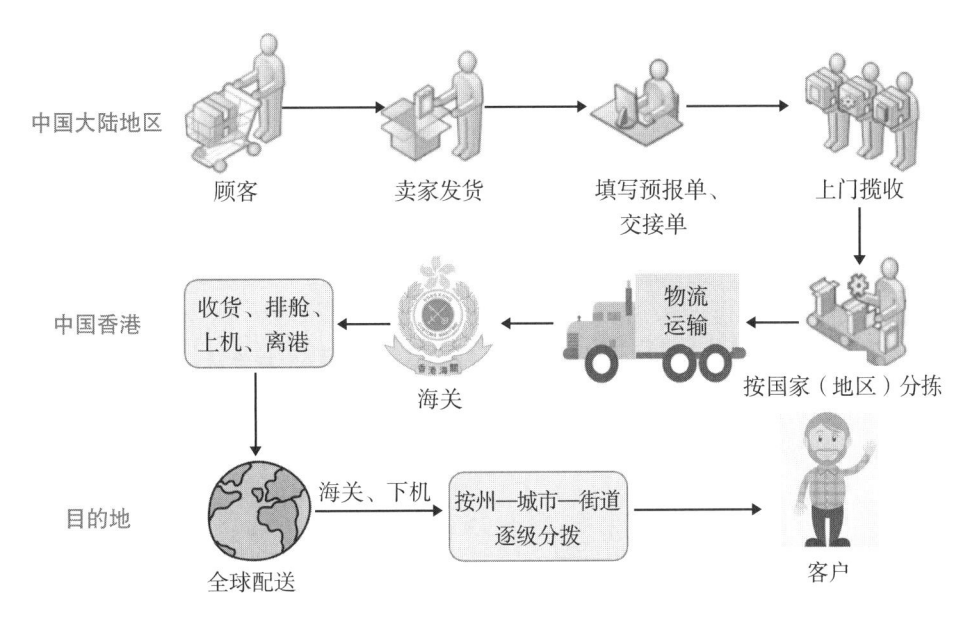

图 4-1-9 专线物流流程示意

目前市面上最普遍的专线物流产品有西班牙专线（中外运－西邮标准小包、中外运－西邮经济小包）、俄罗斯专线（中俄航空 Ruston、中通俄罗斯专线、139 俄罗斯专线、中俄快递－SPSR 等）、中东专线（Aramex）、南美专线（燕文专线）以及中欧班列等。

专线物流的特性就是性价比相对于国际小包与商业快递是最高的。在尺寸与重量上的要求与国际小包相同，时效上虽然不及商业快递，但已经远比国际小包提高很多。通常专线物流的时效在 2~3 周，最快的可能在 1 周之内。部分国家专线的具体要求如表4-1-7 所示。

表 4-1-7　　　　　　　　　　　　部分国家专线的具体要求

路线	当地合作商	限重（千克）	运费（元/千克）	挂号费（元/千克）	时效（天）
美国专线	美国邮政、FedEx	30	90	12	4~7
英国专线	英国邮政	10	77	10	5~8
德国专线	DHL	2	94	20	7~9
澳大利亚专线	澳大利亚邮政	5	60	10	5~7
俄罗斯专线	俄罗斯当地快递	30	100	0	15~35
法国专线	皇家邮政	2	110	10	8~10
意大利专线	皇家邮政	2	110	10	8~10

时事聚焦

"双循环"添动力，中欧班列助力跨境电商

中欧班列作为贯通亚欧大陆的钢铁动脉，在"双循环"新发展格局下，展现出诸多战略价值，尤其在跨境电商领域影响深远。

在稳定全球供应链方面，中欧班列是关键的经济引擎。在全球贸易不确定背景下，前2个月货运量达487万吨，日均8 120个标准箱穿梭。其确定性运输能力重塑供应链版图，如电子产品15天左右达，义乌商品物流成本降60%。相比海空运，铁路货运"性价比"高，能节省运输时间、提升周转率，吸引货源聚集，推动"海铁联运"模式成熟。

从管理层面看，中欧班列开展数字赋能的物流革命。阿拉山口站"平行作业"将班列解编时间压缩至2小时以内，霍尔果斯站"数字口岸"系统使通关效率提升40%。铁路系统通过物联网、大数据、区块链等技术实现数字化转型，精准把控200多个作业环节，双口岸日接发能力突破100列，有力推动跨境电商货物快速流转。

从地缘角度看，中欧班列是文明对话通道，促进"班列经济"繁荣。线路版图扩展至123条，覆盖欧洲24个国家196个城市。波兰苹果酒、西班牙橄榄油进入中国市场，哈萨克斯坦努尔苏丹因中欧班列催生跨境电商新业态，当地创业者阿依古丽通过班列将手工地毯销往中国，销售额大幅增长，深化了经贸往来，构筑了"一带一路"倡议民心基础，也为跨境电商开辟了广阔市场空间。

区域发展上，新疆双口岸崛起重塑对外开放格局。阿拉山口综合保税区跨境电商产业园交易额突破200亿元，霍尔果斯铁路口岸"数字仓库"使货物周转效率提升50%。新疆从"内陆腹地"转变为"开放前沿"，乌鲁木齐国际陆港区利用班列零部件实现汽车本地化生产，石河子棉花加工企业通过班列将产品运抵意大利，产业链重构，"通道经济"向"产业经济"转型，为跨境电商发展营造了良好产业环境。

站在新的历史方位，中欧班列面临着从"量增"到"质变"的跨越。在能源转型背景下，中欧班列正在探索"光伏专列""氢能班列"等绿色运输模式；在数字贸易时代，班列公司正与跨境电商平台合作开发"数字孪生"物流系统。这些创新实践预示着班列将从"运输通道"升级为"数字走廊"。当班列鸣笛穿越帕米尔高原，它承载的不仅是商品与机遇，更是中国与世界对话的新范式。在这条钢铁丝路上，开放与合作的交响正在奏响新时代的华彩乐章。

（资料来源：中国网，《钢铁驼队升级"双循环"，亚欧动脉释放新动能》，2025年3月24日）

（四）海外仓

海外仓物流服务是指由网络外贸交易平台、物流服务商独立或共同为卖家在销售目标地提供的货品仓储、分拣、包装、派送的一站式控制与管理服务。卖家将货物存储到当地仓库，当买家有需求时，第一时间作出快速响应，及时进行货物的分拣、包装以及递送。整个流程包括头程运输、仓储管理和本地配送三个部分。目前，由于优点众多，海外仓成为业内较为推崇的物流方式。

海外仓物流的具体步骤如下：

（1）卖家自己将商品运至海外仓储中心，或委托承运商将货发至承运商海外的仓库，这段国际货运可采取海运、空运或者快递方式到达仓库。

（2）卖家在线远程管理海外仓储，卖家使用物流商的物流信息系统，远程操作海外仓储的货物，并且保持实时更新。

（3）根据卖家指令进行货物操作，根据物流商海外仓储中心自动化操作设备，严格按照卖家指令对货物进行存储、分拣、包装、配送等操作。

（4）系统信息实时更新，发货完成后系统会及时更新，以显示库存状况，让卖家实时掌握。

海外仓具体内容会在后续任务章节中详细阐述。

二、选择跨境出口物流方式

探究活动

王丽在速卖通上收到的三笔出口订单分别如下：

商品	售价	数量	成本	重量	包装尺寸	发货地	收货地	收货时效	是否包邮
太阳眼镜	USD30	1副	RMB40	110g	$160 \times 75 \times 60 \text{mm}^3$	中国浙江义乌	韩国首尔	30天内	是
火锅底料	EUR230	1箱	RMB255	11.5kg	$40 \times 56 \times 12 \text{cm}^3$	中国四川重庆	法国巴黎	20天内	是
白瓷花瓶	GBP30 000	1个	RMB80 000	30kg	$45 \times 45 \times 35 \text{cm}^3$	中国江苏苏州	英国伦敦	10天内	否

商品	挂号小包	国际包裹	国际特快专递 EMS	国际 e 邮宝	DHL
太阳眼镜					
火锅底料					
白瓷花瓶					

扫一扫获取答案！

这里以订单"太阳眼镜"为例。

1. 明确商品信息及寄送地址

该笔订单商品是一款太阳镜，邮寄地址为"302, Block A, Jungminwon 1 Dong, Yangcheong-gu, Seoul, South Korea"。眼镜+包装盒重量为110克/副，包装盒尺寸为160毫米×75毫米×60毫米。

根据尺寸，我们可以判定发送的包裹是以"小包"形式发货。

2. 明确商品的利润

该笔订单眼镜的成本为人民币40元，售出的价格为30美元，折算为人民币210元（1美元＝人民币7元），可获取的利润为210-40=170元。物流成本最高不能超过交易金额的30%，这笔订单要把物流成本控制在人民币63元以内，当然这个成本是越低越好的。

3. 判断发货的紧急程度

太阳眼镜为一般商品，且卖家选择"包邮处理"，所以无须紧急处理。

4. 选择跨境物流方式

根据各方式的寄送要求，在不考虑价格的情况下，该商品可以通过挂号小包、国际特快专递EMS、国际e邮宝和DHL寄送。但是由于商品单价不高，紧急程度一般，故排除DHL和EMS方式，优先考虑挂号小包和国际e邮宝方式。

> 实践与思考

1. 单选题：邮政物流，就是通过（　　）的物流网络，将本地货品送交国外买家的运输体系。

   A. EMS　　　　B. 邮政小包　　　　C. 中国邮政　　　　D. 国家邮政局

2. 单选题：万国邮政是联合国一个关于国际邮政事务的专门机构，总部设立在（　　）。

   A. 瑞士伯尔尼　　B. 瑞士日内瓦　　C. 美国华盛顿　　D. 中国北京

3. 单选题：速度快、可送达国家网点较多、查询网站货物状态更新较及时、问题解决速度快，这些是以下哪个商业快递的优点？（　　）

   A. DHL　　　　B. TNT　　　　C. UPS　　　　D. FedEx

4. 单选题：以下最适合走国际 e 邮宝的是目的国为（　　）的货物。

   A. 日本　　　　B. 瑞士　　　　C. 俄罗斯　　　　D. 美国

5. 单选题：以下中国邮政包裹国际业务中，客户可以自主选择航空、陆运或者空运水陆路三种运输方式的是（　　）。

   A. 国际 e 邮宝　　B. 挂号小包　　C. 国际特快专递 EMS　　D. 国际包裹

---

6. 判断题：国际商业快递物流模式指的四大商业快递巨头是 DHL、TNT、FedEx 和 UPS。（　　）

7. 判断题：国际快递基本覆盖全球，比其他任何物流企业的渠道都要广。（　　）

8. 判断题：国际特快专递 EMS 是中国邮政的快递商品，清关能力非常强，一票一件货物，不能超过 100kg，不计量体积重量，运费比国际商业快递要便宜，速度接近商业快递，提供物流追踪查询，最大的优势是可免费退回。（　　）

9. 判断题：物流专线的性价比相对于国际小包与商业快递是最高的。（　　）

10. 判断题：万国邮政联盟的英文简称为 UPS。（　　）

⑪ 实践活动

王丽收到 2 笔速卖通的订单，该订单信息如下：

序号	商品	售价	数量	成本	重量	包装尺寸	发货地	收货地	收货时效	是否包邮
1	羽绒服	USD50	1件	RMB 180	500g	30×20×16cm³	中国浙江杭州	俄罗斯莫斯科	15天	是
2	活页笔记本	USD200	1箱	RMB 130	2 100g	30×20×15cm³	中国浙江义乌	巴西圣保罗	30天	是

请从商品价格、寄送要求、运送时效等方面分析所选物流方式是否可行，完成下表。

序号	商品	挂号小包	国际包裹	国际特快专递 EMS	国际 e 邮宝
1	羽绒服				
2	活页笔记本				

▼ 学习评价

序号	评价内容	参考分值	得分
1	列举常见的跨境物流方式	10	
2	复述邮政包裹的运作流程	10	
3	说出万国邮政联盟的含义	10	
4	复述四大商业快递的特点	10	
5	绘制跨境物流方式的优缺点差异表	10	
6	区分不同跨境物流方式的适用性	10	
7	根据不同的顾客需求和商品特性选择恰当的运输方式	10	
8	完成课堂探究活动	10	
9	有效地参与小组讨论，并在团队中发挥积极作用	10	
10	独立完成课后习题	10	
总 分			

任务二　计算跨境电商出口物流运费

▼ 任务导入

根据商品性质、寄送要求、运送时效等可筛选一部分不适合运输的物流方式。

商品	挂号小包	国际包裹	国际特快专递EMS	国际e邮宝	DHL
太阳眼镜	●		●	●	●
火锅底料		●			●
白瓷花瓶			●		●

但具体选择和落实物流方式的主要因素还是运费。接下来，王丽将通过计算运费，最终确定物流方式。

商品	售价	数量	成本	重量	包装尺寸	发货地	收货地	收货时效	是否包邮
太阳眼镜	USD30	1副	RMB40	110g	$160 \times 75 \times 60 mm^3$	中国浙江义乌	韩国首尔	30天内	是
火锅底料	EUR230	1箱	RMB255	11.5kg	$40 \times 56 \times 12 cm^3$	中国四川重庆	法国巴黎	20天内	是
白瓷花瓶	GBP30 000	1个	RMB80 000	30.2kg	$45 \times 45 \times 35 cm^3$	中国江苏苏州	英国伦敦	10天内	否

探究活动

根据业务信息，计算"太阳眼镜"和"火锅底料"使用"邮政包裹"寄送的运费。

一、计算邮政包裹运费

本次包裹物品是太阳眼镜,属于小件商品,优先考虑专为"小包"推出的寄递服务,所以先排除邮政国际包裹;商品要求 30 天内寄到,并不紧急,如果国际 e 邮宝可以配送,则无需使用价格相对贵的国际特快专递 EMS。

1. 计算国际 e 邮宝运费

(1) 计算计费重量。邮政包裹有严格的体积限制,故使用邮政包裹寄送时,不计算体积重,按实际重量计费。本包裹实际重量为 0.11kg。

根据国际 e 邮宝特殊规定,重量单位精确到"克",故不采用半数进位法,因此本包裹计费重量为 0.11kg。

(2) 计算运费。目前,中国邮政已开通国际 e 邮宝报价工具以查询具体产品价格,查询结果仅供参考(见图 4-2-1),以实际收寄计费为准。具体网址:https://my.ems.com.cn/pcp-web/f/pcp/indexController/toquoteindex。

报价查询

序号	业务产品	总资费	标准资费	首重资费	续重单价	挂号费	增值服务
1	E邮宝	16.74元	16.74元	13.03元/1克	0.034元/克	0元	0

注:该报价工具可以查询大部分中国邮政国际快递的运费。

图 4-2-1 国际 e 邮宝报价结果

2. 计算邮政国际包裹运费

火锅底料重量超过 2kg,不适合使用挂号小包及国际 e 邮宝,又因收货时效宽裕,无需使用国际特快专递 EMS,故考虑采用国际包裹。

(1) 计算计费重量。火锅底料包裹重量 11.5kg,体积 $40 \times 56 \times 12 cm^3$。根据如下规定,计算计费重量:

对交寄的物品长、宽、高三边中任一单边达到 40cm 的特快物品进行计泡,计泡系数为 6 000。计泡公式:体积重量(kg) = 长(cm) × 宽(cm) × 高(cm)/ 计泡系数。在测量邮件的长、宽、高时,测量值应精确到厘米,厘米以下去零取整。

体积重量 = 40 × 56 × 12 ÷ 6 000 = 4.48kg,小于包裹实际重量,故计费重量为 11.5kg。

（2）计算运费。登录中国邮政运费时效官网（https://www.ems.com.cn/freight_prescription?type=second1），输入相关信息，即可查询运费（见图4-2-2）。

图 4-2-2　输入相关物流信息查询运费

经查询，结果如图 4-2-3 所示。

寄递产品	寄件方式	计费重量	计费规则	保价服务	预估运费	预估时效
中国邮政 EMS 国际（地区）特快专递	上门取件 网点自寄	11.5kg	首重（500g）280元 续重（每500g）75.0元	未保价	¥1934	预计不支持时效查询前送达
中国邮政 EMS 国际水陆路包裹	网点自寄	11.5kg	首重（1kg）131元 续重（每1000g）14.0元	未保价	¥293	预计不支持时效查询前送达
中国邮政 EMS 国际航空包裹	网点自寄	11.5kg	首重（1kg）185.3元 续重（每1000g）68.3元	未保价	¥944.6	预计不支持时效查询前送达
中国邮政 EMS 国际空运水陆路包裹	网点自寄	11.5kg	首重（1kg）149.1元 续重（每1000g）42.1元	未保价	¥620.2	预计不支持时效查询前送达

图 4-2-3　国际包裹报价结果

探究活动

根据业务信息，白瓷花瓶由于货值高、寄送时间紧，适合使用商业快递方式，现公司与 DHL 有货代 9 折的协议，与 UPS 有货代 8.5 折的协议，试计算哪种方式运费更优惠？

二、计算商业快递运费

这里以 UPS 为例。

1. 确定计费重量

（1）计算实际重量。我们将包裹称重，测得数值的小数部分，取下一个半公斤数。

白瓷花瓶包裹重量为 30.2kg，取下一个半公斤数，即 30.5kg。故本包裹的实际重量以 30.5kg 计。

（2）计算体积重量。我们将包裹的总体积尺寸数值除以 5 000 得到以公斤为单位的体积重量，计算出的数值的小数部分取下一个半公斤数。

任务中包裹尺寸为 $45 \times 45 \times 35 \text{cm}^3$，体积重量 =（$45 \times 45 \times 35$）/ 5 000 = 14.18kg，取下一个半公斤数，即 14.5kg。故本包裹的体积重量以 14.5kg 计。

（3）确定计费重量。计费重量是指用于计算费率的重量。实际重量和体积重量选大值。故本包裹计费重量为 30.5kg。

小贴士

不规则包裹

对于不规则的包裹，国际快递会通过测量确定其体积重量，并查看该重量是否在最大重量限制内。

通常把不规则的包裹当作常规长方体箱子处理。从其离中心最远点测量该包裹的长、宽、高（见图 4-2-4）。

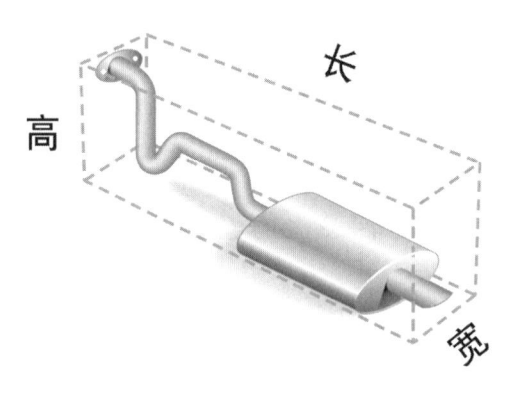

图 4-2-4 不规则包裹测量长宽高

2. 确定 UPS 服务区域

本任务包裹自中国江西南昌发往英国伦敦，根据 UPS 全球快递世界区域表（见表 4-2-1），英国属于"Zone 9"。

表 4-2-1　　　　　　　　　　UPS 全球快递世界区域（部分）

国家/地区		出口区				进口区			
		UPS全球特快加急服务	UPS全球特快服务	UPS全球速快服务	UPS全球快捷服务	UPS全球特快加急服务	UPS全球特快服务	UPS全球速快服务	UPS全球快捷服务
British Virgin Islands	英属维尔京群岛	–	–	9	9	9	9	9	9
Brunei*	文莱*	–	4	4	4	4	4	4	–
Buesingen(Germany)*	布辛根（德国）*	–	–	7	7	–	–	–	–
Bulgaria	保加利亚	9	9	9	9	9	9	9	9
Burkina Faso	布基纳法索	–	–	9	9	9	9	9	–
Burundi	布隆迪	–	–	9	9	–	–	9	9
Cambodia*	柬埔寨*	–	7	7	7	7	7	7	–
Cameroon	喀麦隆	–	–	9	9	9	9	9	–
Campione/Lake Lugano(Italy)*	坎皮奥内/卢加诺湖（意大利）*	–	–	7	7	7	7	7	7
Canada*	加拿大*	6	6	6	6	6	6	6	6

3. 计算运费

UPS 全球速快服务费率如图 4-2-5 所示。

出口 – UPS Worldwide Express Saver® (UPS 全球速快服务)

注：本表适用于除海南省、广东省、广西壮族自治区、云南省、福建省、江西省、湖南省和重庆市以外地区。费率以人民币计算并适用于从中国大陆始发的货件。

＊表示在某些情况下，用高一级的计费重量计费可能比用实际计费重量更经济，即"逆差重量计费"。

非文件包裹（续）

货件重量（公斤）	地区1	地区2	地区3	地区4	地区5	地区6	地区7	地区8	地区9
适用于重量超过20公斤的货件（每公斤运费-逆差重量*除外）									
21-44	124.70	183.70	182.50	186.50	234.80	329.60	294.70	361.40	505.00
45-70	124.70	183.70	182.50	184.70	234.80	329.60	294.70	361.40	505.00
71-99	117.90	169.20	166.90	171.90	229.30	321.40	290.10	343.70	489.00
100-299	117.90	169.20	166.90	171.90	229.30	321.40	290.10	343.70	489.00
300和以上	103.50	151.40	145.80	155.10	223.80	288.70	271.90	329.40	466.20

图 4-2-5　UPS 全球速快服务费率（部分）

本任务中，包裹为非文件包裹，计费重量 30.5kg，Zone9。根据 UPS 全球速快服务费率表可得，本单包裹运费为人民币 505 元。由于 UPS 有货代 8.5 折的折扣，故最终运费为 505×0.85 = 429.25 元。

商业快递的运费计算均以区域方式计费，以下为 DHL 的计费说明（见二维码），试着计算"白瓷花瓶"用 DHL 需要多少运费（DHL 有货代 9 折的协议）。

扫一扫获取知识！

> 跨境电商物流

> 小贴士

物流成本冰山理论

物流成本正如浮在水面上的冰山，人们所能看见的向外支付的物流费用好比冰山的一角，而大量的是人们所看不到的沉在水下的企业内部消耗的物流费用，当水下的物流内耗越深反而露出水面的冰山就越小，将各种问题掩盖起来。这就是物流成本的冰山理论（见图4-2-6）。

"物流冰山"说之所以成立，有三个方面的原因。

（1）物流成本的计算范围太大。具体包括：原材料物流、工厂内物流、从工厂到仓库、配送中心的物流、从配送中心到商店的物流等。这么大的范围，涉及的单位非常多，牵涉的面也特别广，很容易漏掉其中的某一部分。漏掉哪部分，计算哪部分，会使物流费用的大小相距甚远。

（2）在运输、保管、包装、装卸、流通加工以及信息等各物流环节中，以哪几个环节作为物流成本的计算对象问题。如果只计算运输和保管费用不计算其他费用，那么与运输、保管、装卸、包装、流通加工以及信息等全部费用的计算，会使两者的费用计算结果差别相当大。

（3）把哪几种费用列入物流成本中去的问题。比如向外部支付的运输费、保管费、装卸费等费用一般都容易列入物流成本；可是本企业内部发生的物流费用，如与物流相关的人工费、物流设施建设费、设备购置费，以及折旧费、维修费、电费、燃料费等是否也列入物流成本中去等都与物流费用的大小直接相关。因而我们说物流费用确实犹如一座海里的冰山，露出水面的仅是冰山的一角。

图4-2-6 物流冰山

> 实践与思考

① 单选题：以下渠道不属于中国邮政的是（　　）。

A. 国际特快专递 EMS　　B. 国际包裹　　C. 国际 e 邮宝　　D. 菜鸟大包

② 单选题：挂号小包最大体积限制：长+宽+高≤（　　），单边长度≤（　　）；最小体积限制：至少有一面长度≥14cm，宽度≥9cm。

A. 80cm，60cm　　　B. 90cm，60cm　　　C. 30cm，60cm　　　D. 90cm，40cm

③ 判断题：采用 UPS 运费计算时，如果遇到不规则的包裹，则需要把不规则包裹当作常规长方体箱子处理，从其离中心最远点测量该包裹的长、宽、高。
（　　）

④ 判断题：国际包裹中计费标准按首重 2kg 的价格 + 续重 1kg 的价格 × 续重的数量计费，不满 0.5kg 的按 0.5kg 计费，超过 0.5 不满 1kg 的按 1kg 计费。
（　　）

⑤ 判断题：计费重量就是商品的实际重量。（　　）

⑥ 判断题：国际 e 邮宝是中国邮政为适应国际电子商务寄递市场的需要，为中国电商卖家量身定制的一款全新经济型国际邮递产品，限 3kg 以内。（　　）

⑦ 判断题：挂号小包需要收取 8 元/件的挂号费用。（　　）

⑧ 计算题

某跨境电商卖家有笔订单，要将一根项链，连同礼盒寄往新加坡，选择 UPS 速快寄送，该包裹重量为 300g，体积为 $22×20×6.5cm^3$，请计算该笔订单运费。

❾ 实践活动

王丽收到 2 笔速卖通的订单，与卖家沟通后，卖家选择了如下方式：

序号	商品	数量	重量	包装尺寸	发货地	收货地	收货时效	物流方式	折扣
1	羽绒服	1件	500g	$30\times20\times16$ cm³	中国浙江杭州	俄罗斯莫斯科	15天	国际e邮宝	9折
2	活页笔记本	1箱	2 100g	$30\times20\times15$ cm³	中国浙江义乌	巴西圣保罗	30天	国际包裹	8折

请分别计算 2 笔订单所需运费。

▼ 学习评价

序号	评价内容	参考分值	得分
1	说出体积重的含义及计算方式	10	
2	根据商品包裹情况选择邮政包裹类型	10	
3	复述计算运费的步骤	10	
4	计算国际快递的运费	10	
5	计算国际e邮宝的运费	10	
6	计算国际包裹运费	10	
7	登录邮政官网，运用平台工具估算运费	10	
8	完成课堂探究活动	10	
9	有效地参与小组讨论，并在团队中发挥积极作用	10	
10	独立完成课后习题	10	
总分			

▶ 项目四 跨境电商物流出口操作

任务三　选择包装材料

▼ **任务导入**

　　跨境电商平台交易呈现订单小额化、分散化的特征。这有别于传统国际贸易形式，也有别于以国际转运商作为物流服务商的 B2B 跨境电商平台交易方式。B2C 跨境电商平台以快递类发货居多，物流成本成为价格竞争的重要因素。运费计算一般按重量（以克、千克为单位）计费，有时也按体积计费。因此选择合理的包装材料、包装形式，保证商品在长途国际运输中不被损坏并顺利送到买家手中，成为跨境电商物流企业重点考虑的物流问题之一。

一、选择包装材料

　　跨境电商商品流通过程中所使用的包装材料较多，主要包括：运输小件类商品的气泡信封、包装袋及快递袋，运输形状规则、防破损类商品的瓦楞纸箱、泡沫箱，运输长大件类商品的气泡膜、珍珠棉，以及运输特殊类商品的气柱袋、木架等。

探究活动

- 商品名称：笔记本
- 商品尺寸：$17 \times 11 \times 3 cm^3$
- 商品重量：330g
- 订单数量：1本
- 发货地：中国上海
- 收货地：英国伦敦

　　图 4-3-1、图 4-3-2 分别为跨境物流常用的包装材料和工具，可以选择合适的材料和工具进行包装。

跨境电商物流

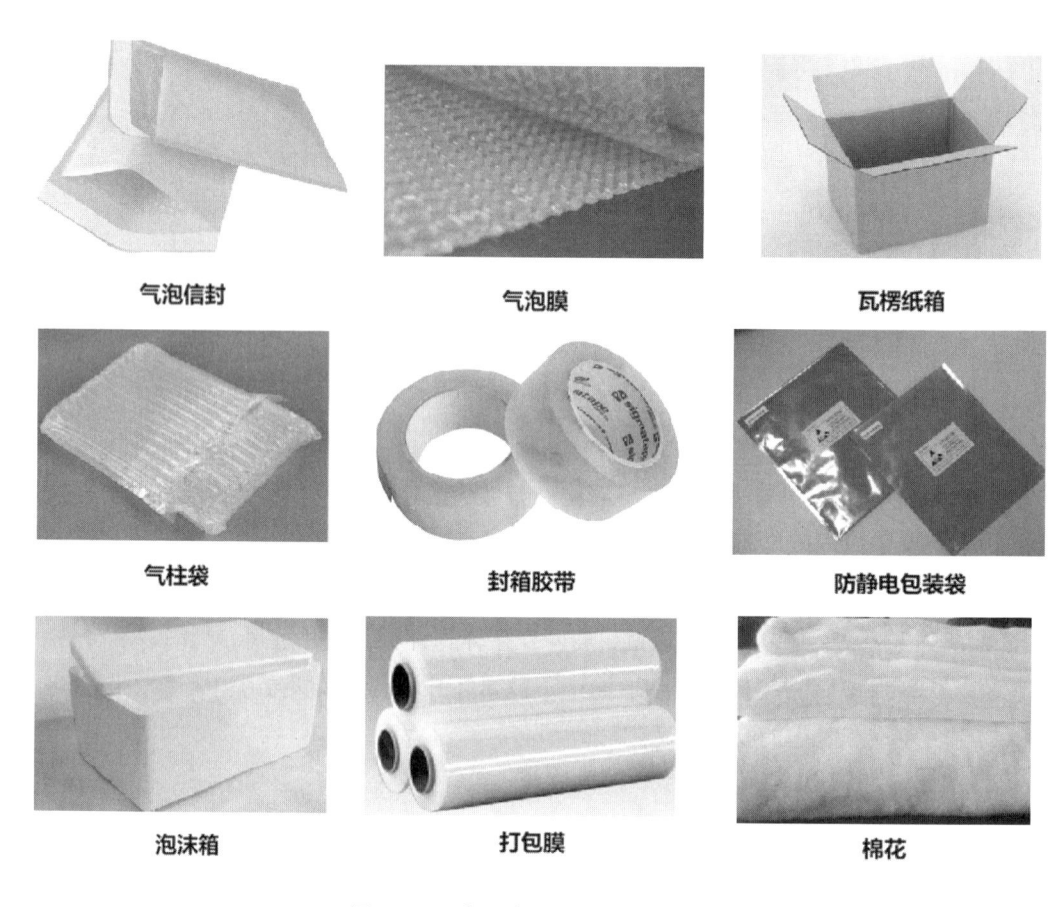

气泡信封　　　　　气泡膜　　　　　瓦楞纸箱

气柱袋　　　　　封箱胶带　　　　防静电包装袋

泡沫箱　　　　　打包膜　　　　　棉花

图 4-3-1 常见的跨境物流包装材料

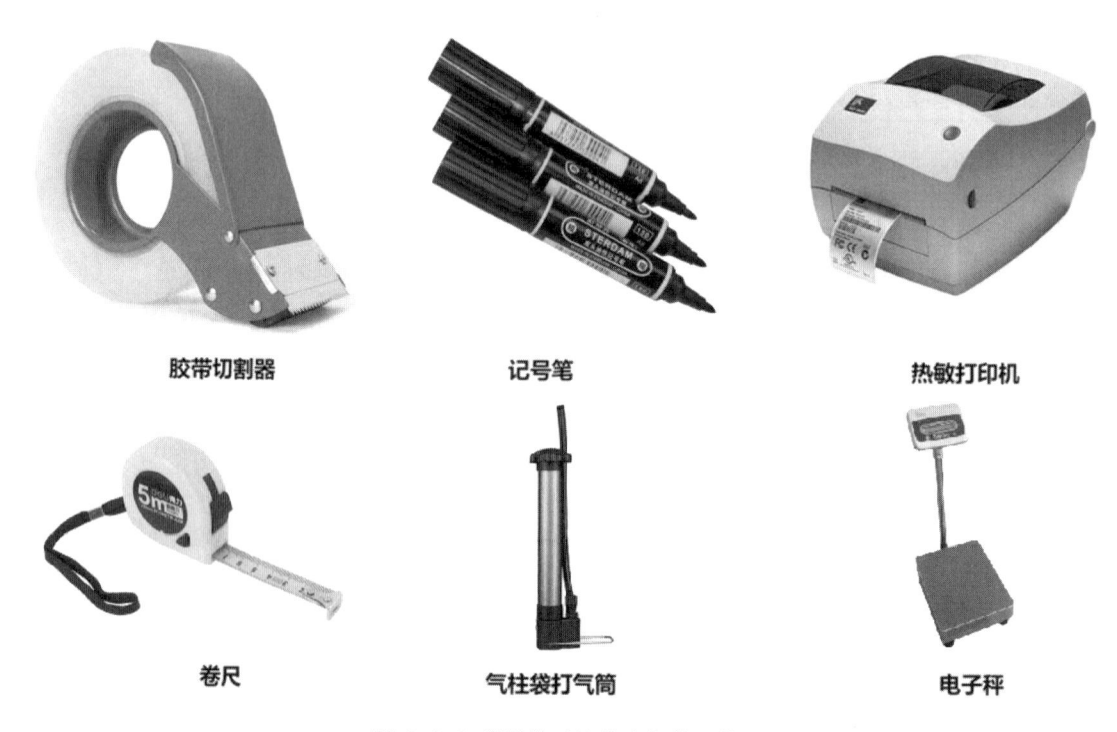

胶带切割器　　　　记号笔　　　　　热敏打印机

卷尺　　　　　气柱袋打气筒　　　　电子秤

图 4-3-2 常见的跨境物流包装工具

（一）气泡信封

该产品（见图4-3-3）具有两层结构，有体积轻又环保的优点。外层为牛皮纸，内衬气泡。

信封袋美观大方，表面易书写，其独特的韧性可防止袋子破裂；内层透明气泡具备良好的缓冲作用，防止所装物品因压、碰、跌落而损坏。该产品适用于邮寄光盘碟片、磁带、电子元件、集成电路板、光学镜头、书籍、证件、相框、礼品、钟表等物品。

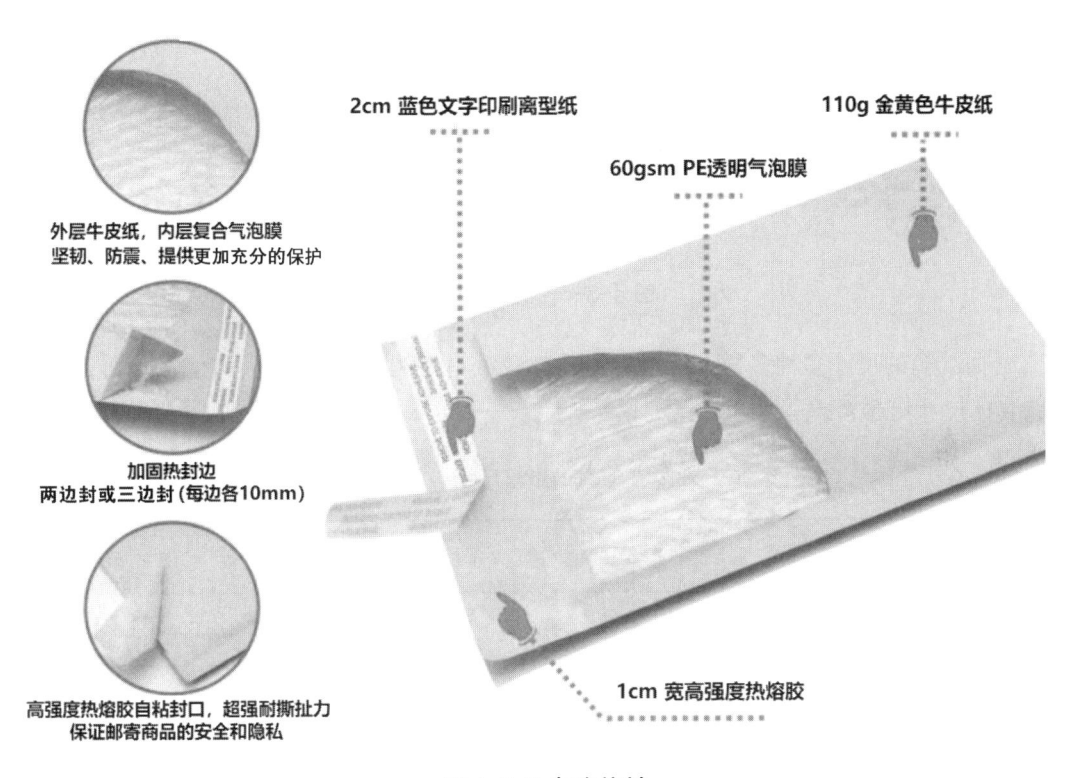

图 4-3-3 气泡信封

（二）瓦楞纸箱

瓦楞纸板经过模切、压痕、钉箱或粘箱制成瓦楞纸箱。瓦楞纸箱是一种应用最广的包装制品，用量一直是各种包装制品之首。该产品包括纸质瓦楞箱和钙塑瓦楞箱（见图4-3-4）。半个多世纪以来，瓦楞纸箱以其优越的使用性能和良好的加工性能逐渐取代了木箱等运输包装容器，成为运输包装的主力军。它除了保护商品、便于仓储、运输之外，还能起到美化商品、宣传商品的作用。瓦楞纸箱属于绿色环保产品，它利于环保，利于装卸运输。

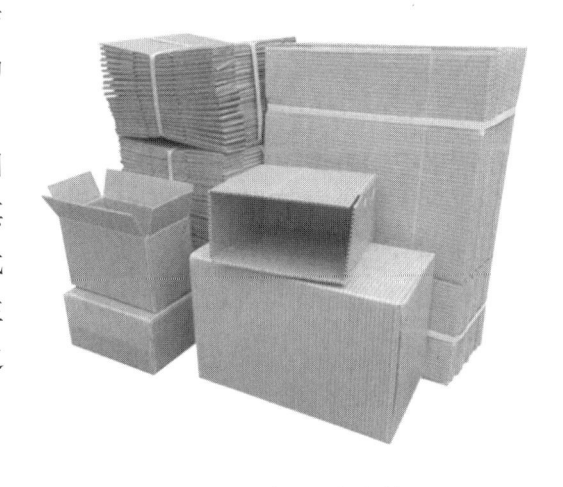

图 4-3-4 钙塑瓦楞纸箱

按做纸箱用的纸板（瓦楞板的厚度），可以分为三、五、七层纸箱，纸箱的强度以三层最弱、七层最高。服装等不怕压、不易碎的产品，一般物品用三层箱就够了；玻璃、数码产品、电路板等贵重物品，建议最好用五层箱再配以气泡膜等缓冲物品，以确保商品在运输途中的安全性。部分瓦楞板厚度如图 4-3-5 所示。

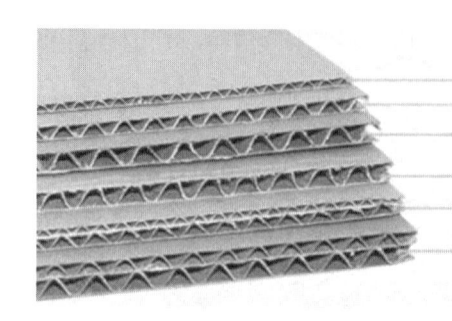

三层E瓦楞，厚度约1.1mm，微瓦楞，目的是代替厚纸板，平面抗压强度好。
三层B瓦楞，厚度约2.5mm，平面耐压性能较好，适合包装较硬的物品。
三层C瓦楞，厚度约3.5mm，介于A瓦与B瓦之间。
三层A瓦楞，厚度约4.5mm，瓦楞高度最大，富有弹性，缓冲性能好，承受垂直压力性能较高。
五层BE瓦楞，厚度约4.5mm，双瓦楞主要用于单件包装重量较轻且易破碎的物品。
五层AB瓦楞，厚度约7.5mm，综合性能较高，更好应对快递发货问题。

图 4-3-5 瓦楞板厚度

瓦楞纸箱的尺寸多种多样。以最常见的邮政纸箱为例，从大到小，有 1~12 号，共 12 种，具体尺寸可参考表 4-3-1。

表 4-3-1　　　　　　　　　　　　邮政纸箱尺寸

型号	长 × 宽 × 高 (cm³)	型号	长 × 宽 × 高 (cm³)	型号	长 × 宽 × 高 (cm³)
1 号	53 × 29 × 37	5 号	29 × 17 × 19	9 号	19.5 × 10.5 × 13.5
2 号	53 × 23 × 29	6 号	26 × 15 × 18	10 号	17.5 × 9.5 × 11.5
3 号	43 × 21 × 27	7 号	23 × 13 × 16	11 号	15 × 9 × 11
4 号	35 × 19 × 23	8 号	21 × 11 × 14	12 号	13 × 8 × 9

（三）泡沫箱

泡沫箱就是以泡沫塑料（多孔塑料）为材料制成的箱式包装容器，塑料泡沫是内部具有很多微小气孔的塑料。在跨境电商物流运输中运输 3C 类电子产品时，尤其是运输带有屏幕或极易受外力碰撞影响的商品和贵重物品可以优先考虑使用泡沫箱。跨境电商物流中一般不会使用太大的泡沫箱，常见的是边长小于或等于 20cm 的箱子，箱壁厚度通常为 0.5~1cm。泡沫箱由矩形的箱体和带有内凸结构的箱盖组成，有一定韧性和硬度，能承受一定的外力撞击，可以很好地保护内装商品。在装运商品时，一般会在泡沫箱内衬垫和填充部分气泡膜或珍珠棉，以更好地固定商品，在外部还需要用胶带将箱盖和箱体固定好，并装入特定包装袋中。

（四）气泡膜

气泡膜是以高压聚乙烯为主要原料，再添加增白剂、开口剂等辅料，经230度左右高温挤出吸塑成气泡的产品。它是一种质地轻、透明性好、无毒、无味的新型塑料包装材料，可对产品起防湿、缓冲、保温等作用，也叫气泡垫。在跨境电商物流中，气泡膜是发运大件商品时不可或缺的一种双层塑料膜包装材料。

气泡膜根据形态分为单层气泡膜和双层气泡膜（见图4-3-6），根据直径大小分为小颗粒气泡膜和大颗粒气泡膜，根据用料分为全新料气泡膜和再生料气泡膜。

如同一包裹中有不同大小的多种商品，可将小件物品用气泡膜包裹后，再与其他商品一同打包。

单层气泡膜 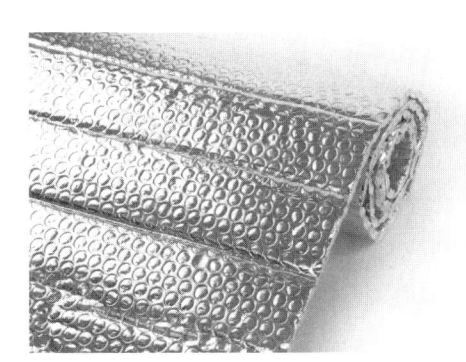　　　　　　　　　　铝箔双层气泡膜

图 4-3-6 气泡膜形态

（五）气柱袋

气柱袋（见图4-3-7）又称缓冲气柱袋、充气袋、气泡柱袋、柱状充气袋，是21世纪使用自然空气填充的新式包装材料，气柱袋要搭配充气设备使用。

图 4-3-7 气柱袋

相比气泡信封和气泡膜,气柱袋具有更好的缓冲效果,但气柱袋有尺寸限制,对于无法放入气柱袋的物品以及零小物品而言,气泡膜或气泡信封则更适合。

(六)防静电包装袋

防静电包装袋(见图4-3-8)是采用防静电物质制作的包装袋,也可以叫防静电屏蔽袋。它具有自身"不起"静电和能屏蔽外界静电的特性,常用于包装对静电敏感且易被静电损坏的敏感器件。

在跨境商品中,如含有电池、电子元件等,都必须放入防静电包装袋后再进行防震包装。

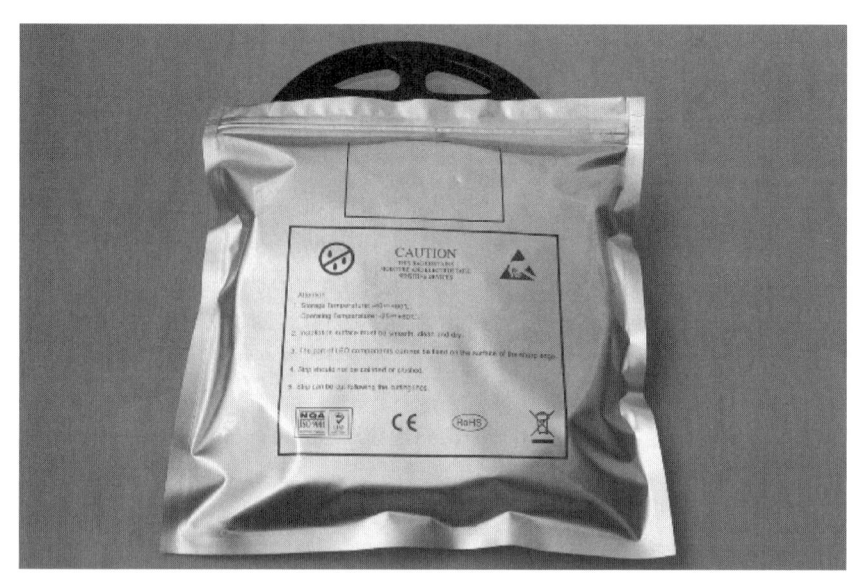

图4-3-8 防静电包装袋

(七)封箱胶带

封箱胶带的英文是Packaging Tape,它是平时瓦楞纸箱封箱最常用的包装材料。使用方法如图4-3-9所示。

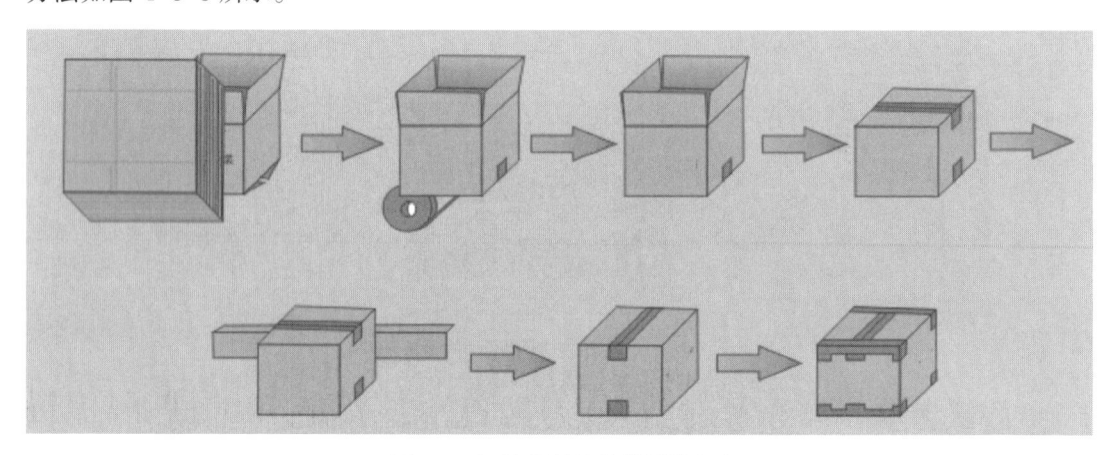

图4-3-9 使用封箱胶带封箱方法

（八）珍珠棉

珍珠棉又称 EPE 珍珠棉（见图 4-3-10），是一种新型、环保的包装材料。它由低密度聚乙烯材料经物理发泡产生的无数独立气泡构成，克服了气泡膜易碎、易变形、恢复性差的缺点，具有隔水防潮、防震、隔音、保温、可塑性佳、韧性强、环保、容易切割等优点，也具有很好的抗化学性能，在部分场合是气泡膜的理想替代包装材料。珍珠棉按卷采购，可以根据实际需要切割成不同大小，以方便打包。其缺点主要是有一定强度和韧性，有时不能够严丝合缝地包住商品，可能造成商品关键部位露出而失去保护效果。

图 4-3-10 珍珠棉

（九）棉花

液体类商品，可以先用棉花裹好，再用打包膜或胶带缠好。这样即使液体漏也会被棉花吸收，并有打包膜做最后的保护，不会流到纸盒外面污染到其他包裹。

任务中笔记本尺寸为 $17\times 11\times 3cm^3$，根据表 4-3-1，选择 10 号瓦楞纸箱最为合适，书籍类物品用气柱袋能取得良好的缓冲作用（亦可选择气泡信封，但从质感上，气柱袋更有优势），再选择封箱胶带作为封箱用材料。

二、选择包装设备

（一）胶带切割机

胶带切割机又称封箱器，主要用于对产品的包装和一些纸箱的胶带封口进行切割而使用。它含有三点三角结构设计原理，三角轮、滚轴和刀片这三者相互配合装配胶带，且结构平衡合理，能够有效减少摩擦力，达到很好的手感，从而使人们在使用时能够大大提升工作效率。

封箱器的使用其实很简单，最主要的是把胶带安装好。

（1）首先我们需要把胶带盘分别安装在上下机芯的胶带座上，从而使胶的那一面对着进箱的方向。

（2）接下来将背着胶的一面绕过导向带轮子，等到有胶的一面绕过单向铜轮之后，前后胶带到顶线与胶轮之间，需要保持胶面对着进箱方向，封箱器安装胶带这就算完成了。

（3）封箱器其中有个安装胶带的轴，胶带安装上去后就可以自由旋转，封箱器里面有一个暗藏的刀刃，我们在需要时就可以方便地切断胶带了。

（二）记号笔

记号笔是一种可以在纸张、木材、金属、塑料、搪瓷、陶瓷等一种或多种材料上书写作记号或标志的笔。记号笔分为油性记号笔和水性记号笔。水性记号笔可以在光滑的物体表面或白板上写，用抹布就能擦掉；油性记号笔写的，则不易擦除（见图4-3-11）。

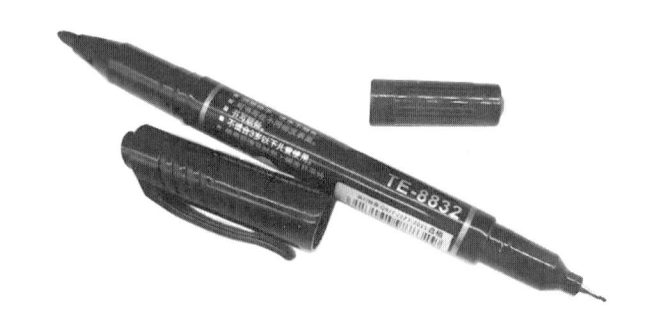

图 4-3-11 油性记号笔

（三）打印机

打印机是计算机的输出设备之一，用于将计算机处理结果打印在相关介质上。打印机的种类很多，在电商物流中常见的打印机有激光打印机、热敏打印机、针式打印机（见图4-3-12）。

激光打印机主要处理装箱单、订单信息、形式发票等订单方面的打印，适用于每天较大的打印量。与其他打印设备相比，激光打印机有打印速度快、成像质量高等特点，但使用成本相对高昂。

热敏打印机广泛应用于电商的出货操作中，其基本原理是将打印机接收的数据转换成点阵的信号控制热敏单元的加热，把热敏纸上热敏涂层加热显影。比较常见的热敏打印机有标签打印机和条码打印机。标签打印机主要用于打印集成化的地址标签、报关签条等，打印出来后直接贴在包裹上面即可。条码打印机主要用于打印内部管理用的产品SKU条码，即可快速判断该货品是不是订单所需，方便可靠。热敏打印机具有速度快、噪声低、打印清晰、使用方便的优点。但热敏打印机不能直接打印双联，打印出来的单据不能永久保存，如果用最好的热敏纸，避光良好的状态下，则能保存数年之久。

针式打印机可以打印多联单据，如国内的快递单。如果使用较好的打印机色带，则打印单据可以保存很久，但针式打印机打印速度慢、噪声大、打印字迹粗糙，需要经常更换色带。

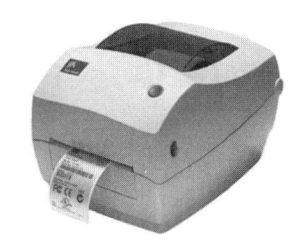

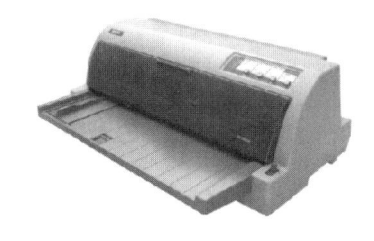

图 4-3-12 激光打印机、热敏打印机、针式打印机（从左至右）

（四）卷尺

常见的卷尺多为 3 米和 5 米两种规格，其作用是测量纸箱的长、宽、高，以便更好地控制体积重。

（五）气柱袋打气筒

气柱袋原始状态是一卷卷的，然后用简单的充气工具打气之后会鼓起来形成气柱（见图 4-3-13）。

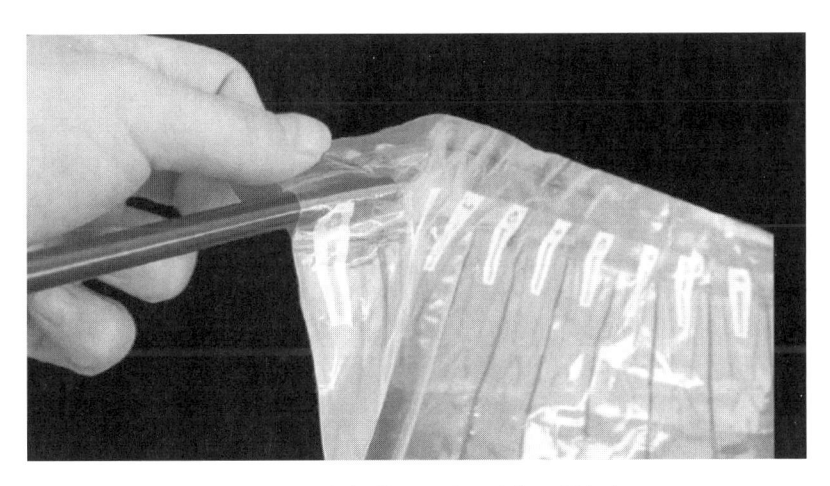

图 4-3-13 气柱袋需要使用充气工具打气

（六）电子秤

电子秤是一种带数据显示的可以将物品重量信息直接输入电脑的秤，一般在出货系统中与扫描枪配合使用。其工作原理是当物体放在秤盘上时，压力施加给传感器，该传感器发生弹性形变，从而阻抗发生变化，同时使用激励电压发生变化，输出一个变化的模拟信号。该信号经放大电路放大输出到模数转换器，转换成便于处理的数字信号输出到 CPU 运算控制，CPU 根据键盘命令以及程序将这种结果输出到显示器。电子秤可外接物流设备，如图 4-3-14 所示。

本任务中我们需要选择的物流包装设备有胶带切割器、气柱袋打气筒（如使用气泡信封可忽略）。

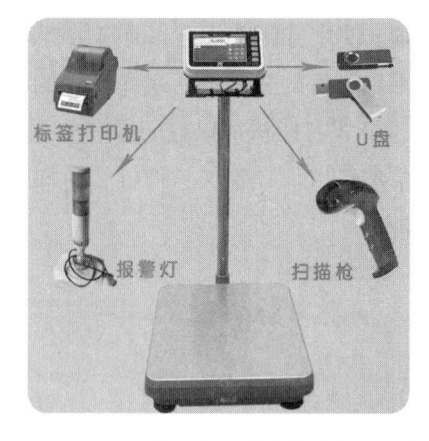

图 4-3-14 电子秤可外接多种物流设备

三、包装商品

首先将笔记本放入气泡信封或充好气的气柱袋中，接着将其放入 10 号瓦楞纸箱，箱内的空隙需用填充物填满至箱子上方的边缘，确认商品不会因为摇晃而移动。封箱前在箱内上方放入一片厚纸板，并留下足够的空间来封箱。最后使用封箱胶带按图 4-3-9 进行封箱。

探究活动

分组活动：选择合适的包装材料及设备，完成以下商品的打包。

- 商品名称：爽肤水
- 订单数量：1 瓶
- 商品尺寸：$23 \times 6.5 \times 6.5 cm^3$
- 发货地：中国广州
- 商品重量：250g
- 收货地：俄罗斯莫斯科

记录各组数据，并对打包货物进行交换检验（现场进行暴力运输试验），选出获胜小组。

组别	包裹尺寸	选择材料	包装成本	打包时间	运输检验
第一组					
第二组					
第三组					
第四组					
第五组					
第六组					

1. 选择包装材料

选择气泡膜、棉花、打包膜、气柱袋、封箱胶带、6号瓦楞纸箱。

2. 选择包装设备

选择胶带切割器、打印机。

3. 包装商品

首先，瓶口位置包裹棉花，再用打包膜缠绕几层。这样即使液体漏出来也会被棉花吸收，并有打包膜做最后的保护，不会污染到包裹内其他物品。具体操作如图4-3-15所示。

图 4-3-15 化妆品割口处用棉花包裹

其次，瓶身用气泡膜缠绕包裹（注意一定要包裹紧实，并用封箱胶带固定）后，放入充气后的气柱袋。

再次，将装有化妆品的气柱袋放入6号瓦楞箱，在箱内空隙位置放入气泡膜来填充，可以尝试摇晃纸箱，纸箱内商品不会随纸箱的晃动而碰撞摇晃即可。

最后，使用封箱胶带按图4-3-9进行封箱。

时事聚焦

深圳推动跨境快递包装"绿色转型"，有企业年节省超 300 万元

广东深圳作为重要口岸城市，大力推动跨境快递包装"绿色转型"，将循环快递箱应用于跨境电商行业。

在深圳宝安机场国际快件运营中心仓库，一批运往法国巴黎的快递箱采用循环包装材料，到达目的地后会再次进口回深圳。相关物流企业已开展3轮超1 000个循环快递箱进出口测试，未来将逐步替换所有纸箱。

该企业市场品牌总监称，循环快递箱至少能循环10次，均摊成本比传统纸箱每个节约2元，一年可节约300万~400万元。以"深圳—巴黎"货运航线为例，预计全年减少146万个纸箱使用，减少近5 000吨碳排放，既节约成本又提升环保价值。

深圳邮局海关工作人员介绍，因循环快递箱涉及进出口，经对比企业成本和通关效率，最终确定以"跨境电商出口＋暂时进出境组合申报"模式开展业务，实现循环包装箱绿色通关新模式。

（资料来源：央视财经《正点财经》，2024年3月20日）

（四）标记注意事项

使用激光打印机，打印一张"小心轻放"包装标志，贴在瓦楞纸箱上，并用封箱胶带贴在标志表面防止掉落。常见物流指示标志如图 4-3-16 所示。

图 4-3-16 常见物流指示标志

> 实践与思考

1. 单选题：在跨境电商物流过程中，非常见包装材料的是（　　）。
   A. 气泡信封　　　B. 气泡膜　　　C. 瓦楞纸箱　　　D. 信封

2. 单选题：在纸箱外进行书写标记时，需用到（　　）。
   A. 水笔　　　B. 粉笔　　　C. 油性记号笔　　　D. 水性记号笔

3. 多选题：以下符合热敏打印机优点的是（　　）。
   A. 速度快　　　B. 噪声低　　　C. 打印清晰　　　D. 使用方便

4. 多选题：按做纸箱用的纸板（瓦楞板的厚度），可以分为（　　）纸箱。
   A. 三层　　　B. 四层　　　C. 五层　　　D. 七层

5. 判断题：商品中如含有电池、电子元件等，在跨境运输时，必须先放入防静电包装袋后再包装。（　　）

6. 判断题：包装箱上的这个标志是指"该包裹要放在最上层"。（　　）

7. 判断题：气泡信封通常具有两层结构：外层为牛皮纸，内层衬着气泡。（　　）

8. 判断题：泡沫箱可以用来运输各种海鲜食品。（　　）

9. 判断题：热敏打印机打印出来的单据可以永久保存。（　　）

10. 实操题

    请各位同学以小组为单位，对以下三种商品分组进行包装，完成后交换包裹，进行"撞击"测试，老师综合包装成本、美观、质量等因素给予点评。

    （1）玻璃瓶装酸梅汁（或其他玻璃制品类商品）三瓶；
    （2）某品牌黄油454g一块；
    （3）三本教材。

▶ 跨境电商物流

▼ 学习评价

序号	评价内容	参考分值	得分
1	列举常见的跨境电商包装材料	10	
2	列举常见的跨境电商物流包装工具	10	
3	识别跨境运输包装指示标志	10	
4	根据货物性质选择合适的包装材料及设备	20	
5	对货物进行合理物流包装	10	
6	说出绿色包装的意义	10	
7	完成课堂探究活动	10	
8	有效地参与小组讨论，并在团队中发挥积极作用	10	
9	独立完成课后习题	10	
总分			

任务四　制作跨境电商物流外包装标签

▼ 任务导入

为了便于储运和识别，在跨境电商物流打包和运输过程中，物流公司会在已打包好的商品外包装上粘贴各类条码、标签、单据等资料。常用的外包装标签主要包括跟踪号、回邮地址条、报关签条、航空标签及快递面单等。

王丽根据业务需求，仔细检查了商品外包装上的标签。

一、跟踪号

当包裹被国际物流渠道服务商揽收后，国际物流渠道服务商会提供一组英文字母加数字或纯数字组合的物流信息跟踪号，其通常表现为一组条形码，买家可以通过这组跟踪号追查包裹的最新状况和所处的具体位置。

对于跨境电商物流常用的邮政包裹，各地邮政有自己的一套邮政跟踪号条形码体系，不管是使用平邮还是挂号，跟踪号都表现为宽度不等的多个黑条和空白区域，按照一定的编码规则排列，上方为条码，下方为数字，用于表达邮件的收件地、类别等信息。按照万国邮政联盟的规定，跟踪号是由字母及数字组成的13位标准单号，前面2位是字母，中间9位是数字，后面2位是字母。第一个字母表示邮件类别，最后两个字母是ISO 3166-1国际标准规定的国家名称简码，以定义发件国家（地区），部分国家（地区）可能存在自己定义的特殊代码。

> 跨境电商物流

> **小贴士**
>
> ## ISO 3166-1
>
> 国际标准化组织的 ISO 3166-1 国际标准是 ISO 3166 的第一部分，有 ISO 标准国家代码。1974 年首次出版。每个国际普遍公认的国家或地区有三种代码，就是二位字母代码、三位字母代码以及联合国统计局所建立的三位数字代码。代码分成正式代码、保留代码、私用代码。
>
> 《中华人民共和国国家标准 世界各国和地区名称代码》（GB/T 2659—2000）与 ISO 3166-1:1997 等效采用。
>
> 扫一扫获取知识！

> **探究活动**
>
> 从邮政包裹跟踪号 RQ123456789SG 可以知晓该包裹是从哪个国家发出的吗？

二、回邮地址条

万国邮政联盟成员通过邮政渠道将邮件退回发件国家（地区）是免费的。在使用邮政业务过程中，回邮地址条主要是在商品投递至境外因各种原因无法送达而遭遇退件时使用。例如，联系不上收件人、收件人留的不是全名、收件人地址不详、收件人地址错误、被目的地海关查验退回等各种情形。一旦发生上述情形，邮政系统会按照回邮地址退货。具体回邮地址视情况而定，可以是当地邮政提供的地址，也可以是货代公司的指定退货地址。作为发货人的一项权益，如不贴回邮地址条可能会造成经济损失，因此不能随便乱贴，更不能不贴。

三、报关签条

国际小包使用的报关签条又称绿色签条（以下简称 CN22），是进出口货物收发货人或其代理人按照海关规定的格式对进出口货物的实际情况做出书面申明，以此要求海关对其货物按适用的海关制度办理通关手续的法律文书。它既是海关监管、征税、统计及开展稽查和调查的重要依据，又是加工贸易进出口货物核销、出口退税和外汇管理的重要凭证，如图 4-4-1 所示。

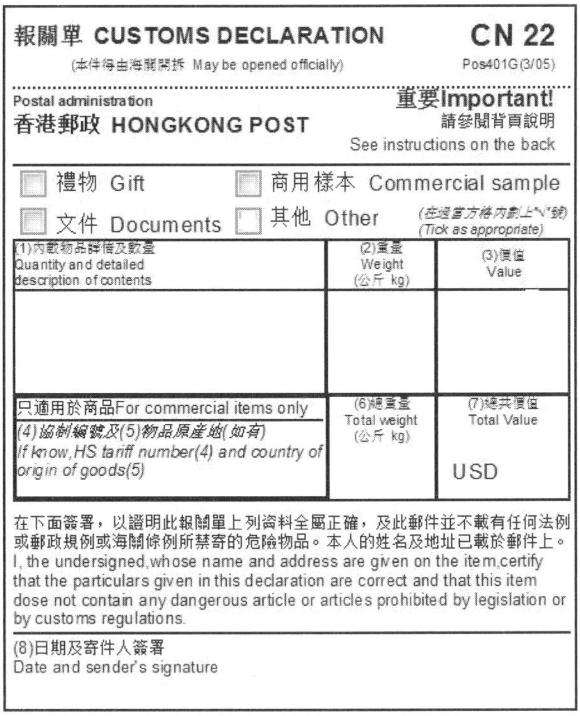

報關單 CUSTOMS DECLARATION CN 22

(本件得由海關開拆 May be opened officially) Pos401G(3/05)

Postal administration

香港郵政 HONGKONG POST

重要Important!

請參閱背頁說明

See instructions on the back

禮物 Gift　　商用樣本 Commercial sample

文件 Documents　　其他 Other　(在適當方格內劃上"√"號)(Tick as appropriate)

(1)內載物品詳情及數量 Quantity and detailed description of contents	(2)重量 Weight (公斤 kg)	(3)價值 Value
只適用於商品For commercial items only (4)協制編號及(5)物品原產地(如有) If know,HS tariff number(4) and country of origin of goods(5)	(6)總重量 Total weight (公斤 kg)	(7)總共價值 Total Value USD

在下面簽署，以證明此報關單上列資料全屬正確，及此郵件並不載有任何法例或郵政規例或海關條例所禁寄的危險物品。本人的姓名及地址已載於郵件上。

I, the undersigned,whose name and address are given on the item,certify that the particulars given in this declaration are correct and that this item dose not contain any dangerous article or articles prohibited by legislation or by customs regulations.

(8)日期及寄件人簽署

Date and sender's signature

图 4-4-1 报关签条（CN22）

CN22 的主要内容包括邮件种类、内件详细名称和数量、价值、寄件人签字等。CN22 可以打印出来粘贴在包裹上，也可以直接印在气泡信封背面。

为使目的地海关在检查时能确知邮件内为何物，投寄人须将 CN22 填写完整，力求齐全、正确及清楚，否则可能引致延误及对收件人造成不便。此外，任何不尽不实或欠明确的申报将可能导致邮件被没收，内件切不可笼统填上总称（例如只填上“食品”“样本”“零件”等）。CN22 中必须包含物品的申报价值和详细描述，如果没有这些信息，则跨境物品将会被海关查验，从而影响清关和派送进程。跨境物品，尤其是手机等的 CN22 如果未按要求标明相关信息，则一些国家（地区）海关在清关处理时会要求提供相应的清关资料。因此，在跨境电商业务中，所有物品的 CN22 中都必须注明详细的相关信息。

四、航空标签

当跨境电商物流使用航空运输时，为了便于分拣和发运，航空公司或货代公司会提供贴在外包装上的标签，即航空标签，如图 4-4-2 所示。

其内容主要包括货物的件数、重量、目的港、运单号、航班号等。如果是航空货运特种货物标签，可分为活动物标签、危险品标签、鲜活易腐物品标签。航空标签分为主标签和分标签，航空公司用主标签进行分货，货代公司用分标签将货物分给收货人。航空公司印的标签，称为主标签。货物采用直单，即主标签上显示的收货人和发货人都是实际的货

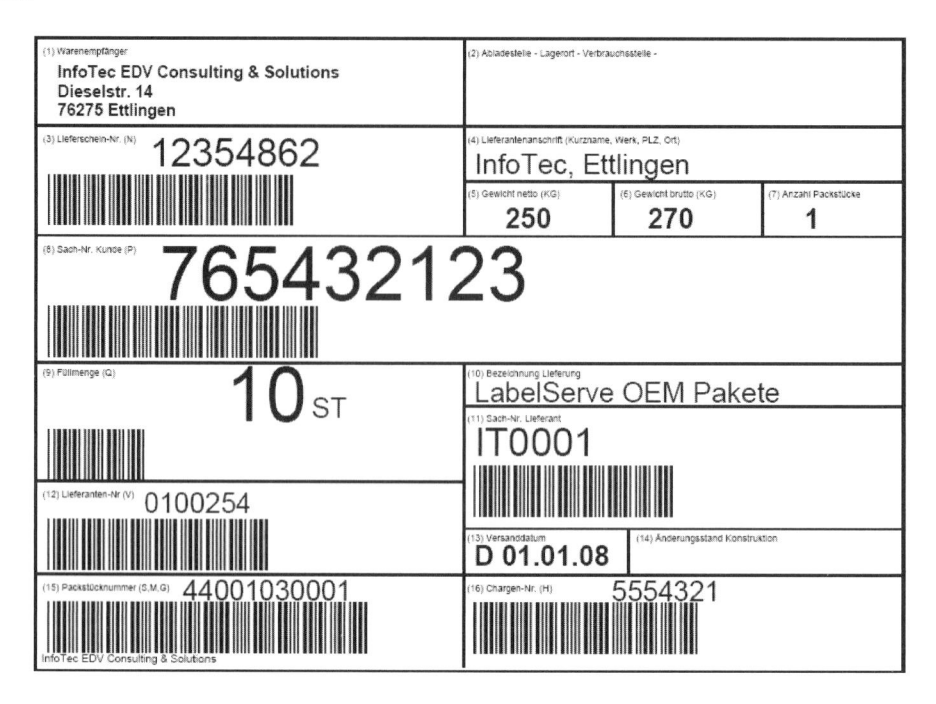

图 4-4-2 航空标签

主时，则只需要贴主标签，以区分不同收货人的货物。贴分标签是为了方便目的港货代公司分货。例如，在有代理的情况下，即主标签上打印的收货人和发货人是货代公司的名字，这就需要贴分标签，航空公司通知货代公司提货后，货代公司根据分标签将货物分给不同的收货人。

五、快递面单

快递面单是指快递行业在运送货物的过程中用于记录发件人、收件人，以及货物重量、价格等相关信息的单据。快递行业多使用条码快递面单，以保证快递行业的连续数据输出，且条码快递面单便于管理。

探究活动

根据以下"真丝丝巾"订单信息，以国际快递 UPS 为例，手工填制面单。（该公司在 UPS 有长期业务，UPS 账号为 772345，公司海关识别码为 33079650。）

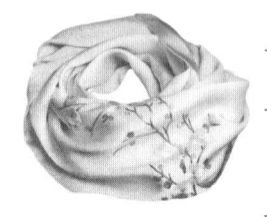

- 商品名称：真丝丝巾
- 商品重量：330g
- 包装尺寸：$17 \times 11 \times 3 cm^3$
- 订单数量：1 件
- 发货信息：中国上海长宁区长宁路 1234 弄 5 号 607 室 13817712345，王丽，邮编 200051

- 装运日期：2024 年 7 月 4 日
- 收货信息：HEATHROW M4，JCT8 SIPSON ROAD，WEST DRAYTON LONDON UK
- 邮编：SO16 3UB • 电话：02077029178 • 收货人姓名：JESSICA

该商品申报价值：人民币 5 000 元。经与 UPS 确认后，商品重量不足 0.5 千克按照 0.5 千克算。快递运价：首重（0.5 千克），人民币 853.00 元（UPS 将英国归类为 Zone 9），燃油附加费为运费的 16%，选用普通快递形式，运费及附加费由发件公司支付。

图 4-4-3 是一张 UPS 面单，面单分为 7 个区域。

图 4-4-3 UPS 面单

（一）寄件人信息区

寄件人信息区填写如图 4-4-4 所示。

❶	SHIPPER'S UPS ACCOUNT NO.	SHIPPER'S IDNETIFICATION NO. CUSTOMS PURPOSES(VAT.NO., etc)	FOR
S H I P P E R	772345	33079650	
	NAME OF SENDER WANGLI	TELEPHONE NO.(VERY IMPORTANT) 13817712345	
	COMPANY NAME AND ADRESS (Include Postal Code) RM 607 NO.5 LANE 1234 CHANGNING RD SHANGHAI CHINA		
	POSTAL CODE 200051	COUNTRY SHANGHAI CHINA	

图 4-4-4 寄件人信息区

（1）寄件人UPS账号。

（2）寄件人海关识别号码。

（3）寄件人姓名：该项填写寄件人详细姓名，不可填写名字缩写。

（4）寄件人电话：如果货物清关需要资料，则UPS通过此号码联系寄件人或者用于其他相关事情的联系。

（5）寄件人地址：该项填写寄件人的详细联系地址，用英文填写。

（二）收件人信息区

收件人信息区填写如图4-4-5所示。

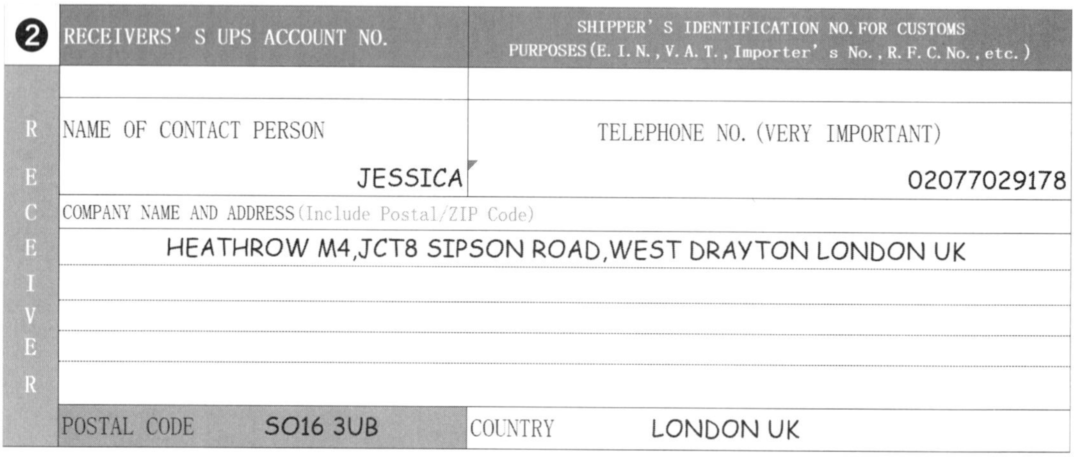

❷	RECEIVERS'S UPS ACCOUNT NO.	SHIPPER'S IDENTIFICATION NO. FOR CUSTOMS PURPOSES(E.I.N., V.A.T., Importer's No., R.F.C.No., etc.)
R E C E I V E R	NAME OF CONTACT PERSON JESSICA	TELEPHONE NO. (VERY IMPORTANT) 02077029178
	COMPANY NAME AND ADDRESS(Include Postal/ZIP Code) HEATHROW M4,JCT8 SIPSON ROAD,WEST DRAYTON LONDON UK	
	POSTAL CODE　SO16 3UB	COUNTRY　LONDON UK

图4-4-5 收件人信息区

（1）收件人UPS账号。

（2）收件人海关识别号码。

（3）收件人姓名：需填写收件人全名，以方便货物的顺利签收。

（4）收件人电话：用于通知收件人清关（如需清关），或者UPS派送时收件人不在，可以通过此号码联系收件另约时间派送。

（5）收件人地址：需填写收件人公司名称（如收件人非个人）、详细地址、邮政编码以及收件人所在的国家（可填写缩写）。

（三）付款选项区

付款选项区填写如图4-4-6所示。

❸ PAYMENT OF CHARGES

BILL SHIPPING CHARGES TO
☑SHIPPER(S)　　　　　☐RECEIVER(R)　　　　　☐SHIPPER(S)
　Account No. in section1　　Account No. in section2
☐CREAT CARD　　☐CHECK　　THIRD PARTY COMPANY NAME:

ENTER THIRD PARTY'S UPS ACCOUNT NO.OR SHIPPER'S MAJOR CREDIT CARD NO.　　THIRD PARTY COUNTRYOR EXPIRATION DATE

BILL DUTIES AND TAXES TO (DUTIABLE SHIPMENTS ONLY):
☑SHIPPER(S)　　　　　☐RECEIVER(R)　　　　　☐SHIPPER(S)
　Account No. in section1　　Account No. in section2
THIRD PARTY COMPANY NAME:
THIRD PARTY ACCOUNT NO:　　　　　　　　THIRD PARTY COUNTRY:

图 4-4-6　付款选项区

（1）运费支付选项：用户可根据实际情况选择寄件人付费、收件人付费（到付）以及第三方支付，在 UPS 代理处可不填写。

（2）关税/税款的支付：用户可根据实际情况选择寄件人付费、收件人付费（到付）以及第三方支付，一般在 UPS 代理处填写收件人付费，如需要寄件人付费，代理需要加收手续费。

（四）服务类别选项区

服务类别选项区填写如图 4-4-7 所示。

❹ SERVICE LEVEL　(Please mark large "X". Select one level only. Refer to the appropriate sevice guide for levels available.)

SERVICE LEVEL		
EXPRESS PLUS	☒	1+
EXPRESS	☒	1
EXPRESS SAVER	☒	1P
EXPEDITED	☒	2

图 4-4-7　服务类别选项区

该项目可以选择 PLUS 全球特快加急、全球特快、全球速快以及全球快捷服务。

（五）装运资料区

（1）货物件数：填写该票货物的总件数。

（2）实际重量：填写货物的总实际重量。

（3）体积重量：UPS 体积重量公式为（长 × 宽 × 高）/5 000。

（4）区域编号详情请参考 UPS 分区表（UPS 代理不需要填写）。

（5）对应填写货物的基本情况，无附加费的选择无需填写，装运资料区（见图 4-4-8）内容都需要物流公司确认填写。

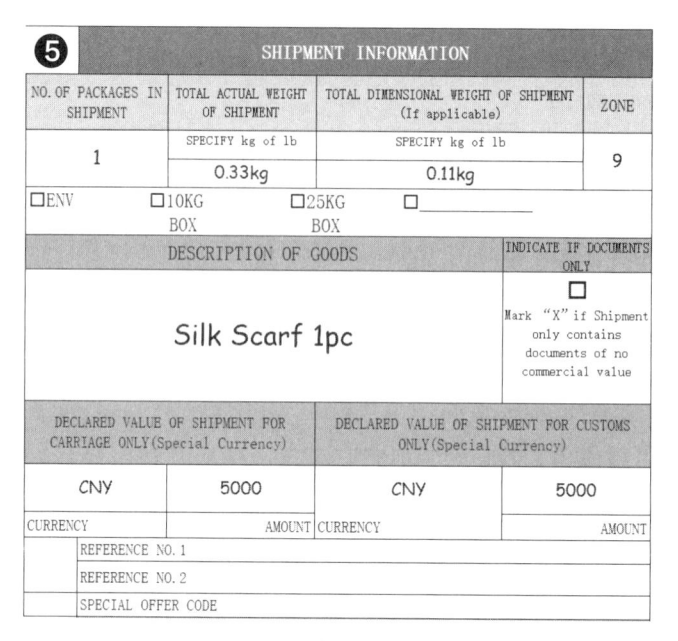

图 4-4-8 装运资料区

（六）货物说明区

货物说明区填写如图 4-4-9 所示。

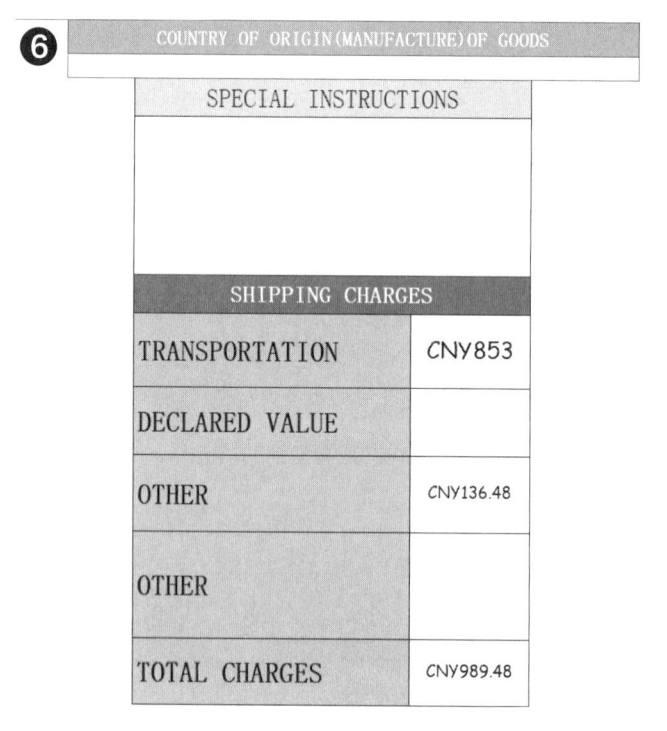

图 4-4-9 货物说明区

该项目需要填写寄送物之原产/制造国、特殊说明以及运费。对应填写货物的基本情况，无附加费的无需填写。该区域内容都需要与 UPS 公司确认后方可填写。

（七）寄件人签名区

寄件人签名区填写如图 4-4-10 所示。

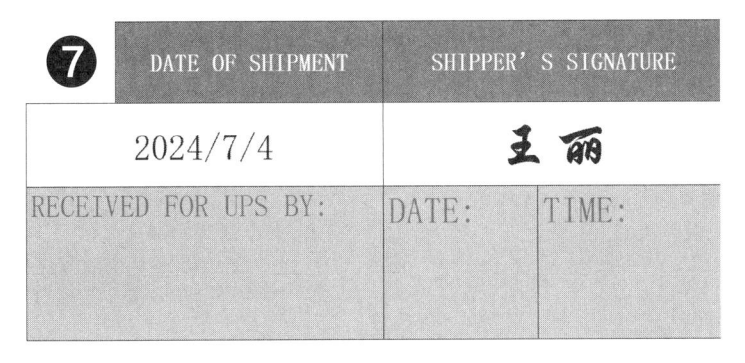

图 4-4-10 寄件人签名区

该项目需要填写寄件日以及寄件人签名。填制完毕后的面单如图 4-4-11。

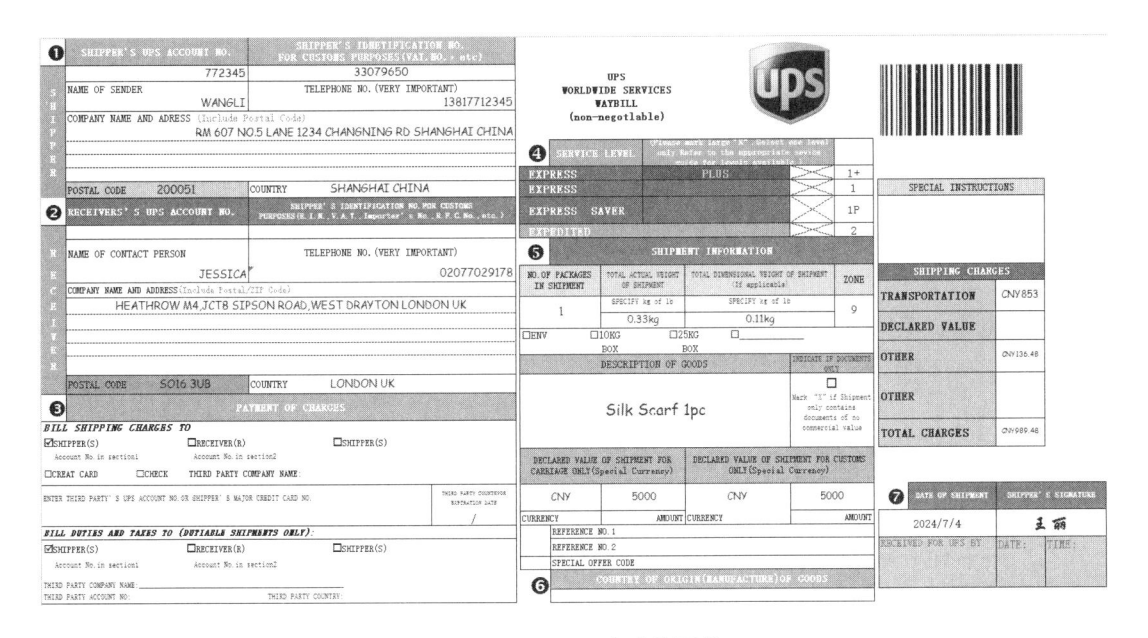

图 4-4-11 王丽完成的面单

六、物流面单发展史

（一）传统面单

从物流行业诞生起，物流企业一直都在使用传统的多联复写面单，时至今日，仍有部分企业使用。传统面单（见图 4-4-12）一般分为四联或者五联，通常需要用户或收派员通过手写完成快件相关信息的填充。面单上承载着寄收件人姓名、联系方式、住址以及所寄物品属性、数量等大量信息。

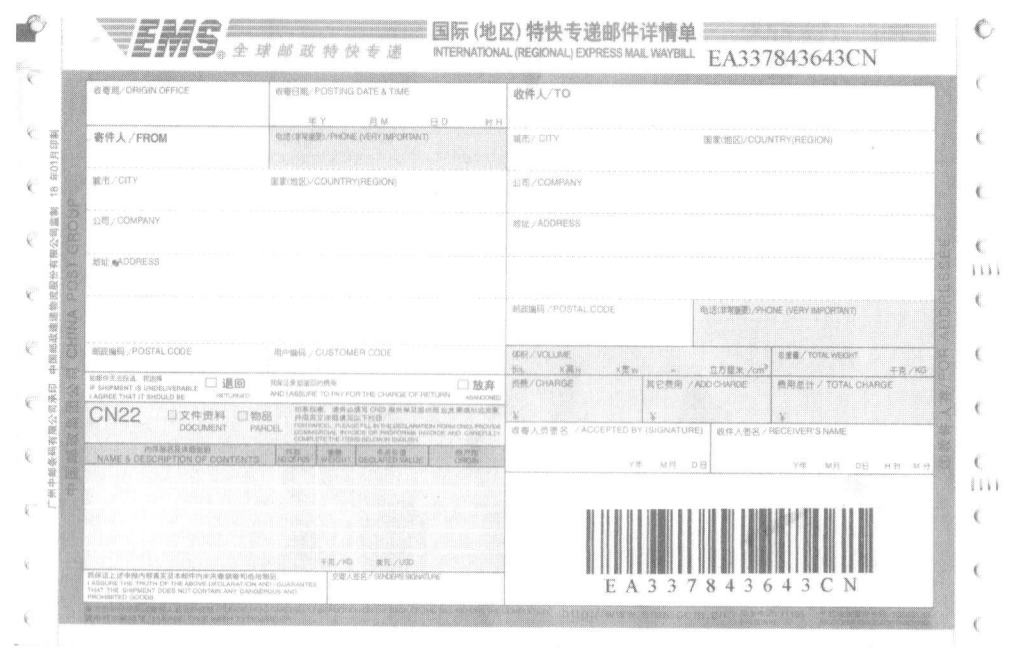

图 4-4-12 传统面单

（二）电子面单

2012 年，电子面单首次在我国物流行业中应用，但很长的一段时间它在行业的应用占比并不高。2014 年 5 月，菜鸟网络联合三通一达等 14 家主流快递公司推出公共电子面单平台，当时电子面单使用率还不足 5%，而如今，行业里电子面单的使用率已近 60%。中国邮政电子面单明细如图 4-4-13 所示。

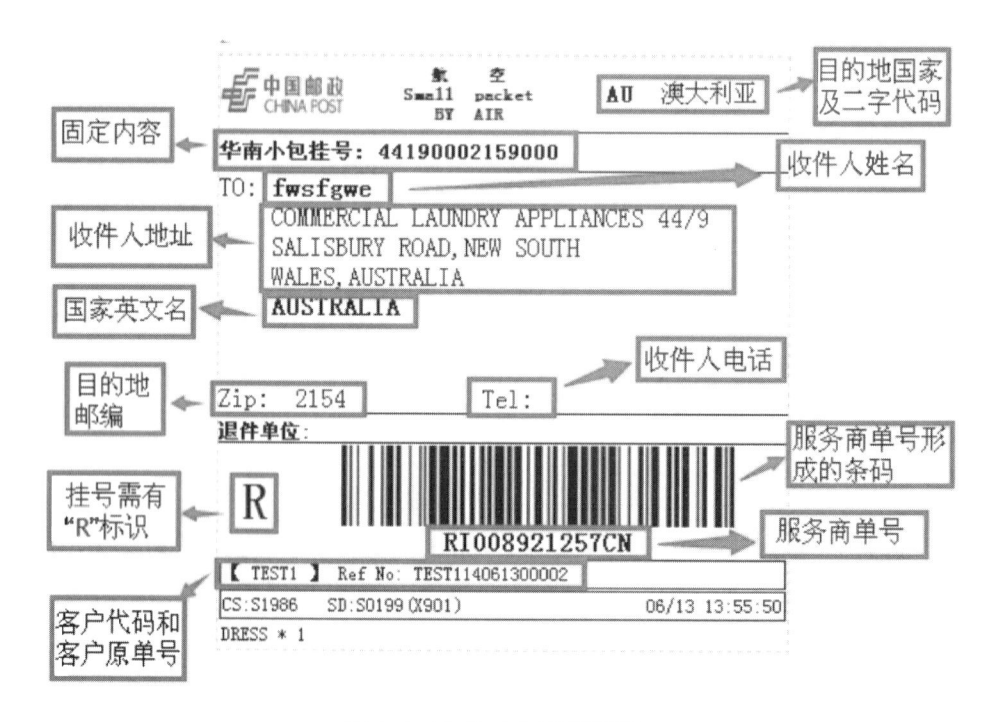

图 4-4-13 邮政电子面单明细

(三)条码运单

2021年9月,顺丰物流试行并推进了"条码运单"。该运单除继承电子面单的优点外,在客户个人信息安全方面也有极大改善。它采用一串条码代替客户的相关信息,消费者通过App、微信、官网下单后,收派员带着相应的条码上门服务,快件贴上运单后,即可进行后面的流转环节,该过程中物流信息的更新与个人信息的录入都将通过设备扫描完成。条码运单的出现进一步提升了收派员的工作效率,使个人信息得到了更好的保护。

小贴士

电子面单中的自动识别技术

1. 条形码

条形码(Barcode,简称条码)技术是目前全球应用最广泛的自动识别技术,最早应用在杂货零售业。条码是由一组规则排列的条、空及对应的字符组成的标记(见图4-4-14),"条"指对光线反射率较低的部分,"空"指对光线反射率较高的部分,这些条和空组成的数据可以表达一定的信息,并能够用特定的设备识读,转换成与计算机兼容的二进制和十进制信息。

图 4-4-14 部分一维条码和二维条码类型

根据维度不同,条形码可以分为一维条码、二维条码。一维条码信息密度较低,信息容量较小,只能完成对物品的表示,且只能为字母和数字,不能表达汉字和图像,无法对物品本身进行描述;大信息容量的一维条码通常受到标签尺寸的限制,给产品的包装和印刷带来了不便;使用可靠性差,受外界损伤后会毁损信息;没有错误纠正能力,只能通过校验字符进行错误校验;保密防伪性较差,必须依赖数据库的存在。

二维条码的诞生解决了一维条码不能解决的问题：能在横向和纵向两个方位同时表达信息，不仅能在很小的面积内表达大量的信息，而且能够表达汉字和存储图像。二维条码拓展了条码的应用领域，因此被许多行业所采用，常见的二维条码如图4-4-15所示。

仅在一个方向上含有信息　　　　　　在水平和垂直方向上含有信息

图4-4-15　一维条码和二维条码区别

2. 射频识别技术（Radio Frequency Identification，RFID）

RFID电子标签是一种非接触式的自动识别技术，它通过射频信号来识别目标对象并获取相关数据，识别工作无须人工干预。作为条形码的无线版本，RFID技术具有条形码所不具备的防水、防磁、耐高温、使用寿命长、读取距离大、标签上数据可以加密、存储数据容量更大、存储信息更改自如等优点。电子标签的编码方式、存储及读写方式与传统标签（如条码）或手工标签不同（见表4-4-1），电子标签编码的存储是在集成电路上以只读或可读写格式存储的；特别是读写方式，电子标签是用无线电子传输方式实现的。

表4-4-1　　　　　　　　　　　电子标签RFID与条形码区别

类型	穿透性	读取速度	重码	读写	抗污染能力	可重复使用	记忆容量	图片
电子标签RFID	能够穿非金属（0~2.4千米）	约200张/秒	全球唯一性，逐个识别	读写	抗水、油和化学药品等污渍	可重复使用10万次	32 000个汉字	RFID标签
二维条码	可视近距离无阻挡	1张/次	按类识别	只读	容易受到污染	不可重复使用	500多个汉字	二维条码
一维条码	可视近距离无阻挡	1张/次	按类识别	只读	容易受到污染	不可重复使用	15个汉字	一维条码

物流仓储管理系统利用RFID技术来捕获信息，并通过无线数据通信等技术将其开放的网络系统连接起来。它能够自动识别与实时跟踪供应链中各环节的信息，将复杂的物流系统简化为一个高度智能的网络，实现了仓库中所有物品之间甚至物品和人之间的实物互联网。

> 实践与思考

① 单选题：UPS 面单，分为（　　）个区域。

　A.3　　　　　B.5　　　　　C.7　　　　　D.9

② 单选题：以下标签中，用于海关监管、征税、统计及开展稽查和调查的是（　　）。

　A.回邮地址条　　B.CN22　　　C.快递面单　　D.航空标签

③ 单选题：国际小包使用的"报关签条"又称（　　）色签条。

　A.红　　　　　B.黄　　　　　C.蓝　　　　　D.绿

④ 单选题：有一个邮政包裹的跟踪号为 AQ123456789CN，则它代表的该包裹从（　　）发出。

　A.中国　　　　B.美国　　　　C.新加坡　　　D.日本

⑤ 多选题：以下电子面单中的条码异常，无法被正常扫描的是（　　）。

A.　B.　C.　D.

⑥ 判断题：某包裹货物为"一台笔记本电脑及无线鼠标"，在填写 CN22 时，作为电脑配件的无线鼠标可以不用填写。（　　）

⑦ 判断题：一维条码和二维条码都可以存储数字、字母、汉字和图像，只是二维条码存储量更大。（　　）

⑧ 判断题：电子标签 RFID 不会有重码。（　　）

⑨ 判断题：在手工填制的面单中，"货物说明区"部分需要寄送人自行填写，快递公司将根据填写内容进行发货配送。（　　）

⑩ 实践活动

请根据以下信息，填制物流面单。

2024年4月4日，何静（地址：NO.228 JINGZHOU ROAD，HANGZHOU CITY；邮编：310036；联系电话：0571-5345073）准备向在日本留学的同学SEVEN WU（地址：5-2-11，PORT SOUTH CASTLE PEAK，TOYKO，JAPAN；邮编：10031；电话：03-3263-0695）邮寄一罐茶叶（原产地：中国；HS编码：0902301000；货物总值：USD35.00）。茶叶被装在一个联邦快递的小型快递盒内（箱子尺寸：$30 \times 20 \times 10 cm^3$）。何静选用了优先快递形式，要求快递仅在周六派送，并用信用卡预付了所有费用（信用卡号：6214-8888-1078-0053）。

1.From		4.Express Package Service
DATE _____ Shipper's Name _____	Sender's FedEx Account Number Phone _____	☐ FedEx Intl. Priority　　☐ FedEx Intl.First ☐ _____　　☐ FedEx Intl.Economy 　　　　　　FedEx Envelope and FedEx Pak 　　　　　　rate not available.
Company _____		5.Packaging ☐ FedEx Envelope　☐ FedEx Pak　☐ FedEx Box ☐ FedEx Tube　☐ Other____　☐ FedEx 10kg Box ☐ FedEx 25kg Box
Address _____		6.Special Handing ☐ HOLD at FedEx Location ☐ SATURDAY Delivery
City _____	Province _____	7a. Payment Bill transportation charges to: ☐ Sender Acct.No.in Section 1 will be billed. ☐ Recipient　☐ Third Party　☐ Credit Card ☐ Cash Check Cheque FedEx Acct.No. _____ Credit Card No. _____ Credit Card Exp.Date _____
Country _____	Post Code _____	7b. Payment Bill duties and taxes to: ☐ Sender Acct.No.in Section 1 will be billed. ☐ Recipient　☐ Third Party FedEx Acct.No. _____
2.To		8.Your Internal Billing Reference _____
Recipient's Name _____	Phone _____	

Company _____	9.Required Signature
Address _____	Use of this Air waybill constitutes your agreement to the Conditions of Contract on the back of this Air waybill, and your represent that this shipment does not require a U.S.State Department License or contain dangerous goods.Certain international treaties, including the Warsaw Convention, may apply to this shipment and limit our liability for damage, loss, or delay, as described in the Conditions of Contract.
City _____ Province _____	
Country _____ Post Code _____	WARNING: These Commodities, technology, or software were exported from the United States in accordance with Export Administration Regulations.Diversion contrary to U.S.law prohibited.
3.Shipment information Total packages___Total weight__ □ ts □ kg DIM___L___W___H □ ft □ cm	Sender's Signature: _____ This is not authorization to deliver this shipment without a recipient signature.

Commodity Description	Commodity Code	Country of Origin	Value for Customer

▼ 学习评价

序号	评价内容	参考分值	得分
1	识别邮政跟踪号含义	10	
2	列举常见跨境电商物流外包装标签种类	20	
3	根据所给信息填制物流面单	20	
4	复述电子面单发展历史	10	
5	识别不合规条码	10	
6	完成课堂探究活动	10	
7	有效地参与小组讨论，并在团队中发挥积极作用	10	
8	独立完成课后习题	10	
总 分			

项目五 跨境电商海外仓出口操作

知识目标

- 说出海外仓的优势及运作流程
- 说出海外仓选品定位及流程
- 说出海外仓出入库流程
- 复述海外仓费用明细及结构
- 说出欧洲海外仓增值税 VAT 的含义
- 说出 VAT 的风险与防范
- 说出亚马逊 FBA 的优劣势及操作流程
- 复述亚马逊 FBA 费用组成

技能目标

- 能够将海外仓运作流程进行分段
- 能根据商品进行风险、利润分类
- 能对海外仓出入库流程进行正确排序
- 能够计算海外仓空运头程费用
- 能够计算海外仓海运头程费用
- 能准确计算 VAT 费用
- 能评估并合理选择 FBA、FBM、第三方海外仓方式
- 能够使用 FBA 计算器计算 FBA 费用

素养目标

- 能够理解国家"一带一路"倡议和人类命运共同体主张的精神内核,将社会主义核心价值内化为自己的家国情怀

▶ 跨境电商物流

◇ 通过海外仓税费计算，树立成本意识及风险防范意识
◇ 通过降低FBA中的储配成本，养成节能减排的绿色环保理念
◇ 通过学习VAT增值税运作流程，培养诚实守信、客观公正的职业素养，能够吃苦耐劳，具备工匠精神、团队合作精神和正确的职业观。

项目背景

随着上海力达跨境电商物流有限公司业务的不断拓展，公司建立了美国和欧洲的海外仓。李华跟王丽讲海外仓业务对于公司非常重要，要求王丽尽快熟悉海外仓业务。例如：为什么选择海外仓发货？主流跨境电商平台的海外仓规则都有哪些？海外仓运费如何核算？

任务一　认识海外仓模式

▼ 任务导入

经过对海外仓模式的学习后,王丽了解到随着跨境电商的迅速发展对物流业的要求日益提高,海外仓已成为众多跨境电商出口卖家优先选择的方式。在跨境电商中,海外仓是指国内企业将商品通过大宗运输的形式运往目标市场国家,在当地建立仓库、储存商品,然后再根据当地的销售订单,第一时间作出响应,及时从当地仓库直接进行分拣、包装和配送。

一、海外仓概述

海外仓就是企业建立在境外的仓储设施。对于跨境电商而言,海外仓模式是指境内跨境电商企业将商品通过大宗运输的形式运往目标市场所在国家(地区),在当地租用或者建立仓库、储存商品,然后根据当地消费者的需求订单,及时从该仓库直接将商品分拣、包装后配送到消费者手中。

> **探究活动**
>
> 对比海外仓与直邮模式,说一说两者的区别。

(一)海外仓模式

在实际运行中,海外仓模式包括头程运输、仓储管理和本地配送三个环节,如图5-1-1所示。

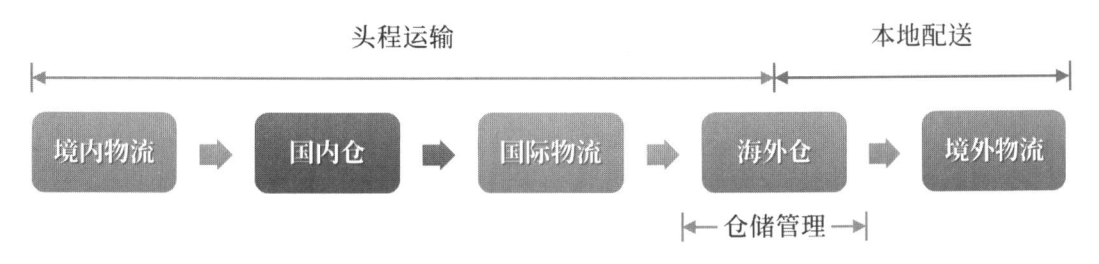

图 5-1-1　海外仓模式

（1）头程运输。境内卖家通过海运、空运、陆运或者多式联运将商品运送至海外仓。

（2）仓储管理。境内卖家通过物流信息系统，远程操作海外仓存储货物，实时管理库存。

（3）本地配送。海外仓根据订单信息，通过当地邮政或快递公司将商品配送给消费者。

（二）海外仓运作流程

海外仓模式的具体流程如下：由境内供应商供货，境内卖家或跨境电商平台提前将商品运送至海外仓，报关、清关后，将商品存放在海外仓；当境外消费者下单后，海外仓工作人员直接依据订单进行商品的出库，最后通过境外物流企业将商品配送至消费者手中。其流程如图 5-1-2 所示。

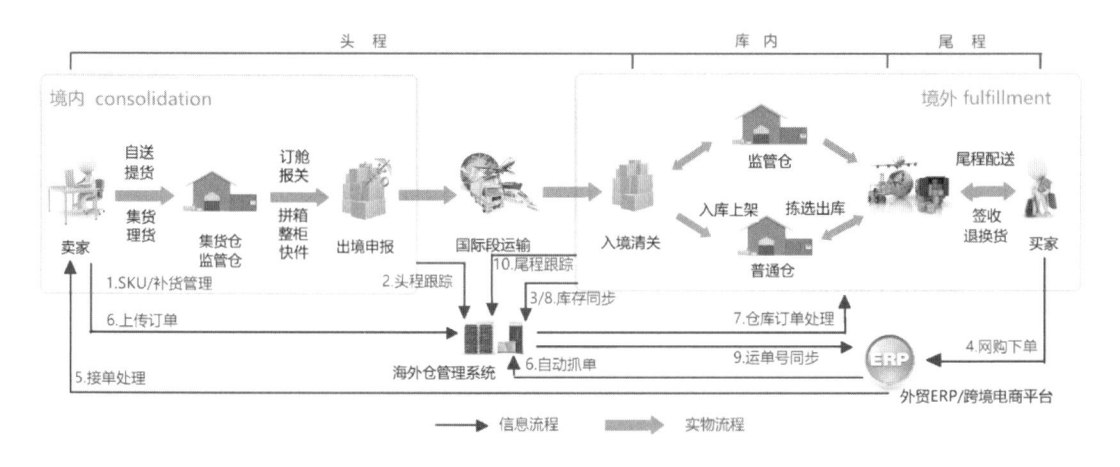

图 5-1-2 海外仓信息与实物全流程运作概览

海外仓本地管理其实跟国内电商仓库一样，需要从仓储空间规划、储位规范、SKU 编码、拣选流程等方面一一设计。通常，海外仓全环节物流运输涉及多个合作方，在货物周转的过程中，委托关系及交接工作需要全程管控。能够全球多地布局的海外仓企业屈指可数，同时具备货运代理、国际贸易、清关等资质并长期经营于海外的更是凤毛麟角。便捷可靠的海外仓系统是自动高效驱动业务流程的基础，具有良好 IT 能力的海外仓企业会在这方面有比较明显的优势。

1. 头程

头程备货送仓，卖家可以选择自送或海外仓全程负责，前提是海外仓运营商有足够的承运和清关能力，很多海外仓为了规避交叉风险或连带责任，多鼓励卖家委托代理自行送货。

海运拼箱或整柜是主要国际段物流方式，空运头程更适合紧急补货。如果自送，则卖家要在提交海外仓入库单时，明确货物明细及运输方式、承运商、运单号等信息，作为 ASN 到货通知，便于仓库验货入库；卖家需要自行安排货物国内外清关及税费支付，都要以税后交货 DDP 的贸易模式发货。此时，在空海运的清关文件和装箱单等随货文件中，不得将海外仓标注为进口商或纳税义务人或货物所有人等角色，海外仓只能作为承运商的送货地址。卖家自行包装时，单包超过 50 磅要堆码托盘、限重标准等，否则可能产生整柜散装卸货费；入库单信息或预约不准确会导致卸货、入库及上架延误，收货押车、押柜等额外费用。

有些海外仓提供"进出双清"及提货方面的服务，多在口岸拥有公共集货仓，统一进行收货查验、打标、包装打托、产品拍照、复合称重等增值服务，负责进仓入站、订舱、国内港口报关及目的国清关、托运至目的地，实现一站式跨境运输服务。

货物库上架后，卖家就有了库存，可以去线上销售了。注意，为了物流成本和库存最优，头程频率要科学安排。

2. 清关

借用海外仓批量发货，走海运的话，是大宗货物清关方式，清关检查严格，要求提供相关证明，像欧盟 CE 认证，第三方海外仓运营商会提供代理清关的增值服务。

3. 尾程

海外仓落地配送的选择，与之前介绍过的境外配送方式类似。发达市场的快递企业不多，但产品类型及服务层次明显，时效、价格区别很大。

尾程主要关注以下几点：

一是订单处理时效，在订单产生后，仓库人员会即时收到出库任务，由于时差，在 24 小时内及时拣货、包装、出库，最能反映海外仓运营水平。

二是配送产品选择，配送渠道的选择别有讲究，主要是快速高价、慢速低价、重件大包，但也有考虑商品价值、客户要求、淡旺季等因素。有时为了获得用户一个好评，使用更好的快递权当是营销支出。海外仓出货规模越大，越能拿到更好的本地大客户折扣。

三是追踪反馈，完成发货后，海外仓运营商及时提供配送物流单号，卖家上传平台。因为在本地发货，客户对于时效与可追踪的要求提高，海外仓运营商会辅助提供查询、监控投递或退回情况，便于卖家掌握。

（三）海外仓与直邮模式的区别

从物流形式切入的角度出发，跨境电商物流可以粗略地根据货权转移（实质）和货物出关（出口）的先后顺序，切分成直邮和海外仓两大类业态。

直邮是指货权转移发生在货物出口之前，即海外买家下单并完成支付后，国内卖家开始根据订单信息安排出运的物流形式。直邮又可细分为邮政、专线、商业快递三种主流形式，它们在时效、轨迹可视性、价格等方面各有特点。

海外仓模式下，货权转移发生在货物出口之后，货物需要先跨越出口关境、进口关境、完成目的国进仓、存储后，卖家再下单，通过目的国仓配网络完成履约。

直邮模式与海外仓模式的区别如图 5-1-3 所示。

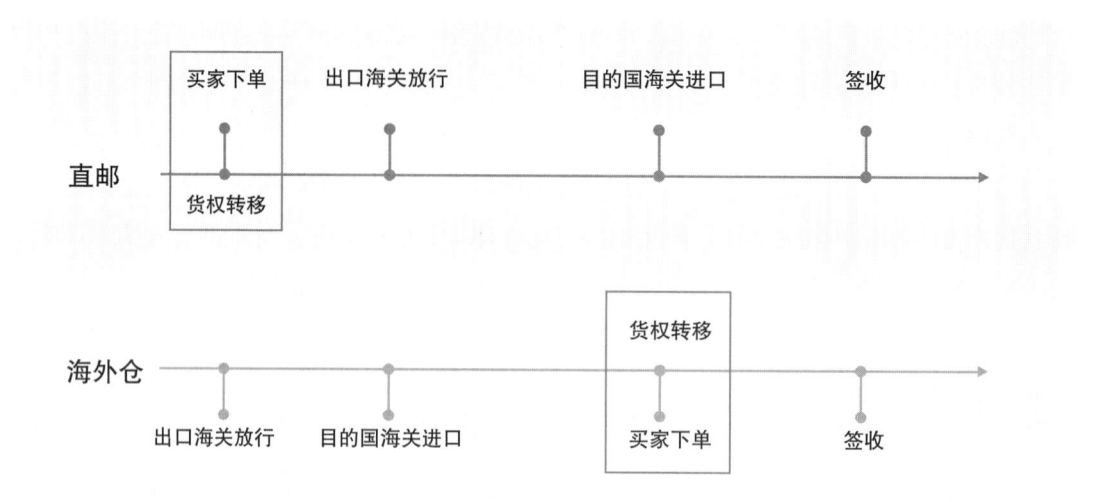

图 5-1-3 直邮模式与海外仓模式的区别

> **小贴士**
>
> 　　海外仓模式是随着跨境电商的兴起而发展起来的一种崭新的物流模式。2020年8月，国务院办公厅发布了《关于进一步做好稳外贸稳外资工作的意见》，鼓励发展贸易新业态，要求充分利用外经贸发展专项资金、服务贸易创新发展引导基金等现有渠道，支持跨境电商平台、跨境物流发展和海外仓建设等。目前，中国跨境电商海外仓超过1 800个，在2020年的增速达80%，总面积超过1 200万平方米。
>
> 　　近几年，国家对海外仓的发展出台了一系列的政策。
>
> 增加一：
>
> 2024年5月24日，国务院总理李强主持召开国务院常务会议，听取关于行政复议工作情况的汇报，审议通过《关于拓展跨境电商出口推进海外仓建设的意见》。
>
> 　　会议指出，发展跨境电商、海外仓等外贸新业态，有利于促进外贸结构优化、规模稳定，有利于打造国际经济合作新优势。要积极培育跨境电商经营主体，鼓励地方立足特色优势支持传统外贸企业发展跨境电商，加强跨境电商人才培养，为企业提供更多展示对接平台，持续推进品牌建设。

增加二：

2023 年 11 月 27 日国家市场监督管理总局、国家标准化管理委员会发布了《跨境电子商务海外仓运营管理要求》（GB/T 43291—2023）。

其他相关政策文件如下：

时间	文件名	机构	相关内容
2022 年 1 月	《国务院办公厅关于进一步加大对中小企业纾困帮扶的通知》	国务院	鼓励具备跨境金融服务能力的金融机构在依法合规、风险可控前提下，加大对传统外贸企业、跨境电商和物流企业等建设和使用海外仓的金融支持
2022 年 1 月	《国务院办公厅关于做好跨周期调节进一步稳外贸的意见》	国务院	进一步发挥海外仓带动作用。积极利用服务贸易创新发展引导基金等，按照政策引导、市场运作的方式，促进海外仓高质量发展
2022 年 1 月	《国务院办公厅关于促进内外贸一体化发展的意见》（国办发〔2021〕59 号）	国务院	引导外贸企业、跨境电商、物流企业加强业务协同和资源整合，加快布局海外仓、配送中心等物流基础设施网络，提高物流运作和资产利用效率
2022 年 2 月	《关于同意在鄂尔多斯等 27 个城市和地区设立跨境电子商务综合试验区的批复》	国务院	同意在鄂尔多斯市、扬州市、镇江市、泰州市、金华市、舟山市、马鞍山市、宣城市、景德镇市、上饶市、淄博市、日照市、襄阳市、韶关市、汕尾市、河源市、阳江市、清远市、潮州市、揭阳市、云浮市、南充市、眉山市、红河哈尼族彝族自治州、宝鸡市、喀什地区、阿拉山口市 27 个城市和地区设立跨境电子商务综合试验区
2022 年 3 月	《政府工作报告》	国务院	政府工作报告中提出，支持建设一批海外仓。扩大高水平对外开放，推动外贸外资平稳发展。充分利用两个市场两种资源，不断拓展对外经贸合作，以高水平开放促进深层次改革、推动高质量发展
2022 年 6 月	《关于支持外贸新业态跨境人民币结算的通知》	人民银行	境内银行可为跨境电子商务、市场采购贸易、海外仓和外贸综合服务企业等外贸新业态经营者、购买商品或服务的消费者提供经常项下跨境人民币结算服务
2022 年 9 月	《关于进一步优化营商环境降低市场主体制度性交易成本的意见》	国务院	提出着力优化跨境贸易服务，支持有关地区搭建跨境电商一站式服务平台，为企业提供优惠政策申报、物流信息跟踪、争端解决等服务
2022 年 9 月	《支持外贸稳定发展若干政策措施》	商务部	提出进一步发挥跨境电商稳外贸的作用，研究通过进一步带动社会资本并统筹利用外经贸发展专项资金、加强出口信用保险、优化海关备案流程，以及加快出台便利跨境电商出口退换货的税收政策等一系列措施，加大加快对海外仓建设和运营的支持力度

资料来源：金融监管研究院 外汇部整理。

二、海外仓模式的类型

从我国跨境电商物流实践来看,海外仓主要分为三种类型:自建海外仓、跨境电商平台海外仓和第三方海外仓。

> **探究活动**
>
> 分组活动:观看视频,比较海外仓三种类型的优缺点,完成对比表。
>
> 扫一扫观看视频!
>
> | 海外仓类型 | 优点 | 缺点 |
> | --- | --- | --- |
> | 自建海外仓 | | |
> | 跨境电商平台海外仓 | | |
> | 第三方海外仓 | | |

(一)自建海外仓

自建海外仓即由卖家在境外市场建设仓库。卖家通过在消费者较为集中的地区投入资金自建海外仓,以实现本地发货,提升商品配送速度。在这种模式下,卖家拥有对整个物流过程的控制权,能给消费者带来更好的购物体验,但是仓库的建设和管理成本都比较高昂。

(二)跨境电商平台海外仓

我国跨境电商交易额逐年增长,具备一定规模的跨境电商平台往往愿意自建海外仓以满足消费者的个性化需求,吸引卖家入驻平台。截至 2020 年 10 月,我国大型跨境电商平台菜鸟和京东的官网显示,它们自建海外仓的数量分别为 231 个和超过 110 个。在此模式下,跨境电商平台可以针对不同目的国(地区)的政治、经济、文化、法律等定制物流方案,有效整合境内外物流资源,优化供应链服务,从而缩短配送时效,带给消费者更好的购物体验。该模式的缺点是库存成本高,滞销、退货产生的物流费用高。

(三)第三方海外仓

第三方海外仓指由第三方公司提供境外仓储服务。这种模式可以降低跨境电商企业的资金成本,帮助其获得更专业且高效的服务,降低运营风险;缺点是跨境电商企业缺乏对海外仓的控制权。采用该模式主要有两种方法:租用和合作建设。

（1）租用：指跨境电商企业直接租用第三方公司现有的海外仓，利用第三方海外仓自有的信息系统和管理技术对库存进行管理。跨境电商企业需要向第三方公司支付操作费、物流费和仓储费。

（2）合作建设：指跨境电商企业与第三方公司合作建设海外仓，并自行投入设备、系统等。采用这种方法，跨境电商企业只需支付物流费，但海外仓的管理和系统维护需要双方共同进行。

小贴士

海外仓选址

插旗布局是一种战略考量。目前，国外真正需要和适合开展海外仓的国家非常集中，全球选址比较成熟的有美国、德国、英国、日本等（见图5-1-4）。

海外仓的订单流及入仓成本是选址关键因素。市场在哪仓在哪，海外仓第一站必是美国。美国国土面积大，物流仓储门槛较高，选址要考虑靠近重要港口和交通枢纽、靠近人口密集区、华人劳工资源丰富、仓库存量多等因素。根据行业数据，全美电商订单，美东占50%，主要分布在佛罗里达州、纽约、宾夕法尼亚州、北卡罗来纳州；美西占25%，分布在加州及华盛顿；其他地区占25%，如南部得克萨斯州和北部芝加哥等。这样，美国海外仓基本锁定在东西岸及南部少量，包括亚马逊仓库的分布也基本如是。

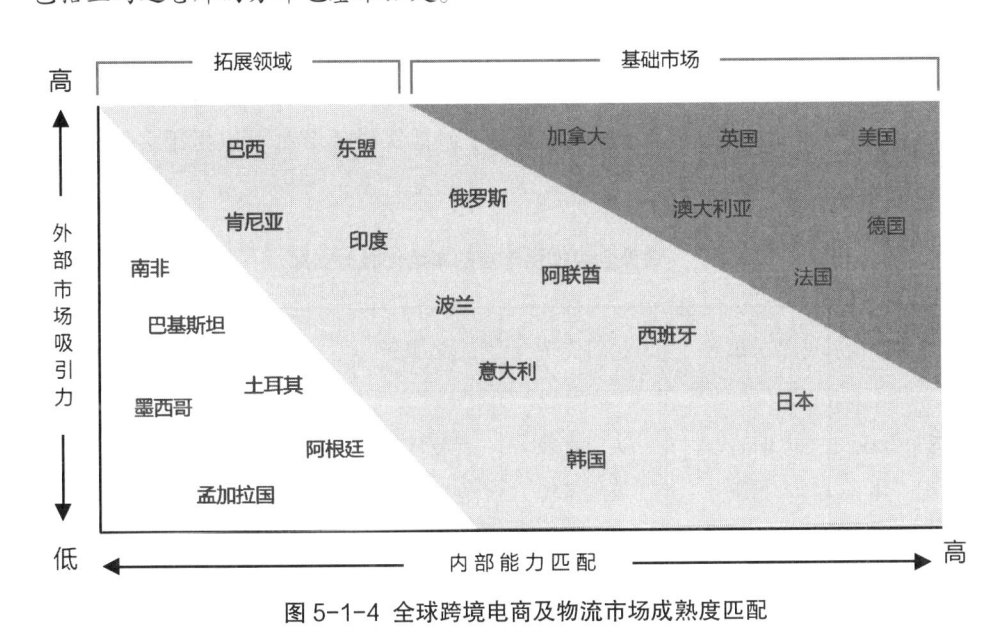

图5-1-4 全球跨境电商及物流市场成熟度匹配

三、海外仓的功能

海外仓主要有代收货款、拆包拼装及保税三种功能。

（一）代收货款功能

由于跨境交易风险较大，同时跨境交易的特殊性也会导致资金结算不便、不及时等问题，因此，海外仓可以在合同规定的时限和佣金费率下，在收到货物的同时提供代收货款的增值业务，从而有效规避跨境交易风险。

（二）拆包拼装功能

大部分跨境电商的订单数量相对较少，订单金额也相对较小，并且订单频率较高，普遍具有距离长、数量少、批次多的特点。为了有效提高运输的效率、节省资源，海外仓可以将这些较零散的货物拼装为整箱运输，待货物到达后，再将货物进行拆分；也可以根据客户的订单要求，为所处地域较集中的客户提供拼装服务，从而提高运输效率，降低物流成本。

（三）保税功能

海外仓经海关批准可以成为保税仓库，从而简化海关通关流程和相关手续，发挥保税功能。同时，以海外仓所在地为中转地，连接生产国（地区）和消费国（地区），能规避一定的贸易制裁。一些简单的加工、管理等增值服务在海外仓内也可以实现，并能起到丰富仓库功能、提升竞争力的作用。

除此之外，在跨境电商业务中，会存在大量的退换货需求，直邮条件下基本只能重发。海外仓就方便多了，可以帮助卖家处理很多售后，包括每个环节都可以做很多增值服务（见表 5-1-1）。

表 5-1-1　　　　　　　　　海外仓可提供丰富的本地化服务支撑

物流服务	清关服务	销售支持	金融服务	海外推广	行政服务
头程集货+专线 海外仓配一体 转仓调拨 退换货 换标及包装	进出口代理 商检服务 报关保税 产品归类 单证手续	买家直采 展示寄售 质检及打码 测试维修 退运服务	代收货款 仓单质押 保理业务 库存融资 仓储进入	土著地推 国外展会布置 产品展示厅 媒体推广 小语种推广	海外公司注册 商标品牌注册 税务服务 法律支持 海外接待

四、海外仓对跨境电商企业的影响

建立海外仓有助于跨境电商企业拓展境外市场，简化商品跨境运送流程，有效避开跨境物流高峰，降低跨境物流成本，提供更专业的服务。

（一）简化商品跨境运送流程

通过海外仓，跨境电商企业可以将货物提前存储到境外市场当地仓库，当境外消费者有需求时，直接从当地仓库进行货物分拣、包装及配送等，将原本复杂的商品跨境运送流程简化，从而大大缩短物流时间，提高物流效率。

（二）有效避开跨境物流高峰

海外仓的使用，可以让跨境电商企业根据以往同期销售情况预测未来一段时间的销售量，提前在海外仓备好一定数量的货物，从而有效规避跨境物流高峰期可能出现的各种负面影响。

（三）降低跨境物流成本

海外仓采用的整箱集中运送方式可以使单件商品的平均运费大大降低，特别是重量大于400g的商品采用海外仓更具有优势，能直接降低跨境运输成本。海外仓的使用还能实现更便捷的退换货，使卖家不需要为了跨境退换货付出额外的物流成本，也能大大降低运送中货物损坏和丢失的风险。

（四）提供更专业的服务

随着海外仓的不断发展，跨境电商企业可选择的海外仓也越来越多，因此一部分海外仓企业不仅开始注重价格优势，而且更专注于打造自己的品牌，提供更受欢迎的个性化服务，以迎合跨境电商的发展需求和当地消费者的消费习惯。

时事聚焦

海外仓为依托，助力跨境电商全球化发展

2024年6月，商务部等部门出台《关于拓展跨境电商出口推进海外仓建设的意见》，提出要"推动跨境电商海外仓高质量发展"。数据显示，截至2024年我国已建成海外仓超2 500个、面积超3 000万平方米。作为跨境贸易海外物流的重要节点，海外仓正步入发展快车道，为企业出海打通"最后一公里"。

近年来，随着海外仓企业不断创新优化服务，海外仓已不仅仅是"存货点"，更是具有综合服务功能的外贸新型基础设施，是外贸供应链的重要一环。一些海外仓可以为出海企业提供展览、售后、维修等多重服务。例如，义乌商城集团在迪拜、墨西哥等地建立海外仓，采取"海外仓+展厅"的"前展后仓"运营模式；还有一些海外仓企业向国内端拓展头程揽收物流服务，构建了从外贸出口方到进口方的闭环服务体系。

如今，分散在全球各地的海外仓连点成线、织线成网，跨越山海开辟出新路径。海关总署发布的最新数据显示，2024年上半年，我国跨境电商进出口1.22万亿元（见图5-1-5），同比增长10.5%，高于同期我国外贸整体增速4.4个百分点。从2018年的1.06万亿元，到2023年的2.38万亿元，5年间，我国跨境电商进出口增长了1.2倍。

图 5-1-5 位于杜塞尔多夫市的某海外仓自动化作业全景

为了提升物流周转效率，不少海外仓企业加快智能化、数字化转型。货物入库存储出库，涉及大量信息录入与货品搬运，一些仓库日均处理出库订单高达上万件，要想实现订单有序调配，管理难度不小。通过信息化智能平台可以实现货品信息的实时采集、传输和处理。结合大数据分析，系统能够预测货物的销售趋势和库存需求，提前进行库存调配和补货。这不仅保证了货物的及时供应，还避免了库存积压和滞销的风险。在分拣和配送环节，机器人和自动化分拣设备能够高效、稳定、准确地处理大量订单。

"跨境电商+海外仓"的组合培育了外贸发展新动能，助力中国企业走出去。

（新闻来源：记者罗珊珊，《海外仓连点成线、织线成网》，人民日报2024年8月5日）

> 实践与思考

1. 单选题：以下不是海外仓模式的是（　　）。

   A. 自建海外仓　　B. 合作海外仓　　C. 第三方海外仓　　D. 平台海外仓

2. 单选题：以下不是自建海外仓需要关注的问题是（　　）。

   A. 盈利与否的问题　　　　　　B. 爆仓与效率低下

   C. 设备不够先进　　　　　　　D. 运作和管理经验短板

3. 单选题："海外仓"具有的主要区位优势是（　　）。

   A. 环境优美，服务设施完善　　B. 距离中国较近，货源充足

   C. 交通便利，市场覆盖面较广　D. 当地政府支持，土地租金低

4. 多选题：海外仓的优点是（　　）。

   A. 提升产品的配送速度　　　　B. 节省物流成本

   C. 避免旺季物流排仓、爆仓的问题　　D. 提高成交量

5. 多选题：以下（　　）是第三方海外仓可提供的服务。

   A. 退换货　　B. 进出口清关代理　　C. 测试维修　　D. 税务服务

6. 多选题：海外仓运作流程业内一般分为（　　）三段式。

   A. 售后　　　B. 头程　　　C. 尾程　　　D. 库内

7. 判断题：海外仓是未来的发展趋势，所有有能力的跨境电商都应该提早布局大力投入。（　　）

8. 判断题：在海外市场，当地发货更容易取得买家的信任，他们更愿意选择设置海外仓的商品。（　　）

9. 判断题：海外仓的订单流及入仓成本是选址关键因素。（　　）

▶ 跨境电商物流

⑩ 实践活动

随着"一带一路"下中欧班列的兴起，我国在西欧大量开设海外仓，下图为我国 200 多家企业在西欧地区海外仓的分布情况。

（1）分析德国成为我国西欧海外仓首选地的原因。

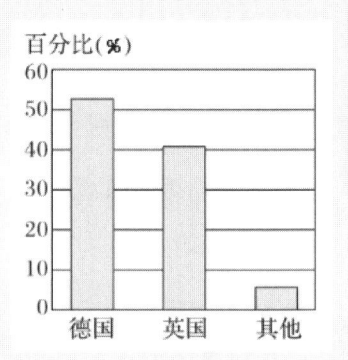

（2）有人不同意我国企业继续在西欧多国大量建设海外仓，试推测其理由。

▼ 学习评价

序 号	评价内容	参考分值	得 分
1	说出海外仓的定义和特点	10	
2	列举自建海外仓的特点	10	
3	说出第三方海外仓的特点	10	
4	列举自建海外仓和第三方海外仓的优缺点	20	
5	复述海外仓运作流程	10	
6	分析海外仓对跨境电商企业的影响	10	
7	完成课堂探究活动	10	
8	有效地参与小组讨论，并在团队中发挥积极作用	10	
9	独立完成课后习题	10	
总 分			

任务二　分析海外仓选品

▼ 任务导入

王丽在学习了海外仓运作模式后了解到，海外仓的费用除了运费，还有仓储费，商品多在海外仓放置一天，就要产生一天的仓储费，因此不是所有的商品都适合海外仓销售的。可是商品种类千千万万，该怎么选择呢？

一、海外仓选品定位

随着跨境电商的发展，本地化服务的进一步升级，以及本地化体验的良好口碑，海外仓越来越成为未来跨境电商的必然趋势，但并不是所有产品都适合采用海外仓模式。跨境电商企业要进行海外仓选品，否则很容易面临库存滞销、增加仓储成本的风险。

探究活动

扫一扫获取答案！

将以下商品与风险、利润标签连线，思考哪类适合做海外仓。

吊灯
成本价：USD20
销售价：USD120

高风险、高利润

高风险、低利润

T恤
成本价：USD1
销售价：USD6

妈咪包
成本价：USD2
销售价：USD15

低风险、高利润

低风险、低利润

遥控汽车玩具
成本价：USD5
销售价：USD10

根据跨境电商平台的商品种类，我们可以把商品大致分为以下四类（见图5-2-1）。

高风险高利润	体积大/超重等大件物品，国内小包无法运送，或者费用太贵（家具/灯具/大型汽配/户外用品）	国内小包，快递无法运送（带电产品/液体类产品）	高风险低利润
低风险高利润	日用快消品，非常符合本地需求，需要快速送达的产品（工具类/家居必备用品/母婴用品）	在国外市场热销的产品，批量运送更具优势，均摊成本（3C配件/爆款服装等）	低风险低利润

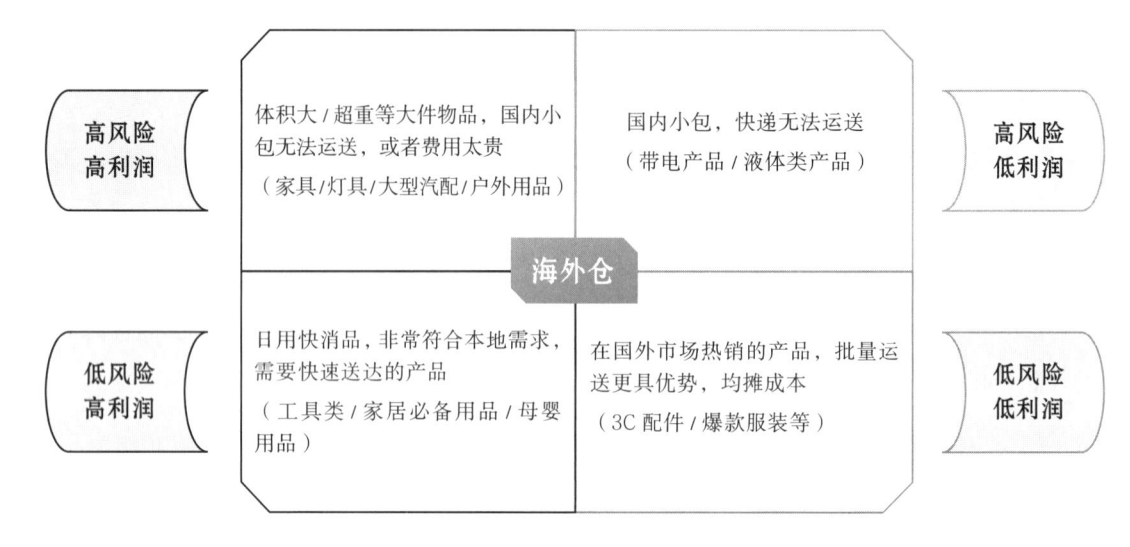

中间标注：海外仓

图 5-2-1 海外仓选品定位

（一）高风险、高利润

一些体积大且重量超重的商品，国内小包无法运输，或者运费太贵（如灯具、家具、户外用品、健身器材等）。

由于这些商品用小包、专线邮递规格会受到限制，使用国际快递费用又很昂贵，而使用海外仓的话可以突破产品的规格限制和降低物流费用，且高质量的海外仓服务商还可将破损率、丢件率控制至很低的水平，为销售高价值商品的卖家降低风险。所以对于这类商品，海外仓是最佳选择。

（二）高风险、低利润

国内小包或快递无法运送（如危险产品、美容美甲、带锂电池的小商品等）的这类商品，并非完全不适合海外仓，而是不适合中小卖家做海外仓，比如指甲油，因为这类产品相对低廉，货物销售出去，不能保证每个单子都是好评，当产生售后时，如果没有足够的利润支撑，光退换货的损失就不可估量。

（三）低风险、高利润

日用快消品类，非常符合当地需求，需要短期内送达的产品（如工具类、家居必备用品、母婴用品等）。

海外仓能大大缩短配送时间，对于这类日用快消品，国外买家也偏向于选择发货地为本国的商品。另外，这类商品往往周转率高，也就是我们常常所说的畅销品。对于畅销品来说，卖家可以通过海外仓更快速地处理订单，回笼资金，避免产生相应的仓储费用。

（四）低风险、低利润

在国外市场热销的产品，批量运送更具优势，均摊成本（3C配件、爆款服装等）。

对于这类商品，要选择性的使用海外仓，比如服装、鞋类等季节性强的消费品，卖家需要做好库存和销售周期的把握，才能使用海外仓，否则极易造成滞销。例如，一双鞋有3个颜色、5个鞋码，就极易造成某颜色或某鞋码滞销。

二、跨境电商选品原则

> **探究活动**
>
> 调研只针对俄罗斯市场的海外仓情况，并将调研结果以PPT形式汇报；以数码产品为例，调研阿里巴巴速卖通平台，列出热销词，并做出海外仓选品决策。

（一）市场需求

在选择跨境电商产品时，首先需要关注的是市场需求。了解目标市场的消费者需求和购买行为，以便确定产品的潜在销售量和市场接受度。通过市场调研、竞争分析以及社交媒体趋势来收集信息，从而确定产品的市场需求。

（二）竞争情况

在确定产品市场需求后，需要进一步了解该产品在目标市场的竞争情况。分析竞争对手的产品特点、价格策略和市场表现，以便制定差异化的产品策略和营销方案。避免与竞争对手进行正面交锋，寻找市场空白和消费者痛点，以提供独特的产品价值。

（三）产品质量

产品质量是消费者购买决策的重要因素。在选择跨境电商产品时，需要关注产品的质量，确保其符合消费者的期望和需求。对产品的质量进行严格把关，包括检查产品的材料、工艺和功能等方面。同时，确保产品符合目标市场的相关标准和认证要求。

（四）价格合理

价格是消费者购买决策的另一个关键因素。在选择跨境电商产品时，需要考虑产品的价格是否合理，以获得良好的利润回报。通过分析目标市场的价格分布、消费者购买能力和成本结构来确定合理的价格策略。同时，确保产品价格与竞争对手相比具有竞争力。

（五）季节性需求

季节性需求是指某些产品在特定季节内的销售量增加或减少。在选择跨境电商产品时，需要考虑产品的季节性需求，以便把握市场机遇并应对季节性变化。例如，节日用品、服装和配件等产品通常具有明显的季节性需求。

（六）运输及物流

跨境电商涉及跨国运输和物流，因此在选择产品时需要考虑产品的运输和物流因素。选择易于运输和存储的产品，以降低物流成本和风险。此外，了解目标市场的物流基础设施和海关规定，以确保产品能够顺利送达消费者手中。

（七）法律法规

在选择跨境电商产品时，需要了解目标市场的法律法规和相关政策，以确保产品符合当地法规要求并避免知识产权纠纷。了解目标市场的进口规定、关税和税费等方面的政策，以及知识产权保护法规和消费者权益保护法规等。

（八）品牌及知识产权

品牌及知识产权是选择跨境电商产品时需要考虑的重要因素。知名品牌通常具有较高的市场认可度和良好的口碑，而知识产权可以保护产品的创新性和独特性。在选择产品时，尽量选择具有品牌影响力和受知识产权保护的产品。此外，应注意避免侵犯他人的知识产权，确保所使用的品牌和设计不侵犯他人的权利。

因此，在选择跨境电商产品时，需要考虑市场需求、竞争情况、产品质量、价格、季节性需求、运输及物流、法律法规、品牌和知识产权等多方面因素。通过全面评估产品的各个方面，可以确保选择的跨境电商产品具有潜在的市场价值和商业前景。同时，密切关注市场动态和竞争态势，以便及时调整产品策略和营销方案，从而实现良好的业务增长和盈利能力。

三、海外仓选品方法

> **探究活动**
>
> 分组任务：某公司在澳大利亚悉尼设立了海外仓，商品为宠物用品大类，现需要针对圣诞节选择一批商品上架，请用思维导图的方式，写出你会考虑的要素，例如爆款单品分析——上架时间、价格等。

（一）确定海外仓覆盖市场，调查买家市场需求

根据海外仓位置，确定覆盖市场的国家，比如美国仓覆盖加拿大，欧洲仓覆盖的英国、法国、德国、意大利、西班牙等需求都可以考虑，当然，也可以专注某一个国家市场来选。

除了亚马逊、eBay 等主流国际跨境电商平台外，要特别关注新平台尤其是俄罗斯、巴西、东南亚等新兴市场国家和地区的电商平台。选品要注意每个国家的不同，根据不同情况来选择，如服装，欧美市场跟日本市场的选装就不一样。另外，要注重产品的款式、类型、质量等要素，如选择家具产品，门后挂钩在国外是很少拧进去的，美国流行的挂钩是五钩，而英国是三钩。

跨境出口电商新平台及简介如表 5-2-1 所示。

表 5-2-1　　　　　　　　　　　跨境出口电商新平台及简介

序号	平台名称	针对国家或地区	简　介
1	Wish	美国	Wish 是北美最大的交易移动端，99% 的交易来自移动端，主流的用户群体来自北美、欧洲、澳大利亚等，主要商户来自中国。2011 年 9 月，Wish 的母公司 ContextLogic 在美国硅谷注册成立。2013 年 3 月，Wish 加入商品交易系统，正式踏入电商领域。2013 年，转型不到一年的 Wish，其平台交易额就达到 1 亿美元。2014 年，Wish 在上海成立了办事处。2015 年，在推出电子产品应用 "Geek" 和母婴应用 "Mama" 后，又推出美容类垂直应用"Cute"和家居用品"Home"
2	Lazada	印度尼西亚、马来西亚、菲律宾、泰国等	Lazada 是东南亚地区最大的在线购物网站，成立于 2012 年，总部设在新加坡，目前开设了印度尼西亚、马来西亚、越南、菲律宾、泰国和新加坡 6 个站点，年经营额已达 10 亿美元，日均访问量 400 万人次，入驻商家超过 1.5 万家。2015 年，Lazada 开始在中国招商，2016 年 4 月，被阿里巴巴以 10 亿美元收购
3	Qoo10	日本、东南亚	Qoo10 是一个综合性的 B2C 平台。以日本、新加坡为重点，Qoo10 在亚洲 6 个国家和地区共有 7 个购物站点，试图成为一个全球化的电商平台。目前该平台共有 2 800 万人以上的注册会员，其中本地用户数量日本超过 570 万人，新加坡超过 300 万人，销售服饰、美妆、书籍、电子、家居、食品、母婴等多种商品
4	Linio	墨西哥、哥伦比亚、秘鲁、委内瑞拉、智利、阿根廷、巴拿马和厄瓜多尔	Linio 成立于 2012 年，现在有 2 000 多名员工，其网站每月访问量达 3 000 万人次。2015 年，Rocket Internet 旗下的电子商务网站 Linio 在中国开设了第一个办事处。Linio 主要针对拉美市场，覆盖了墨西哥、哥伦比亚、秘鲁、委内瑞拉、智利、阿根廷、巴拿马和厄瓜多尔 8 个国家。同东南亚的电商 Lazada 类似，Linio 是德国电子商务集团 Rocket Internet SE 旗下的子公司，其发展战略是在新兴市场复制发达国家的电子商务模式

续表

序号	平台名称	针对国家或地区	简介
5	Jumia	非洲	Jumia 由德国风险投资 Rocket Internet 于 2012 年设立,已经在尼日利亚、摩洛哥、科特迪瓦、埃及、肯尼亚等国家运营。该平台向广大消费者供应 10 万种商品,并在上述国家设立了仓库。Jumia 一直被业内人士称为未来非洲的亚马逊
6	壹零客	东南亚	中国的跨境电商平台"壹零客"(YiLinker)是在菲律宾 Top5 电商"易购网"的基础上,全新打造起来的一个跨境电商平台,"壹零客"引入先进的中国电商经验,擅长本土的推广引流。目前,东南亚电商还处在发展初期,但成长速度惊人,"壹零客"于 2015 年 12 月 16 日正式招商,主要针对东南亚市场,携手卖家共同掘金
7	Priceminister	欧洲	Priceminister 成立于 2000 年,总部位于法国,在英国和西班牙两地发展跨境电商事业,是具有欧洲代表性的网络企业。2010 年 6 月,Priceminister 被日本最大电商平台乐天(Rakuten)以 2 亿欧元收购,经过 5 年的发展,已经拥有超过 2 200 万的会员,每月独立访客 900 万人次,主营 3C、Fashion 及家居等品类,现已成为乐天欧洲旗下最大的电商平台
8	Cdiscount	东南亚、非洲	Cdiscount 是法国人首选的三大电商网站之一,目前已进军泰国、越南、哥伦比亚、厄瓜多尔、科特迪瓦、比利时、塞内加尔、巴西、喀麦隆等国,正不断加速国际化进程。Cdiscount 购物网站提供的服务包括借助各种媒介和相关活动在线销售各类产品,推广方式包括互联网以及其他渠道。公司还提供设计、出版、活动承办、电子商务网站维护、管理和运营方面的服务
9	UMKA	俄罗斯	俄罗斯本土电商平台 UMKA 于 2015 年 6 月 18 日对中国卖家正式开放入驻,7 月 30 日正式上线。UMKA 是一个以海外仓及俄罗斯本土化团队运作为核心的垂直化电商平台,旨在将中国优质供应商直接提供给当地的线上零售商及消费者,帮助中国商家省去传统贸易中的所有环节,进而提升利润、买家购物体验及品牌效应
10	ZALORA	东南亚	ZALORA 是一个时装平台,主要做时装、鞋子、配饰,主攻东南亚,以及中国香港、中国台湾的市场。ZALORA 于 2011 年末在澳大利亚推出,并于 2012 年初在东南亚推出,另外,该平台有自己的品牌,也有国际品牌,包括美国、欧洲、东南亚及拉美的品牌。该平台目前已经有 300 多万顾客在网站上购物,还有近 700 万"脸书"粉丝

续表

序号	平台名称	针对国家或地区	简介
11	Tradekey	美国、俄罗斯、欧洲	Tradekey 成立于 2006 年，注册资金 2 000 万美元，总部设在沙特阿拉伯，在巴基斯坦设有运营中心，在中国设有办事处，拥有超过 500 名雇员和来自全球 220 个国家的 800 万注册会员。目前，该平台已成为全球领先的外贸 B2B 网站之一。买家分布情况：美国占比 32%，人数约 4.8 亿人次；中国占比 22%，人数约 3.2 亿人次；俄罗斯占比 17%，人数约 2.5 亿人次；欧洲 16%，2.4 亿人次；非洲 2%，3 500 万人次；澳大利亚 2%，3 300 万人次
12	B2Brazil	巴西	位于巴西圣保罗，是巴西在线 B2B 平台，巴西贸易的入口。该平台采用双语（英、葡）搭建，是巴西唯一受谷歌信任并建立合作关系的 B2B 国际贸易平台。该平台热门行业：食品业、化工业、塑料、机器和设备、建筑业、农业、药物、机械金属、石油化工、汽车、树脂和涂料、石油和能源、纺织业、饮料、化妆品、采矿业等
13	Yeatrade	拉美	Yeatrade 是一家覆盖整个拉美地区的全行业 B2B 平台，其主要优势是使用直接销售索引，从已经确认的进口商、出口商、用户和商家的数据与产品进行匹配，促进贸易达成。覆盖国家区域有阿根廷、智利、秘鲁、哥伦比亚、厄瓜多尔、墨西哥以及中国。覆盖的商业领域有农、林、渔、饮食、建筑、金融服务、专业服务、汽车、纺织品和服装、能源和应用、化工、健康和制药、矿业和天然资源以及工业机械等
14	Tradeindia	印度	Tradeindia 成立于 1996 年，是印度最大的 B2B 综合电子商务平台之一。目前，该平台有 290 万注册会员，平台汇集各类产品达 2 250 种。该平台热门行业：时尚服装、铜制品及配件、智能家居、家纺及家装、医疗产品、电气电子产品等
15	Indiamart	印度	Indiamart 成立于 1996 年，是印度最大的在线 B2B 交易市场，拥有 1 400 万买家、2 570 万种不同的商品、180 万家供应商，覆盖全球 200 多个国家，2016 年日均 IP 量为 565 250 次，日均 PV 量 3 097 570 次。访问量排名前五的城市为新德里、孟买、钦奈、班加罗尔、加尔各答；访问量前十的国家为印度、美国、英国、中国、澳大利亚、马来西亚、加拿大、阿联酋、新加坡、德国。该平台热门行业：电子、电器用品占比 18%；工业工程产品、备件及耗材占比 13%；工业厂房、机械及设备占比 12%；医疗、制药、外科及医疗保健和建筑施工材料占比 10%；珠宝首饰等占比 8%；礼品、工艺品、古董等占比 6%；农业、海洋及其他食品和饮料占比 5%；化学品、染料和工具占比 4%

续表

序 号	平台名称	针对国家或地区	简介
16	Tiu.ru	俄罗斯	Tiu.ru 成立于 2008 年，是俄罗斯最大的 B2B 平台之一，是东欧最大的电商控股公司 Allegro-Group 旗下平台。该平台在线销售的产品涵盖建筑、汽摩、服装、五金、电力设备等行业，目标市场覆盖俄罗斯、乌克兰、乌兹别克斯坦、中国等亚欧国家。目前在线运营公司数超过 85 万家，发布产品数量超过 4 000 万个，日浏览量 300 万人次。Tiu.ru 注册公司数量超 85 万家，每天有超过 720 万人使用，日网页浏览 300 万次，超过 4 000 万种的商品和服务
17	FIS.ru	俄罗斯	FIS.ru 成立于 1998 年，其目的在于建立快速查找供应商和商业伙伴的商品和服务专业目录。2001 年，公司建立 sibtorg.ru——西伯利亚联邦地区公司交易平台。2005 年，公司转变为 FIS.ru 商品和服务选择系统。2016 年在 FIS.ru 基础上建立 china.FIS.ru——在俄罗斯查找中国优质供应商和伙伴的专业门户网站。目前，FIS.ru 月访问者达 100 万人次，平台共有 310 万件商品和服务，有 21.4 万家公司供货，覆盖 1 400 个城市。FIS.ru 遍及俄罗斯的所有地区：莫斯科占比 17%；新西伯利亚占比 5%；圣彼得堡占比 5%；克拉斯诺达尔占比 4%；叶卡捷琳堡占比 4%；车里雅宾斯克占比 2%；其他地区占比 63%

（二）灵活利用跨境电商平台分析数据

各大跨境电商平台都会提供选品关键词分析数据。

1. 以阿里巴巴速卖通为例，数据纵横是速卖通选品的好助手

（1）打开数据纵横，选择选品专家（见图5-2-2），点击热销，选择店铺的主营行业，选择国家和时间，分析当前行业哪些品类更有市场优势。

①圈的大小代表该品类产品的销量：圈越大，代表该品类的销量越大，反之则反。

②颜色代表产品的竞争度，越红说明该品类产品市场竞争越大，灰色竞争度为居中，越蓝则代表该品类的竞争越小（注：相关颜色可自行打开数据纵横查看）。

（2）为了更好地分析，可以点击界面中的下载数据。例如，选择美容健康这个类目下的二级类目剃须及脱毛产品，下载该类目的 30 天原始数据（见图5-2-3），数据分析出剃须及脱毛产品这个二级类目下的热销品类，核算出各品类的综合指数。

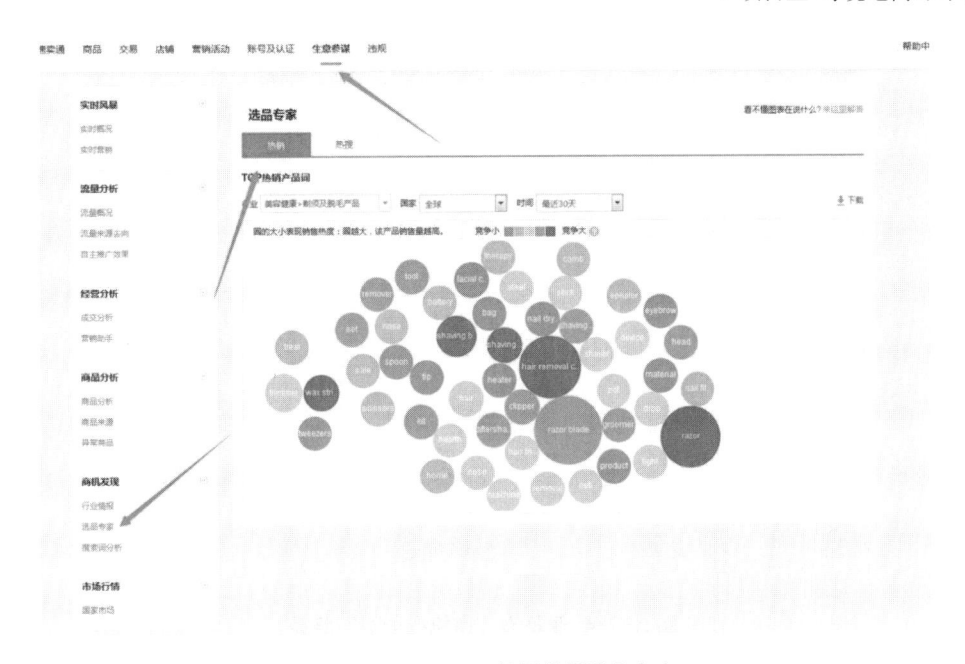

图 5-2-2 阿里巴巴数据纵横选品专家

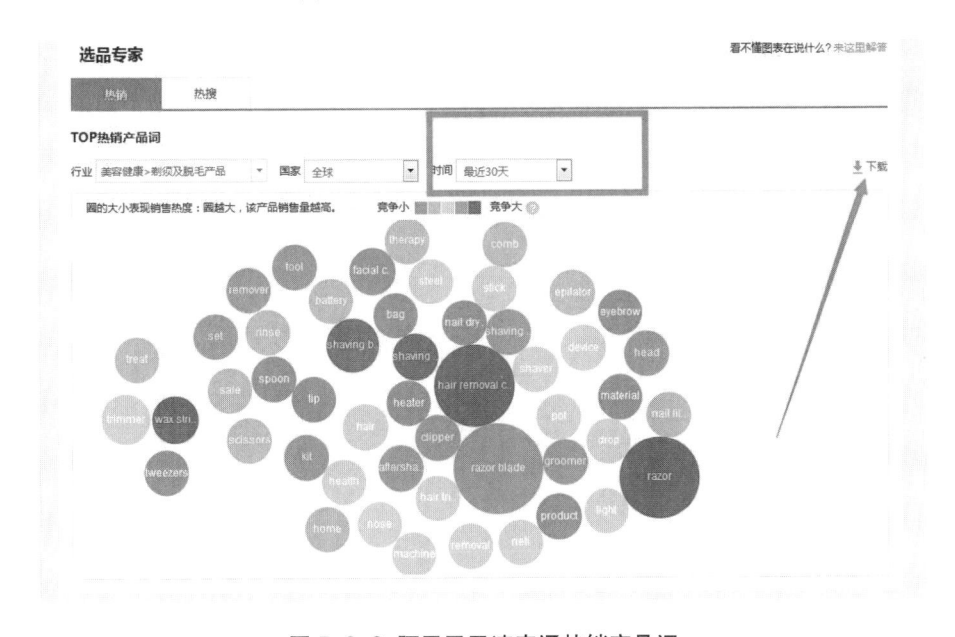

图 5-2-3 阿里巴巴速卖通热销产品词

潜力指数：成交指数/支付转化指数/竞争指数，越大越好。转化率排名：越小越好。竞争指数：越小越好。

2. 以亚马逊为例，其官方选品工具——商机探测器（Product Opportunity Explorer）

商机探测器将买家的需求和选择捆绑在一起形成细分市场，以细分市场搜索词为核心，帮助卖家挖掘、捕捉未被满足的买家需求和竞品信息，深度剖析至 ASIN 层级，可以帮助卖家在选品的过程中挖掘更有潜力的细分市场。

（1）卖家可在亚马逊后台主页点击"增长"—"商机探测器"查看（见图 5-2-4）。

增长	>	将 Prime 添加到您的网站	
数据报告	>	增长建议	
付款	>	浏览计划	
绩效	>	定制计划	
应用程序和服务	>	选品指南针	
B2B	>	借贷	
品牌	>	商机探测器	
学习	>	多渠道配送	

图 5-2-4 亚马逊"商机探测器"路径

（2）以"womens sweaters"为例，卖家在搜索框输入关键词或 ASIN，会看到所有与关键词相关的细分市场。此外，在左上方按分类查找也可以找到细分市场。详情见图 5-2-5，可以看到与搜索词"womens sweaters"相关的不同细分市场，一共有 75 个细分市场。

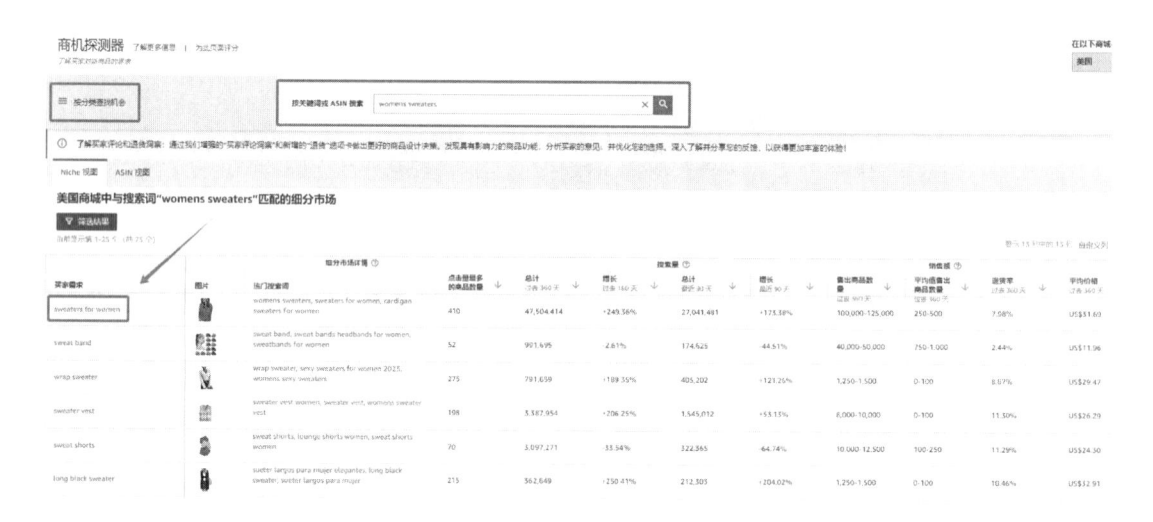

图 5-2-5 输入关键词或 ASIN

卖家可以根据自己的情况，结合各个细分市场的数据进行选择，例如可以选择搜索量相对来说比较大、有增长趋势、退货率低于 5%、平均价格 25 美元以上的细分市场。如果买家需求的关键词出现品牌词，则说明该细分市场有品牌垄断，不推荐选。

（3）点击细分市场"sweaters for women"，可以看到该细分市场的搜索量、搜索量增长、点击量最多的商品数量、平均价格、平均售出商品数量、退货率等。详情见图5-2-6。

图 5-2-6 点击细分市场

该细分市场最近一年搜索量为 47 504 414，说明市场容量很大，最近180天的搜索量增长率是249.36%，这跟毛衣是季节性产品，冬季是旺季有关。平均价格31.69美元，售价不至于太低，平均价格低于20美元的细分市场不予考虑。

退货率（过去360天）：在过去360天内，退货商品总数除以该利基市场中所有商品的售出商品总数。

服装的退货率普遍偏高，毛衣的退货率估计更高。为了更准确了解女士毛衣的退货率，我们在选品指南的类目分析中查到"women's sweaters"这个小类目的退货率是21.39%，所以细分市场"sweaters for women"的退货率（7.98%）让人有点疑惑，认为这个退货率不能代表整个毛衣类目的退货率。

"点击量最多的商品数量"所显示的410，是指在这个细分市场下，80%的流量集中在这410个产品上。从这个层面看，对细分市场的流量垄断程度大小也可以作为一个判断依据，数量越多说明垄断程度越低，如果数量太少则说明垄断程度高。

（4）查看细分市场的六大维度（见图5-2-7），包括"商品""搜索词""洞察""趋势""买家评论见解""退货"。点击关键词进入细分市场页面后，就可以详细地看到"商品""搜索词""洞察""趋势""买家评论见解""退货"的详细信息，这些数据可以帮助我们更加了解买家需求，更精准击破消费者痛点，对开发新品有很大的帮助。

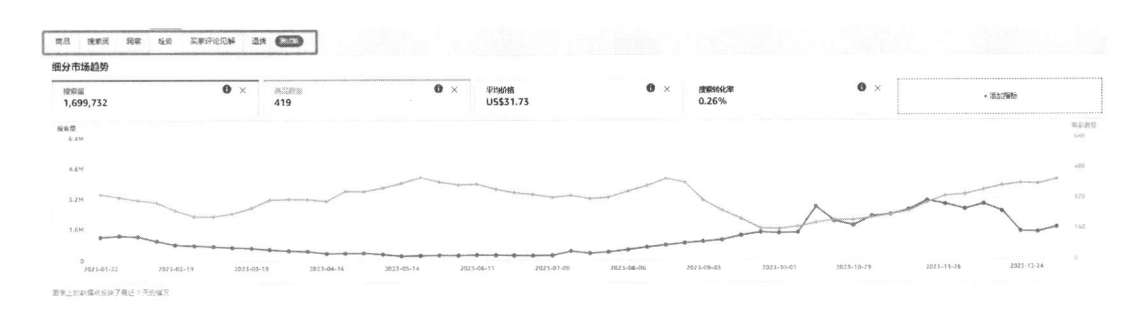

图 5-2-7 细分市场的六大维度

"商品"维度：可以看到细分市场下占据主要流量 ASIN 的名称、品牌、分类、上架时间、细分市场点击量、点击份额、平均售价、评论数量、评分、平均值畅销商品排名、平均卖家和供应商数量（见图 5-2-8）。这些数据可以帮助我们判断该细分市场是否有品牌垄断性和商品垄断性、商品质量如何、客户能接受的价格程度、是否有跟卖等。

图 5-2-8 "商品"维度

"搜索词"维度：在该细分市场，我们可以看到不同的搜索词对应的搜索量以及增长率、点击份额（衡量哪些词的流量占比较大）、搜索转化率等（见图 5-2-9）。搭建关键词库可以在这里搜集产品的关键词，可以用于新品上架，把关键词埋入 Listing 详情页，新品推广投放广告也可以在这里选择有增长趋势、转化率高的关键词。

"洞察"维度：卖家可以查看商品、品牌和销售伙伴、客户体验下的多种信息维度，包括商品数量、前 5 个商品点击分享、品牌数量以及新品发布情况等。基本上通过洞察界面（见图 5-2-10），可以进一步帮助卖家评估在这个细分市场下发布新品的潜力、竞争及机会。

从图 5-2-10 可以得出商品推广占比 97.99%，基本上商品都投广告，市场竞争激烈。前 5 位的商品点击份额、排名前 20 位的商品点击份额、前 5 个品牌点击分享、前 20 个品牌点击分享的比例越高，说明垄断性越强。缺货率越高说明库存越难把控，需要根据历史销量来预测未来的销量，并提前做好补货计划。

此细分市场中的搜索词

当前显示第 1-20 个 (共 20 个)

搜索词	搜索量 总数 过去 360 天	搜索量 增长 最近 90 天	搜索量 增长 最近 180 天	需求 点击份额 过去 360 天	需求 搜索转化 过去 360 天
womens sweaters	10,565,317	244.26%	429.67%	33.09%	0.12%
sweaters for women	10,083,286	292.42%	236.15%	24.59%	0.09%
cardigan sweaters for women	3,776,843	315.95%	65.30%	5.62%	0.06%
sweater	3,311,310	27.02%	287.80%	3.46%	0.04%
sweaters	2,539,572	33.00%	394.09%	3.69%	0.05%
cardigan for women	2,480,369	-46.44%	21.58%	1.09%	0.04%
cardigan	2,431,195	-18.12%	79.00%	1.40%	0.04%
womens sweater	1,554,019	132.11%	298.20%	3.58%	0.09%
oversized sweaters for women	1,494,519	257.87%	125.82%	3.60%	0.08%

利基商品出现在

当前显示第 1-17 个 (共 17 个)

利基市场	细分市场详情 热门搜索词	商品点击量 计数 最近 90 天	商品点击量 增长 最近 90 天
sweaters for women	womens sweaters sweaters for women womens sweaters fall 2023 dollar	32,855	+106.32%
womens tops	womens tops womens long sleeve tops long sleeve shirts for women dollar	19,504	+15.74%
women	fall outfits women trendy amazon fashion womens clothing fall 2023 shirts for women trendy fall dollar	1,508	-1.57%
free people dupes	free people dupes free people free people sweater dupes dollar	591	+4,446.15%
black v neck sweater women	white v neck sweater women red v neck sweater women black v neck sweater women dollar	300	+114.29%
the drop	the drop womens clothing the drop the drop sweater dollar	220	+3,566.67%

图 5-2-9 "搜索词"维度

图 5-2-10 "洞察"维度

"趋势"维度：展示了相应细分市场内的"搜索量""商品数量""平均价格""搜索转化率"等数据信息（见图5-2-11），这个细分市场过去一年的趋势变化，一目了然。根据不同时间段的搜索量趋势可以判断产品是否有季节性，商品数量的趋势可以反映竞争程度的变化。

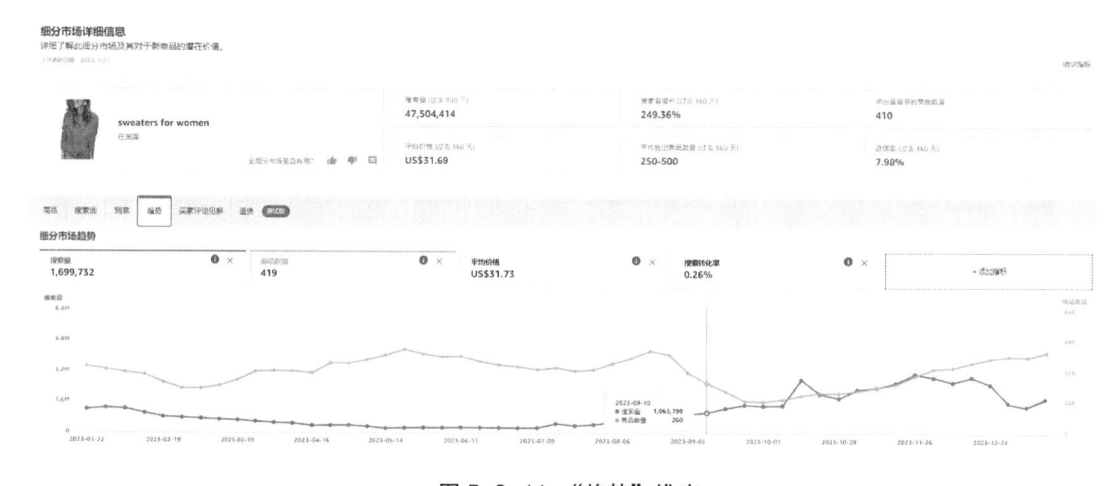

图 5-2-11 "趋势"维度

"买家评论见解"维度：从买家的评论可以了解到产品的优点和缺点，挖掘未被满足的需求，找到痛点并改进，有助于开发新品（见图5-2-12）。

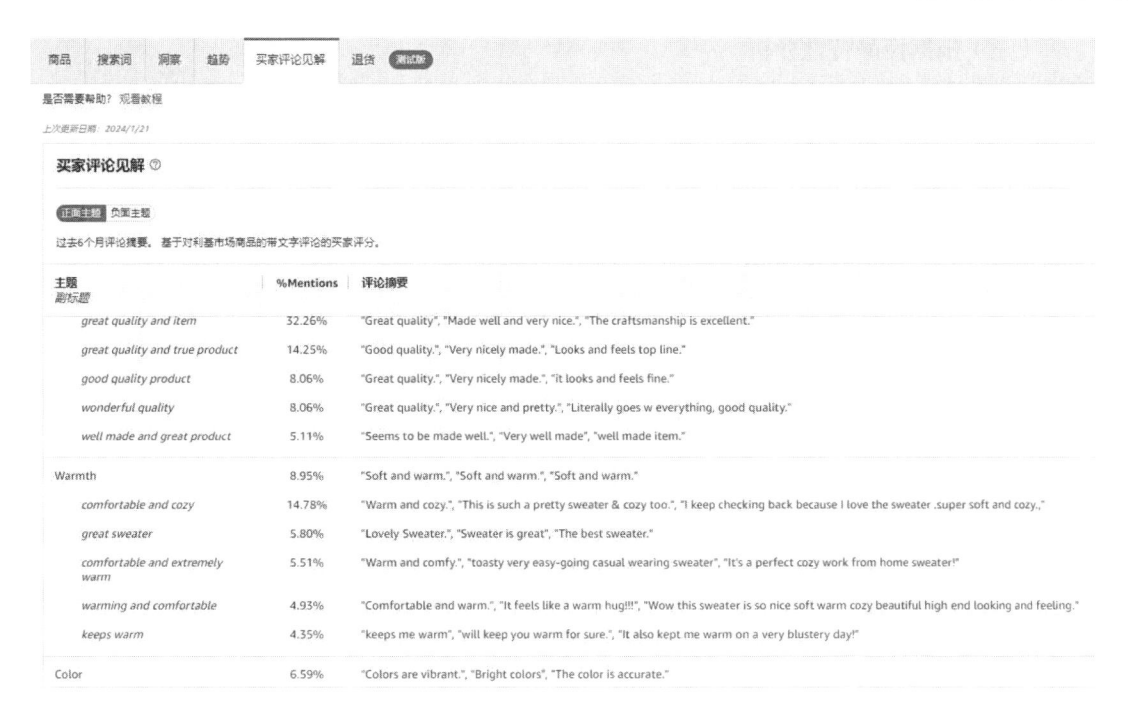

图 5-2-12 "买家评论见解"维度

"退货"维度：从产品退货洞察中，我们可以了解到这个细分市场提及的退货原因，从而更加了解客户未被满足的需求，找到产品需要改进的地方，为开发高质量新品提供灵感（见图 5-2-13）。

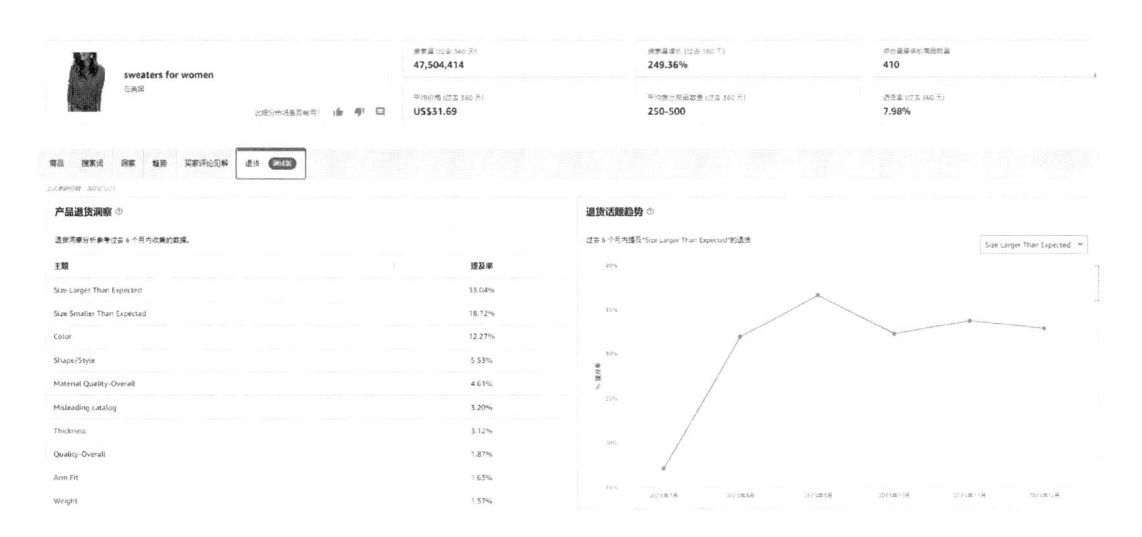

图 5-2-13 "退货"维度

（三）根据商品特性分析

考虑商品自身生命周期、物理属性、准入门槛等是否符合海外仓备货的条件（见图 5-2-14）。例如，弱电箱是北美很多客户家庭别墅装修必备的产品。该商品体积较大，铝合金材质抗压性较差，通过小包物流渠道无法配送，商业快递渠道又过于昂贵，因此通过海运渠道在海外仓备货就是最佳选择。

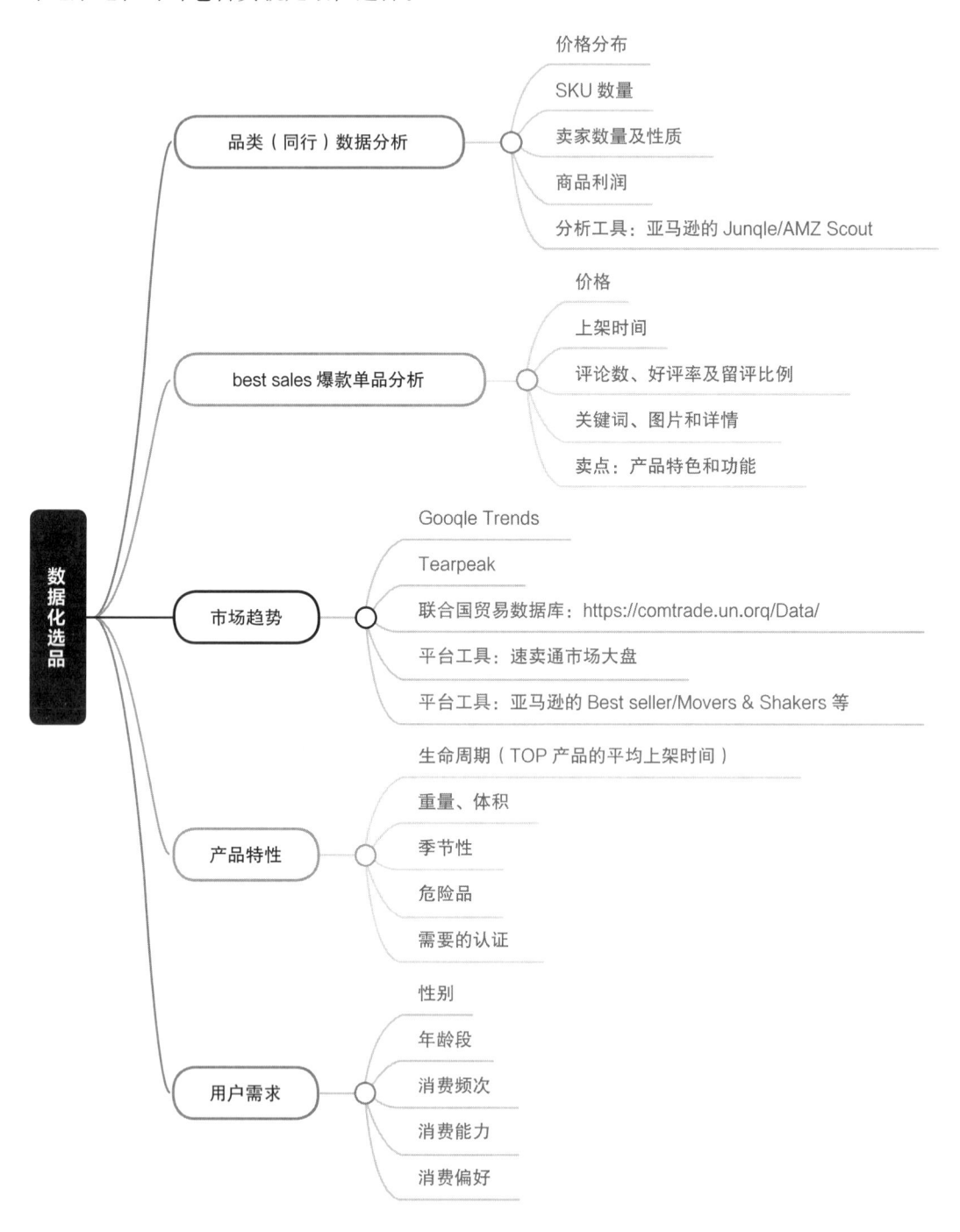

数据化选品

- **品类（同行）数据分析**
  - 价格分布
  - SKU 数量
  - 卖家数量及性质
  - 商品利润
  - 分析工具：亚马逊的 Junqle/AMZ Scout

- **best sales 爆款单品分析**
  - 价格
  - 上架时间
  - 评论数、好评率及留评比例
  - 关键词、图片和详情
  - 卖点：产品特色和功能

- **市场趋势**
  - Gooqle Trends
  - Tearpeak
  - 联合国贸易数据库：https://comtrade.un.orq/Data/
  - 平台工具：速卖通市场大盘
  - 平台工具：亚马逊的 Best seller/Movers & Shakers 等

- **产品特性**
  - 生命周期（TOP 产品的平均上架时间）
  - 重量、体积
  - 季节性
  - 危险品
  - 需要的认证

- **用户需求**
  - 性别
  - 年龄段
  - 消费频次
  - 消费能力
  - 消费偏好

图 5-2-14　海外仓选品考虑因素

实践与思考

1 单选题：以下最适合做海外仓的商品是（　　）。

　A. 高风险、高利润　　　　　　　B. 高风险、低利润

　C. 低风险、高利润　　　　　　　D. 低风险、低利润

2 单选题：跑步机属于（　　）类商品。

　A. 高风险、高利润　　　　　　　B. 高风险、低利润

　C. 低风险、高利润　　　　　　　D. 低风险、低利润

3 单选题：SellerMotor 是一款分析（　　）平台的大数据选品软件。

　A. 速卖通　　　B. Wish　　　C. 亚马逊　　　D. eBay

---

4 实践活动

以下是某跨境出口平台关键词"blouse"的top10和竞争格局图，从中可以得到什么信息？如果卖家想在该平台出售blouse，你有什么建议？

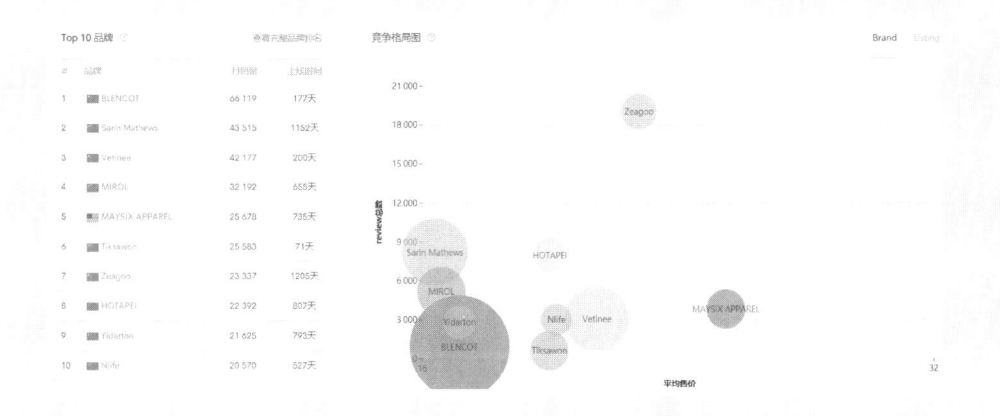

▶ 跨境电商物流

▼ 学习评价

序号	评价内容	参考分值	得分
1	说出海外仓选品的定位	10	
2	根据商品的风险、利润分类，分析是否适应海外仓	20	
3	调研平台，通过热销词分析海外仓选品决策	10	
4	说出海外仓选品的方法	20	
5	能根据跨境电商平台数据报表分析商品特性	10	
6	完成课堂探究活动	10	
7	有效地参与小组讨论，并在团队中发挥积极作用	10	
8	独立完成课后习题	10	
总 分			

任务三　执行海外仓仓储管理

▼ 任务导入

近日，上海力达跨境电商物流有限公司的一批货物抵达了其英国的海外仓，王丽通过 WMS 管理系统远程管理商品。

实物商品到了海外仓后，相关的商品信息也会一步步在海外仓 WMS 系统中更新。从海外仓经营管理过程来看，商品交由海外仓运营主体来进行管理，并负责仓储、物流、配送业务，由此需要对货物进行快捷、准确、实时化管理，所需的信息技术水平非常高。所以海外仓仓库从空间规划、货物分区、商品信息、出入库流程等环节都要非常规范。海外仓信息与实物全流程运作如前文图 5-1-2 所示。

📋 探究活动

图 5-3-1 为英国第三方海外仓仓库实景，仓库内并非都是货物堆放区，根据功能，仓库被分为很多区域，请结合海外仓仓库内作业流程（见图 5-3-2），思考海外仓仓库需规划哪些功能区。

图 5-3-1 英国第三方海外仓仓库实景

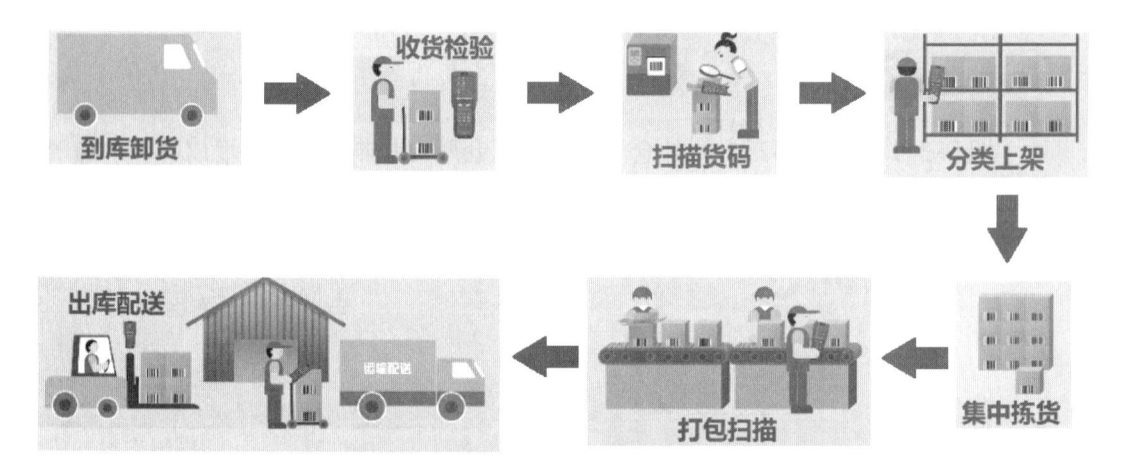

图 5-3-2 海外仓仓库内作业流程

一、海外仓仓库分区

大型综合海外仓的功能区划分较为复杂，基本由卸货验收区、储存保管区、加工区、停车场、办公室等组成。海外仓的主体结构是储运场所及设施，根据配送中心的特定功能和基本作业环节，内部工作区域可以由接货区、理货/备货区、分放/装配区、外运发货区、包装加工区、办公室等构成。一般海外仓内部工作区域划分如图 5-3-3 所示。

（一）进货区

在进货区主要完成货物入库前的工作，包括接货、卸货、检验、分类、入库准备等工作。其主要设施有进货火车专用线或卡车卸货站、卸货站台、分类区、验收区和暂存区。

（二）储存区

储存区主要保管有一定储存时间的货物，占地面积是储存型配送中心的一半以上。

（三）理货/备货区

理货/备货区主要从事分货、配货作业。

（四）分放/配装区

在此区域根据用户的要求，按订单将货物配齐后暂存待装外运。

（五）发货区

在发货区，工作人员将按订单配齐的货物装车外运，主要设施有站台、停车场等。

（六）流通加工区

流通加工区一般根据加工类型以及加工作业量的大小确定所占面积。

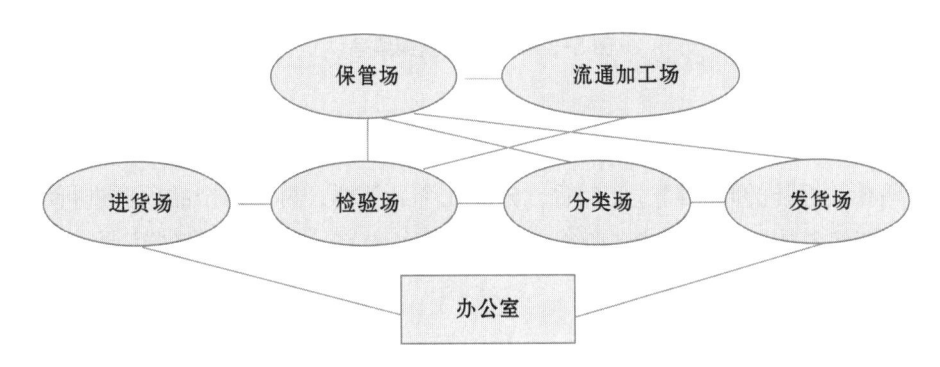

图 5-3-3 一般海外仓内部工作区域划分

二、海外仓仓储空间及货架位规范

货架位信息是指对库存商品存放场所按照位置的排列，采用统一标识标上顺序号码，并作出明显标志。科学合理的货架位信息有利于对库存商品进行科学的养护保管，在商品的出入库过程中，根据货架位信息可以快速、准确、便捷地完成操作，提高效率，减少误差。

货架位信息编写应确保一个仓库的货架位采用同一种方式规则进行编号，以便于查找处理。常用的货架位编号方法有以下几种形式。

（一）区段式编号

把仓库区分成几个区段，再对每个区段编号。这种方式是以区段为单位，每个号码代表一个存储区域，区段式编号适用于仓库库位简单、没有货架的情况，可以将存储区域划分为A1、A2、A3等若干个区段（见图5-3-4）；这类编号在仓库中运用非常广泛，宜家、超市卖场等都有运用。

图 5-3-4 区段式货架编号

（二）品项群式

把一些相关性强的商品经过集合后，分成几个品项群，再对每个品项群进行编号。这种方式适用于容易按商品群保管和所售商品差异大的卖家，如多品类经营的卖家。

（三）地址式

将仓库、区段、排、行、层、格等进行编码，可采用四组数字来表示商品库存所在的位置，四组数字代表仓库的编号、货架的编号、货架层数的编号和每一层中各格的编号。对于如1-12-1-5的编号，可以知道编号的含义为：1号库房，第12个货架，第一层中的第五格，根据货架位信息就可以迅速地确定某种商品具体存放的位置。

以上是三种常用的仓库货架位编号形式，各种形式之间并不是相互独立的。

三、SKU 编码

> **探究活动**
>
> 海外仓中的商品可能来自世界各地,所以商品信息的规范有利于进行库存商品的科学管理,合理的 SKU 编码有利于实现精细化的库存管理,同时有利于及时准确地拣货,提高效率,避免拣货失误。
>
> 以一款运动鞋为例,该运动鞋有三种颜色,尺码分别为 41/42/43/44。某第三方海外仓 SKU 命名规则为:用户名 – 商品名 – 规格 – 颜色(用户名:vy66),请为该运动鞋进行 SKU 编号(见图 5-3-6)。 
>
> 浅灰 天兰
> vy66-sportshoe-41-gray
> vy66-sportshoe-42-gray
> vy66-sportshoe-43-gray
> vy66-sportshoe-44-gray
>
> 深灰 荧光绿
> vy66-sportshoe-41-green
> vy66-sportshoe-42-green
> vy66-sportshoe-43-green
> vy66-sportshoe-44-green
>
> 宝兰 亮黄
> vy66-sportshoe-41-blue
> vy66-sportshoe-42-blue
> vy66-sportshoe-43-blue
> vy66-sportshoe-44-blue
>
> 图 5-3-5 某运动鞋 SKU 编码

(一)SKU 定义

SKU 全称 Stock Keeping Unit(库存量单位),即库存进出计量的基本单元,可以是以件、盒、托盘等为单位。

针对电商而言,SKU 有另外的注解:

(1)SKU 是指一款商品,每款都有出现一个 SKU,便于电商品牌识别商品。

(2)一款商品多色,则是有多个 SKU。例如一件衣服,有红色、白色、蓝色,SKU 编码不会相同,如相同则会出现混淆,发错货。

(二)SKU 的重要性

商品 SKU 是仓储管理的基础,跨境电商的 SKU 管理更是贯穿始终,包括选品、销售、包装、清关、运输、库存等一系列运作过程。每种商品对应唯一的 SKU 编码,即最小库存单位的单品,如品牌、型号、配置、等级、花色、包装、价格、产地等属性与其他商品存在不同时,均可定义为单品。SKU 与仓储管理的复杂度直接相关,这也是为什么服装和汽配是两个最难管理的业态。由于海外仓是多货主,这就大大增加了 SKU 的多样性,即便是同样的商品，不同卖家也会定义成专属的SKU。从仓储系统角度看SKU编码，精确的商品信息决定了其存放条件、拣选方法、包装单位及发运条件。规范SKU就是要卖家提供完整的产品定义，保障中英文报关、准确拣货等后续流程。为此，海外仓大都要求定量包装及最小包装贴签，散装无包装只适用于租固定储位。对于多品类运营的跨境电商，如果只有采购和销售能力，那么盲目扩张SKU是大忌，到底需要上架多少SKU，要有试错概念，要定期看SKU，处理滞销品，提升精细化运作。

（三）商品信息即SKU编码规范

SKU作为最小库存单位，基本的原则在于不可重复。理论上使用者可以在不重复的条件下随意编写，不过从方便海外仓管理的方面来讲，一般会按照商品的分类属性由大到小的组合的方式进行编写，如下所示：

xxxx	xxxx	xxxx	xxxx	xxxx	xxxx
大分类	中分类	小分类	品名	规格	颜色

在海外仓的实际管理过程中，SKU不仅仅是作为最小库存单位，同时还需要通过SKU来识别商品信息，因此商品SKU完美体现商品信息就显得十分必要。以上只是一个简单的示例，实际编写中卖家可以根据自己产品的特点以及管理的需要进行不同的属性组合，但是不管采用哪些属性组合，顺序和所包含属性类别一定要一致，以避免认知上的混乱。

四、海外仓入库操作

探究活动

对以下海外仓入库步骤进行排序。

普通海外仓入库

卸货 → □ → □ → □ → □

质检　扫描库位　实物上架　记录上架库位　扫描商品条码　系统确认上架

卸货 → □ → □ → □ → □

自动化海外仓入库

扫一扫获取答案！

入库含收货和上架。收货要做到"来货质控"（Incoming Quality Control，IQC），即核单、清点、质检，第三方海外仓通常不对质检负责，或作为增值服务。

海外仓的质检流程：点数→确认到货→打印SKU条码→质检条码/质检单据。

贴SKU条码的同时确认数量，进行质检，良品放到待上架区，不良品放到对应的不良品区。良品上架，把货放到货架上，系统内可用库存产生，即入库完成。

五、海外仓出库操作

探究活动

对海外仓出库拣货流程，根据先后顺序编号。

| 系统下架（系统） | 实物打包不封包贴出货标签 | 拣货完成送至暂存区 | 打印拣货单 | 按渠道PDA复核签出 | 根据拣货单进行订单拣货（一个订单一个篮子） | 分渠道将包裹放到对应的框子 | 发货 |
| ( ) | ( ) | ( ) | ( ) | ( ) | ( ) | ( ) | ( ) |

当海外仓客户的订单下达后，即进入PPS（拣货Pick→包装Pack→发运Ship）环节，系统会自动完成对订单库存的分配、审核、组合波次、任务下发等工作。

拣货的核心方法是波次Wave计划，利用运筹学原理，合理平衡作业负荷及效率资源，自动指引拣选活动。波次将多个订单汇总后再以某种标准进行分类，形成一个拣货批次，批次中的拣选任务再被分配给拣货员。因此，波次就是最大效率优化订单并且生成作业任务，在生成波次的时候需要考虑非常多的规则和逻辑，匹配路向、订单量、优先级、快递产品、商品规格等约束条件。常规电商仓库拣货方法如表5-3-1所示。

表5-3-1 常规电商仓库拣货方法

方法	定义说明
摘果式	直接去库位拣选对应的商品，可用于紧急订单、大件、异型商品的订单拣货
播种式	对不同订单进行汇总分类拣货，然后分拨到每个订单，适合重合率高的订单拣货
边拣边分	拣货周转车有多个格子，对应不同的订单，适合重合率高、轻小件拣货
总拣式	订单汇合后直接拣货到包装台，以SKU匹配订单，直接复核打印，省去装箱单，适合客户集中单一品类下单，即一张订单只要一两种相同商品，一单到底

"摘果"与"播种"是两类基础拣货法，针对电商订单特性，分级、分时、分区、分 ABC 频次等，仓库可以形成各种各样的作业模式、拣货策略，并作为波次的分析和持续优化的条件。海外仓有时需要适当分区拣货，兼顾时窗分批（即将短暂而固定时间间隔中的订单集合成一批拣取）、作业区域等组合优化，员工熟悉商品位置，可提升拣货速度和准确率，避免遍历所有货架。拣货员有超过 70% 的时间是用于反复行走的，平均每个拣货人员一天大致要行走 20~25 千米的路程，降低行走强度至为关键。任务管理确定了仓库人员执行过程及范围，系统指示库位拣货，实时扣账，并提供最佳路径拣选，如 W 型、S 型等优化拣货路径，减少行走。当然，也有先进的海外仓会采用拣货机器人 AGV 避免拣货员重复行走。

拣货完成后，进行"复核、包装、称重、贴单"，单据打印包含运单、发票、购物清单、宣传品等。完成包装即可发运快递，做最后的复核查对，避免错发、漏发，形成装车清单、清点交接、运费登账、库内清理，出库完成后扣减库存。

时事聚焦

海外仓助力跨境物流高效畅通

2024 年，海外仓成为中央和地方规划部署的"热词"。海外仓的建设，让出口企业将货物批量发送至国外仓库，实现本地销售、本地配送。保畅通、保稳定、降成本，海外仓的在地仓储模式为中国商品"卖全球"提供稳定的快速通道。服务模式升级迭代，高新技术强效赋能，海外仓正在成为拓展跨境电商出口的重要基础设施。

在位于德国不来梅的菜鸟海外仓，近百台 AGV 机器人在接受指令后，整齐划一地按照路径拣选当天出库的货物。这座占地面积超 4 万平方米的仓库仿佛一个中国市场，100 万件、近 2 万个 SKU（最小库存单元）的中国货物整齐地排列在货架上，涵盖家居用品、3C 电器、汽配零件、户外家具等。

近年来，中国与世界各国各地区的贸易往来日益频繁，国际经济合作和竞争新优势不断增强，跨境电商等新兴贸易业态展现蓬勃生机。日益增长的对外贸易量，对跨境物流链提出了更高要求。为了推动跨境贸易的发展，跨境物流链条各个环节积极探索推进模式创新，提升跨境物流链服务速度与畅通水平。

海外仓作为跨境物流供应链基础设施建设的重要组成部分和中国商品的海外中转站，能够有效提升供应链韧性与产业竞争力。

商务部数据显示，根据各地初步统计，全国跨境电商主体已超 12 万家，跨境电商产业园区超 1 000 个，建设海外仓超 2 500 个、面积超 3 000 万平方米，其中专注于服务跨境电商的海外仓超 1 800 个，面积超 2 200 万平方米。

中国海外仓发展目前正处于高质量快速扩张阶段。具体表现为：仓储总面积在过去两年内实现翻倍；业务范围辐射全球主要消费区域；服务功能更加完善，除提供传统的仓储配送服务以外，同时提供售后、供应链金融、合规咨询、营销推广等综合性供应链增值服务。

（资料来源：记者徐令缘，《海外仓助力跨境物流高效畅通（环球热点）》，《人民日报海外版》2024 年 6 月 15 日第 6 版）

> 实践与思考

1. 单选题：一件衣服，有红、白、黑、黄四种颜色，XS、S、M、L、XL 五个尺码，SKU 编码有（　　）个。

   A. 4　　　　　　B. 5　　　　　　C. 9　　　　　　D. 20

2. 单选题：SKU 作为最小库存单位，基本的原则在于（　　）。

   A. 不可重复　　B. 统一单位　　C. 减少数量　　D. 减轻重量

3. 多选题：以下在进货区完成的工作是（　　）。

   A. 卸货　　　　B. 检验　　　　C. 分类　　　　D. 入库准备

4. 多选题：当海外仓客户的订单下达后，即进入（　　）→（　　）→（　　）环节。

   A. Pick　　　　B. Pack　　　　C. Ship　　　　D. Project

5. 多选题：（　　）与（　　）是两类基础拣货法，针对电商订单特性、分级、分时、分区、分 ABC 频次等，仓库可以形成各种各样的作业模式、拣货策略，并作为波次的分析和持续优化的条件。

   A. 总拣式　　　B. 摘果式　　　C. 边拣边分　　D. 播种式

6. 判断题：区段式、品项群式、地址式这三种常用的仓库货架位编号形式，不可混合使用。　　　　　　　　　　　　　　　　　　　　　　　　　　　　（　　）

7. 判断题：对于多品类运营的跨境电商，要多多扩张 SKU 数量，丰富商品。

   　　　　　　　　　　　　　　　　　　　　　　　　　　　　　　（　　）

8. 判断题：海外仓入库收货时要做到"来货质控"（Incoming Quality Control，IQC），即核单、清点、质检，第三方海外仓通常不对质检负责，或作为增值服务。

   　　　　　　　　　　　　　　　　　　　　　　　　　　　　　　（　　）

❾ 填空题：将以下海外仓出库流程填充完整。

系统下架→（　　　　）→根据订单拣货→拣货完成送至暂存区→（　　　　）→（　　　　）→按渠道 PDA 复核→发货

❿ 实践活动

随着跨境电商行业的飞速发展，行业配套的基础设施和相关法规政策也在逐步完善。对于跨境电商卖家而言，出口商品被退回已经不再是无解的难题。一般情况下，跨境电商卖家会选择当地海外仓处理退货。海外仓提供的多平台退货处理、退货换标、重新上架等增值服务，大幅度提高了退货商品的二次销售率，减少了退货商品损耗。针对无法进行二次销售的高货值商品，海外仓还可提供批量退运回国的服务。

请结合背景资料，以小组为单位，利用网络资源查找关于跨境电商海外仓退货的实际案例，分析退货过程中遇到的问题和难点，并尝试提出改善方法。

▼ 学习评价

序号	评价内容	参考分值	得分
1	知晓海外仓仓库的分区	10	
2	知晓SKU含义	10	
3	能对不同商品进行规范的SKU命名	10	
4	能对海外仓出入流程进行正确排序	20	
5	能根据洞察分析报告的数据进行分析	20	
6	完成课堂探究活动	10	
7	有效地参与小组讨论，并在团队中发挥积极作用	10	
8	独立完成课后习题	10	
总分			

任务四　计算海外仓头程费用

▼ 任务导入

从海外仓商品的跟踪中，王丽了解到海外仓分头程、库内和尾程，因此海外仓的费用也是采用分段计算的。

海外仓费用一般由头程费用、税金、仓储及管理费和尾程费用组成。

海外仓费用 = 头程费用 + 税金 + 仓储及管理费 + 尾程费用（本地配送费用）

- **头程费用**：货物从中国到海外仓库产生的运费，分为空运散货、海运散货、海运整柜、当地拖车费用等。
- **税金**：我国和目的国海关等部门收取的出口、进口关税、增值税以及其他税费等，如美洲国家只算进口关税，欧洲国家税收是进口关税 + 增值税，澳大利亚是进口关税 + 增值税 + 附加税。
- **仓储及管理费**：客户货物存储在海外仓库、处理分单和当地配送时产生的入库费用、仓储费用、出库费用、订单处理费。
- **尾程费用（本地配送费用）**：指在国外对客户商品进行配送产生的本地快递费用。

一、空运费用

📋 探究活动

有一批玩具，共计 10 箱，从北京寄往英国仓，重量 3.74 千克/箱，体积 90×42×60 立方厘米/箱。物流公司报价如表 5-4-1 所示，试计算空运头程费用。

表 5-4-1　某国际物流公司从我国空运至英国费用报价　　　单位：元

运输方式	价　格		英国仓
客机行李托运（OBC）	运　费		37.0
	4PX 代清关	清关费/票	300.0
		提货费/千克	2.0
	客户自有 VAT 税号清关	清关费/票	1 200.0
		提货费/千克	2.0

续表

运输方式	价格		英国仓
普货空运 （Air Freight）	100千克以内		31.0
	100千克及以上		28.0
	4PX 代清关	清关费 / 票	300.0
		提货费 / 千克	2.0
	客户自有 VAT 税号清关	清关费 / 票	1 200.0
		提货费 / 千克	2.0

空运费用包括运费、清关费和其他费用，即：

空运费用 = 运费 + 清关费 + 其他费用（拖车费、文档费、送货费等）

运费：按重量计算，有最低起运重量限制（一般为 5 千克以上）；

清洁费：按单票数量及金额计算。

空运途径有客机行李托运、普货空运和商业快递。

空运会对重量轻、体积大的货物做计抛处理，重量计算方式为：长 (cm) × 宽 (cm) × 高 (cm)/6 000。

【示例】空运发 10 箱玩具到英国仓的头程费用算法（4PX 待清关）

重量 3.74 千克 / 箱，体积 90 × 42 × 60 立方厘米 / 箱，计费重量为 37.8 千克。

通过客机行李托运（OBC）方式：

头程费用 = 37 × 37.8（运费）+ 300（清关费）+ 2 × 37.8（提货费）
= 1 774.2（元）（其他费用除外）

通过普货空运（Air Freight）方式：

头程费用 = 31 × 37.8（运费）+ 300（清关费）+ 2 × 37.8（提货费）
= 1 547.4（元）（其他费用除外）

--- 小知识 --- 空运费用计算常用术语

1. Volume：体积
2. Volume Weight：体积重量
3. Chargeable Weight：计费重量
4. Applicable Rate：适用运价
5. Weight Charge：航空运费

二、海运费用

> **探究活动**
>
> 某国际物流企业从我国海运至德国仓费用报价如表 5-4-2 所示。现海运一批摇马到德国仓，每个摇马重 3.3 千克，体积为 53×27×12 厘米，共有 500 个。试计算每个摇马的海运头程费用。
>
> 表 5-4-2　　　　某国际物流企业从我国海运至德国费用报价　　　（单位：元）
>
> | 运输方式 | 体积 CBM | 德国仓 CBM/T | 英国仓 CBM/T |
> |---|---|---|---|
> | 海运散货（LCL） | 0~5 | 1 700/1 800 | 1 600/1 700 |
> | | 5.01~10 | 1 550/1 650 | 1 450/1 550 |
> | | 10 以上 | 1 400/1 500 | 1 300/1 400 |
> | | 时效（工作日） | 35 个工作日以上 | 30 个工作日以上 |
> | 海运整箱（FCL） | 20GP | 28 000 | 24 000 |
> | | 40GP | 33 000 | 36 000 |
> | | 40HQ | 35 000 | 36 000 |
> | | 时效 | 25 个工作日以上 | 22 个工作日以上 |

（一）集装箱（货柜）基本认知

1. 定义

集装箱（Container）从英文词义上解释是一种容器，指具有一定容积、适合于在各种不同运输方式中转运、具有一定强度和刚度、能反复使用的金属箱。在我国台湾地区被称为"货柜"，在我国香港地区被称为"货箱"。

常用标准集装箱外部尺寸如下：

长度：20 英尺、40 英尺、45 英尺、48 英尺

高度：8 英尺 6 英寸、9 英尺 6 英寸

宽度：8 英尺

（注：1 英尺 = 12 英寸 = 0.304 8 米）

集装箱根据尺寸的通俗叫法：长 20' 的柜俗称小柜；高 8' 6" 的柜俗称平柜；高 9' 6" 的柜俗称高柜。

2. 分类

（1）按规格尺寸分（见表5-4-3）。目前，国际上通常使用的干货柜（Drycontainer）有以下几种。

普通货柜：20尺货柜（20 Feet General Purpose，20' GP），20英尺×8英尺×8英尺6英寸；40尺货柜（40 Feet General Purpose，40' GP），40英尺×8英尺×8英尺6英寸。

高货柜：40尺高柜（40 Feet High Cube，40' HQ），40英尺×8英尺×9英尺6英寸；45尺高柜（45 Feet High Cube，45' HQ），45英尺×8英尺×9英尺6英寸。

开顶货柜：20尺开顶货柜（20 Feet Open Top，20' OT），20英尺×8英尺×8英尺6英寸；40尺开顶货柜（40 Feet Open Top，40' OT），40英尺×8英尺×8英尺6英寸。

平底货柜：20尺平底货柜（20 Feet Platform，20' FR），20英尺×8英尺×8英尺6英寸；40尺平底货柜（20 Feet Platform，40' FR），40英尺×8英尺×8英尺6英寸。

表5-4-3 常见货柜规格一览

柜型	规格	内场宽高（m）	配货保重（t）	体积（m³）
普柜	20' GP	5.69×2.13×2.18	17.5	24~26
普柜	40' GP	11.8×2.1×2.18	22	54
高柜	40' HQ	11.8×2.13×2.72	22	68
高柜	45' HQ	13.58×2.3×2.72	29	86
顶柜	20' OT	5.89×2.3×2.31	20	31.5
顶柜	40' OT	12.01×2.3×2.15	30.4	65
平柜	20' FR	5.85×2.2×2.15	23	28
平柜	40' FR	12.05×2.1×1.96	36	50

（2）按制箱材料分。主要有铝合金集装箱、钢板集装箱、纤维板集装箱、玻璃钢集装箱。

（3）按用途分。主要有干货集装箱、冷冻集装箱、挂衣集装箱、开顶集装箱、框架集装箱、罐式集装箱等（见图5-4-1和图5-4-2）。

图 5-4-1 冷冻集装箱（左）和罐式集装箱（右）

图 5-4-2 挂衣集装箱

（二）海运头程费用计算

根据集装箱货物装箱数量和方式可分为整箱（Full Container Load，FCL）和拼箱（Less Than Container，LCL）两种。对于整箱货 FCL 来说，整个集装箱 / 货柜的货品都由一个托运人发运，或由一个收货人接收。对于拼箱货 LCL 来说，集装箱 / 货柜内的货品由多个托运人发运，或由多个收货人接收，以实际体积计算运费，体积分层计算，1CBM（尺码吨）起运。

第一步：计算货物尺码吨。

$$500 \times 0.53 \times 0.27 \times 0.12 = 8.58（尺码吨）= 8.58（运费吨）$$

第二步：计算货物的重量吨。

$$500 \times 3.3 = 1\,650（千克）= 1.65（运费吨）$$

第三步：计算运费。

根据取最大值原则，本任务货物按照尺码吨计算运费，根据运费表，对应的运价是 1 550 元/尺码吨。

$$运费 = 8.58 \times 1\,550 = 13\,299（元）$$

平摊到每个摇马的运费是 13 299/500 = 26.60 元。

📝 **实践与思考**

① 单选题：航空货物体积重量的折算标准为每（　　）立方厘米折合1千克。

　　A. 3 000　　　　B. 4 000　　　　C. 5 000　　　　D. 6 000

② 单选题：航空运价代号"M"表示（　　）。

　　A. 最低运费　　B. 普通货物运价　　C. 指定货物运价　　D. 等级货物运价

③ 单选题：航空货运中"N"表示标准普通货物运价，是指（　　）千克以下的普通货物运价。

　　A. 45　　　　B. 50　　　　C. 55　　　　D. 60

④ 多选题：标准集装箱外部尺寸的宽度为（　　）。

　　A. 8英尺　　　B. 2.44米　　　C. 8英尺6英寸　　　D. 2.74米

⑤ 多选题：航空货物的计费重量可以是（　　）。

　　A. 货物的实际净重　　　　B. 货物的实际毛重
　　C. 货物的体积重量　　　　D. 较高重量分界点的重量

⑥ 多选题：根据集装箱货物装箱数量和方式可分为（　　）。

　　A. 高柜　　　　B. 整箱　　　　C. 普柜　　　　D. 拼箱

⑦ 判断题：整箱，即整个集装箱/货柜的货品都由一个托运人发运。（　　）

⑧ 判断题：海外仓费用＝头程费用＋税金＋仓储及管理费＋尾程费用（即本地配送费用）（　　）

9 实践活动

现收到两笔出口订单，卖家选择海外仓方式，请分别计算以下两笔头程运费。

（1）从上海运往美国仓一件玩具样品，毛重5.3千克，体积尺寸为41×33×20立方厘米，计算其航空头程运费。运价如下表，单位为元。

始发地	到达海外仓	重量	运费	清关费/票	提货费/千克
中国	美国仓	M N 45 100	320 52.81 44.46 40.93	230.00	3.00

（2）从上海通过海运，将120箱帽子运至英国仓，一箱50顶帽子，每箱帽子重2.6千克，体积40×40×60立方厘米，试计算一顶帽子的海运头程费用。运价如下表，单位为元。

运输方式	体积CBM	德国仓CBM/T	英国仓CBM/T
海运散货（LCL）	0~5	1 700/1 800	1 600/1 700
	5.01~10	1 550/1 650	1 450/1 550
	10以上	1 400/1 500	1 300/1 400
	时效（工作日）	35个工作日以上	30个工作日以上
海运整箱（FCL）	20GP	28 000	24 000
	40GP	33 000	36 000
	40HQ	35 000	36 000
	时效	25个工作日以上	22个工作日以上

▼ 学习评价

序号	评价内容	参考分值	得分
1	复述海外仓费用的组成	10	
2	能准确完成空运和海运中常用专业术语的中英文互译	10	
3	列举集装箱的常见规格分类	10	
4	根据业务信息计算海外仓空运头程费用	20	
5	根据业务信息计算海外仓海运头程费用	20	
6	完成课堂探究活动	10	
7	有效地参与小组讨论，并在团队中发挥积极作用	10	
8	独立完成课后习题	10	
总 分			

任务五　核算海外仓税金和仓储管理服务费

▼ 任务导入

海外仓的税金并非单纯指关税，王丽通过搜索，了解到不同国家的"税金"计算方式各不相同。例如，美国的税金计算为：税金 = 关税 = 货值 × 关税税率；而英国的税金除了关税还包括 VAT，即：税金 = 关税 + VAT。

一、海外仓税金

海外仓税金主要是指货物出口到目的国，需按照该国政府相关进口货物政策而缴纳的一系列费用。通常情况下，关税主要是指进口关税（Import Duty），我国对出口货物征收关税所涉及税目较少。进口关税是一个国家海关对进口货物所征收的关税。进口关税对于跨境电商出口货物来讲，会增加出口货物的成本，提高在目的国市场销售的价格，进而影响货物到目的国的进口数量。有些国家除征收进口关税外，还征收其他一些特定费用，如针对特定商品的额外费用。

除关税外，进口国还会对进口货物征收增值税（Value Added Tax，VAT），指在进口国销售货物或者提供服务，或将货物从境外进口到境内，进口商代国家税务局向消费者收取的税金，也就是货物售价的利润税。VAT 税由进口增值税（Import VAT）、销售增值税（Sales VAT）两个独立缴纳的税项组成。例如，当货物进入英国（按欧盟法例），货主应缴纳进口增值税；当货物销售后，货主应该按销售额缴纳相应销售税，并可申请退回进口增值税。跨境电商企业卖家做海外仓一般是需要在目的国当地注册并按规定申报缴付 VAT 的，因为产品是从目的国境内发货并完成交易的，即便使用的海外仓储服务是由第三方物流公司提供的，也从未在目的国当地开设办公室或者聘用当地员工。无论有无 VAT 号，卖家都要以进口方的名义进口货物到目的国，并在之后进行进口税的退税（仅对有 VAT 号的商家）。

> **小贴士**
>
> ## EORI
>
> EORI 是 Economic Operators Registration and Identification 的缩写，是欧盟国家内凡是有经济活动，尤其是有进出口贸易的企业或个人必备的一个登记号，是由欧盟成员国的海关颁发给企业或个人与海关交流的唯一必备数字标识，一国注册全欧盟通用。商家在入关申报时，提供给海关的并不是 VAT 号，而是 EORI 号。换句话说，不管你有没有 VAT 号，只要是以进口方的名义进货到欧洲，在欧洲清关的时候，都必须向海关提供 EORI 号。此外，企业或个人在进行 VAT 和关税扣税以及 VAT 抵扣的时候，也都必须拥有 EORI 号。

二、VAT 的申报

按照欧盟相关法律，凡是货物已经在欧盟当地销售，即便是使用当地第三方物流仓储服务的商家，都要依法缴纳 VAT，严格意义上来说，没有 VAT，在欧盟地区做跨境电商是不合法的。目前，大部分中国跨境电商企业都是通过使用货代的 VAT 来进行欧盟区内的经营活动，但要想在欧洲市场真正站稳脚跟，还是需要按照正常程序和要求去申请自己的 VAT 号进行操作。此外，按照欧盟税法规定，货物仓储在哪里就要在哪里注册 VAT，否则无法"合法地"使用欧洲其他地区的海外仓。例如，中国公司若要注册英国 VAT 号码，只有将货物转到英国进行仓储和销售，才能使货物在其他欧盟国家入关时，以其缴纳的 VAT 作为英国公司 VAT 进项。

这里以英国为例。

1. 申报 VAT 所需资料

（1）FORM C79：申报的关键性文件。C79 文件是英国海关每个月给进口商寄的一份税单，其记录的金额是当月的进口增值税的总和。通常当月的 C79 会在下个月的下旬收到（如 8 月的 C79 会在 9 月 20 日左右收到）。

（2）企业在该国有销售行为时会收到带有 VAT 的有效售货账单。

（3）销售收入汇总表。

2. VAT 缴纳

VAT 缴纳有两种方式：一种是找专业代理机构代缴，另一种是自行缴纳。代缴服务费用较高，且卖家一般不太可能透露完整店铺信息给代理机构用于报税，双方存在一定信任问题，因此，越来越多的卖家选择自行缴税。

Payoneer 是一款一站式跨境收款的软件，卖家可以通过 Payoneer 的两种支付方式，快速地缴纳 VAT，但前提是卖家必须已经完成 VAT 注册和申报（见表 5-5-1）。

方式一：用 Payoneer MasterCard 卡片自行缴费。根据 HMRC（Her Majesty's Revenue and Customs，即英国的税务局）的提示，大约 4~7 个工作日，卖家的缴费就能被 HMRC 处理。

方式二：英国、德国和法国的 HMRC。通过 Payoneer 发送银行转账指令。Payoneer 可通过合作银行直接将卖家的 VAT 税费代缴至税务局。

表 5-5-1　　　　　　　　　　　通过 Payoneer 缴纳 VAT 方式

方式	Payoneer MasterCard	Payoneer 银行转账
详情	5 000 英镑以下的小额缴费建议使用银行卡缴费，免费且时效快	较大额度且无须当天到账的缴费建议通过银行柜台转账
方法	登录 HMRC 页面缴费	将缴费详情发给 VAT@payoneer.com，Payoneer 代为电汇缴费
时效	4~7 个工作日	3~5 个工作日
缴费查询	登录 Payoneer 账户及 HMRC 账户可查询缴费记录	Payoneer 通过邮件发送缴费回执，可以通过登录 HMRC 账户查询缴费记录

三、海外仓税金核算

> **探究活动**
>
> 某跨境电商卖家发一批货物到德国海外仓，货值 50 万欧元，运费为 5 000 欧元，使用关税税率为 8.8%，欧元兑换人民币汇率为 7.286 2，最终该批货物共卖出 80 万欧元，试计算该批货物的 VAT 税金（以人民币计）。德国 VAT 税率为 19%。

目前主要跨境电商市场税金计算方式如表 5-5-2 所示。

表 5-5-2　　　　　　　　目前主要跨境电商市场税金计算方式

国别	税金	税金计算公式	备注
美国	关税	税金 = 关税 = 货值 × 关税税率	
英国	关税、VAT	税金 = 关税 + VAT 关税 = 货值 × 关税税率 VAT =（货值 + 运费 + 关税）× 20%	

续表

国别	税金	税金计算公式	备注
俄罗斯	关税、VAT	税金 = 关税 + VAT 关税 = 货值 × 关税税率 VAT =（货值 + 运费 + 关税）× 20%	食品及儿童用品 VAT 税率为 10%，高科技产品、棉花、药物则免缴 VAT，奢侈品如烟、酒、汽车、石油以及首饰等 VAT 税率为 25%~90%
德国	关税、VAT	税金 = 关税 + VAT 关税 = 货值 × 关税税率 VAT =（货值 + 运费 + 关税）× 19%	特定商品如食品、书籍、医疗设备和艺术品的供应以及特定活动（即文化活动）的服务适用 7% 增值税税率
澳大利亚	关税、GST	税金 = 关税 + GST 关税 = 货值 × 关税税率 GST =（货值 + 运费 + 关税）× 20%	GST 是商品及服务税（Good and Service Tax）

1. 第一步：计算进口增值税

进口增值税即进口 VAT。

计算公式为：

进口增值税 =（申报货值 + 头程运费 + 进口关税）× VAT 税率

进口关税 = 申报货值 × 商品税率（商品不同，税率不同）

卖家需要注意公式中 VAT 税率，正确计算进口关税的申报货值，如果税率及申报货值出错，则最后算出来的进口增值税也会出错。

进口关税 =500 000×8.8%=44 000（欧元）=44 000×7.286 2=320 592.8（元）

进口 VAT 税 =（500 000+5 000+44 000）×19%×7.286 2=760 023.52（元）

2. 第二步：计算销售增值税

销售增值税（销售 VAT）：当商家的货物在英国销售后，需要按销售额上缴相应的销售税。

计算公式为：

销售增值税 = 最终销售价格 /6

销售 VAT=800 000/6×7.286 2=971 493.33（元）

3. 第三步：计算实际缴纳 VAT

计算公式为：

实际缴纳 VAT（增值税）= 销售增值税 − 进口增值税

VAT=971 493.33−760 023.52=211 469.81（元）

时事聚焦

欧洲 VAT 的风险与防范

随着欧洲税务的严查以及跨境电商平台的"封号潮",跨境电商市场和跨境物流行业都在传递一个信息:欧洲税务合规已成为大势所趋。这意味着跨境电商卖家必须遵守欧洲的税务规定,否则可能会面临严重的法律后果。

对于跨境电商卖家来说,需要做好风险防范,以应对欧洲增值税(Value Added Tax,VAT)日益严格的管理和监管。

(一)跨境电商相关企业需要知道 VAT 的流程

1. 清关目的国一致税务处理

跨境电商卖家把货物发到欧洲,运输目的国不一定是最终的销售国,如货物从中国发到英国仓,如果直接在英国销售,那么清关目的国是一致的。跨境电商卖家需要进行 VAT 税务登记后方可清关,并向进口国缴纳 VAT 进项税额。通过海外仓产生的运费、仓储费也是都要缴纳 VAT 的。国内物流商一般不给 VAT 发票,但是亚马逊 FBA 是会有的,计算方式就是销售额减去曾经入关缴纳的 VAT,再减去运费账单上含有的 VAT,差额就是卖家每个季度需要申报缴纳的。具体处理流程如图 5-5-1 所示。

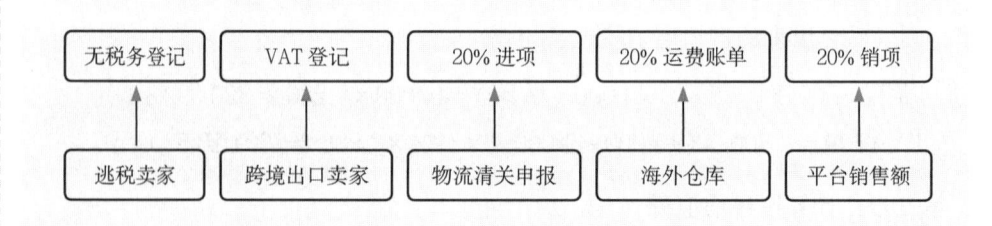

无税务登记	VAT 登记	20% 进项	20% 运费账单	20% 销项
逃税卖家	跨境出口卖家	物流清关申报	海外仓库	平台销售额

图 5-5-1 清关目的国一致税务处理流程

2. 清关目的国不一致处理

收货地址为德国,但是货物发往英国海外仓,在英国清关后,转运到德国,销售发生在德国,这就叫清关目的国不一致。在英国清关时,卖家按照英国的税率交了一部分 VAT,后面又把这批货物运到德国销售,那么在英国进口缴纳的那部分 VAT 怎么办?这时,只要将在英国进口的清关单提供给德国税务部门,18 个月之内在英国缴纳的 VAT 就可以退回来。

也有很多卖家通过其他国家清关的时候使用的是零税率，如从荷兰进口，但是货物最终运到德国并销售，在荷兰卖家没有缴纳任何 VAT 的话，在德国则需要按照销售额 20% 直接补缴税款。

（二）跨境电商相关企业需要知道风险产生的可能性、原因和解决的方案

跨境电商卖家出口货物到欧洲，很可能会在进口的流程环节产生系列税务风险，包括税务登记风险、欠税追溯风险、入关低报风险、VAT 盗用风险、申请退税风险以及距离销售风险。

1. 税务登记风险

卖家注册 VAT 的时候，很多是把注册和申报分开的，会导致申报的 VAT 信息张冠李戴。正确的做法是，一定要找税务代理注册 VAT，避免税务信息不完整。因为在注册完 VAT 之后，卖家需要在每次清关的时候提交自己的 VAT 号码，这样缴纳税款之后，在税务 VAT 下面会累计卖家每个月交了多少 VAT 进项，这个账单叫 C79 证书，这个证书会直接记到卖家的税务代理那里去，如果卖家没有经过税务代理的方式，则卖家自己是不能获取到 C79 证书的。

2. 欠税追溯风险

VAT 注册的时候会出现三种情况：

第一种情况是平台旧账号没有申请 VAT 号码，也不打算注册 VAT 号码，这种情况要承担店铺被关闭的风险。

第二种情况是旧账号混搭新 VAT 账号，旧账号取得的收益中包含应缴 VAT 税款，但是卖家没有缴纳，这种行为会导致卖家被欧洲税务局追溯欠税，甚至可能会导致卖家个人信息上欧洲国家的黑名单，这个风险是非常大的，因为这是很典型很直接的暴力抗法、拒交税款的行为。

第三种情况是新申请的 VAT 搭配新平台账号，这个是没有任何压力的，全套新的资料，而且账号里面的资料和 VAT 申请号资料是一致的，只要按时交税即可。

3. 入关低报风险

如果卖家卖的东西过于便宜，则欧洲国家的税务局会怀疑该笔交易的真实性，税务局会让卖家提交材料，或者联系买家，这就是入关低报风险。一般情况下，不能隐瞒卖给客户的真实价格，很多从中国直发的货物，上面会贴一些标签，标签上会有个人信息，税务局根据卖家提供的信息给买家直接打电话联系，买家如果确认是32欧元买的,而货物标签写的18欧元,肯定会被查出。最稳健的方法还是使用自己的VAT,按照正常流程报税。

4. VAT盗用风险

在VAT盗用的行为中,卖家需判断自己VAT在哪里被暴露出来,一般有两个地点:一个是货代公司,它在曾经的委托任务中有卖家的VAT信息;另一个是平台,现在eBay和亚马逊都要求卖家将VAT号填入平台。如何防范?跨境电商卖家可以要求自己的税务代理公司定期发送C79证书扫描件,卖家仔细核对C79证书上的进口货物、进口批次、进口税款缴纳情况,如果VAT被盗用,就会有不明批次出现。

5. 申请退税风险

跨境电商卖家在季度申报的时候,通过C79证书抵扣销售额,如果进口额大于销售额就会出现进口缴纳的进口增值税不能完全被抵扣而退税。例如,卖家进了100万欧元的货,在三个月之内只卖了50万欧元,这种情况下才会出现退税,欧洲国家的税务局可能会到卖家仓库查看到底有多少库存,第三方海外仓一般都是配合税务局查看。如果出现库存额度大于进项增值税,已交的税费可以挪到下个季度抵扣,但从整体上来看,卖家仍处于交税状态,没有退税。

6. 距离销售风险

销售是针对直发而产生的,直发是从中国直发欧洲,这在税务局官方网站有说明。直发报VAT没有什么关系,不算作具体销售的范畴,什么叫具体销售?就是欧盟之内各个国家之间的销售方式。如果货物进关是从英国进,仓储在英国,最后卖到德国去,就是距离销售。如果从德国卖到英国,10万欧元是限额。如果超过了10万欧元,即便你是距离销售,也需要在当地申报VAT。很多卖家都会超出限额,导致必须申报VAT,有两种方法可以解决:第一种方法通过亚马逊的泛欧计划解决,亚马逊推出了8 000欧元包一年的会计处理费用,但这种方法可能会随着亚马逊政策调整而变化;第二种方法是单独注册VAT账户,英国脱欧了,你最少也要保证一个欧洲的VAT号码和一个英国的VAT号码同时存在。英国是直接向亚马逊要数据,德国是自己抓数据,抓出来之后给亚马逊写信,说该账户销售额已经超过10万欧元,必须把账户关了,把税补齐了才给开。

(新闻来源:商易跨境,《2025最新欧洲VAT政策&避坑指南,卖家必看!》,新浪财经头条2025年1月17日)

四、核算仓储管理服务费

关于仓储管理服务费用，不同国际物流企业提供的海外仓仓储管理服务费用是不同的，但基本包括客户货物存储在海外仓库、处理分单和当地配送时产生的入库费用、仓储费用、出库费用、订单处理费。这里重点介绍仓储费和订单处理费。

（一）仓储费

货物发至海外仓之后，储存商品在仓库产生的费用就是仓储费，一般第三方公司为提高产品的动销率，会按一定时间范围（如周）收取相应费用。

> **探究活动**
>
> 表5-5-3为某海外仓运营企业提供的仓储费报价，试计算以下商品存放一周的仓储费。
> （1）某卖家发至某海外仓的某产品单件体积为0.7CBM。
> （2）某卖家发至某海外仓的某产品单件体积为0.000 8CBM。
> （3）某卖家发500件产品至某海外仓，该产品单件体积为0.000 8CBM。
>
> 表5-5-3　　　　某海外仓运营企业提供的仓储费报价
>
> | 单件产品体积CBM | 每周仓储费（美元） | 计算单位 |
> | --- | --- | --- |
> | 0.001（含） | 0.45 | 每件 |
> | 0.001~0.02（含） | 0.55 | 每件 |
> | 0.02以上 | 40 | 每CBM |

（二）订单处理费

海外仓的订单处理费是指买家在平台上对卖家产品下单后，由第三方人员对其订单拣货打包产生的费用。表5-5-4为某海外仓运营企业提供的订单处理费报价。

表5-5-4　　　某海外仓运营企业提供的订单处理费报价　　　　　单位：元

产品分类	订单处理费/件
0~1 000g	8
1 001~5 000g	10
5 000~10 000g	14

续表

产品分类	订单处理费/件
10 001~30 000g	18
30 001~31 500g	20
31 500~50 000g	40
50~70kg	70
70~100kg	90

当产品数量大于1件时就属于多件发货，可以将相同的库存编码多件一起发货，也可以将不同库存编码多件一起发货，还可以多个订单合并发货。

1. 多件发货的运费

多件发货的运费按多件发货的总计费重量所对应的费用收取。

（1）使用需计泡的发货方式。多件发货时，总计费重量的计算（单件货物一般取体积重量和实际重量中较大者作为订单处理费计费重量）：如果货物计费重量之和×0.2>1kg，则多件发货总计费重量=货物计费重量之和+1kg；如果货物计费重量之和×0.2<1kg，则多件发货总计费重量=货物计费重量之和×1.2。

（2）使用不需计泡的发货方式。多件发货时，总计费重量的计算：如果货物实际重量之和×0.2>1kg，则多件发货总计费重量=货物实际总重量+1kg；如果货物实际重量之和×0.2<1kg，则多件发货总计费重量=货物实际总重量×1.2。

【示例1】

① 2件相同产品一起发货，每一件4kg，不计泡。

（4+4）×0.2=1.6kg>1kg，多件后总计费重量=（4+4）+1=9kg，运费按照9kg收取。

② 2件相同产品一起发货，每件1.5kg，不计泡。

（1.5+1.5）×0.2=0.6kg<1kg，多件后的总计费重量=（1.5+1.5）×1.2=3.6kg，运费按照3.6kg收取。

③ 两件不同产品，计泡，使用体积重量=长×宽×高/5 000的发货方式。

第一件：12kg，体积=80×30×50cm³，体积重量=80×30×50/5 000=24kg>12kg

第二件：12kg，体积=50×20×10cm³，体积重量=50×20×10/5 000=2kg<12kg

（24+12）×0.2=7.2kg>1kg，多件发货计费重量=（24+12）+1=37kg

多件发货的费用就是按上面多件发货的计费重量37kg所对应的费用收取。

2. 多件发货的处理费

按照单件货物的实际重量对应的处理费叠加。

【示例2】

（1）1件1kg货物和1件8kg的货物多件发货，订单处理费=8+14=22元。

（2）2件5kg的货物多件发货，订单处理费=10×2=20元。

多件发货的体积计算：

多件发货的总体积=每件的最长的长×最长的宽×高之和

① 如果发件分别为120cm×10cm×5cm和100cm×80cm×20cm，则一起发的尺寸是120cm×80cm×(20+5)cm。

② 如果发件数量为3，每件尺寸为120cm×10cm×5cm，则合并后的尺寸是120cm×10cm×15cm。

> 实践与思考

① 单选题：VAT 销售增值税和（　　）是两个独立缴纳的税项，在商品进口到英国海外仓时缴纳过商品的进口税，但在商品销售时产生的（　　）也需要缴纳。

　　A. 进口税、销售增值税 VAT　　　　B. 消费税、营业税

　　C. 进口税、消费税　　　　　　　　D. 营业税、销售增值税 VAT

② 单选题：HMRC 表示（　　）机构。

　　A. 海关　　　B. 税务局　　　C. 警察　　　D. 法院

③ 单选题：跨境电商卖家缴纳 VAT 税款之后，在税务 VAT 下面会累计卖家每个月交了多少 VAT 进项，这个账单叫（　　）。

　　A. 缴税清单　　　B. 税单　　　C. 订单　　　D. C79 证书

④ 单选题：货物进口到欧洲清关时，都必须向海关提供（　　）。

　　A. VAT 号　　　B. 税务账号　　　C. EORI　　　D. 跨境电商平台账号

⑤ 多选题：跨境电商卖家出口货物到欧洲，很可能会在进口的流程环节产生系列税务风险，包括（　　）。

　　A. 税务登记风险　　　　　　　　B. 欠税追溯风险

　　C. 入关低报风险　　　　　　　　D. VAT 盗用风险

⑥ 判断题：某卖家使用第三方物流公司的德国海外仓，未在德国开设办公室或者聘用员工，所以无需缴纳 VAT。　　　　　　　　　　　　　　　（　　）

⑦ 判断题：VAT 增值税适用于所有跨境电商海外仓储的卖家们。　　（　　）

⑧ 判断题：没有 VAT，在欧盟地区做跨境电商是不合法的。　　　　（　　）

⑨ 实践活动

试计算以下两笔出口货物的 VAT 税金（以人民币计）。

（1）某跨境电商卖家发一批货物到英国海外仓，货值 6 万英镑，运费为 3 000 英镑，使用关税税率为 10%，英镑兑换人民币汇率为 10.822 1，最终该批货物共卖出 10 万英镑，英国 VAT 税率为 20%。

（2）某跨境电商卖家发一批货物到俄罗斯海外仓，货值 100 万卢布，运费为 12 万卢布，使用关税税率为 11.5%，卢布兑换人民币汇率为 0.108 6，最终该批货物共卖 180 万卢布，俄罗斯 VAT 税率为 20%。

▼ 学习评价

序号	评价内容	参考分值	得分
1	说出 VAT 含义	10	
2	列举英国 VAT 申请所需材料	10	
3	复述 VAT 的两种流程	10	
4	根据业务信息计算关税	10	
5	根据业务信息计算 VAT	10	
6	根据业务信息计算仓储费	10	
7	根据业务信息计算订单处理费	10	
8	完成课堂探究活动	10	
9	有效地参与小组讨论，并在团队中发挥积极作用	10	
10	独立完成课后习题	10	
	总分		

任务六　认识亚马逊 FBA

▼ 任务导入

李华提醒王丽在关注海外仓时,可以同时比较一下亚马逊海外仓,如果业务规模较大,且商品均在亚马逊平台销售,那么选择亚马逊 FBA 更具优势。

一、FBA 的概念

FBA 全称 Fulfillment by Amazon,即亚马逊物流,是由亚马逊提供的包括仓储、拣货打包、派送、收款、客服与退货处理的一条龙物流服务。

亚马逊的物流方式分为两种:一种是 FBA;另一种是 FBM(Fulfilled by Merchant),即卖家自己发货。两种物流方式的差异如表 5-6-1 所示。

表 5-6-1　　　　　　　　　　　FBA 与 FBM 差异

差异点	FBA	FBM
仓储空间	使用亚马逊仓储空间,亚马逊会根据接单内容,自动从架上把商品包装寄出	使用自家仓储运送,亚马逊告知订单内容后由卖家自行理货包装出货
运费	不用考虑运费问题,FBA 提供各样的运送方式与运费选择	卖家可与客户沟通采用最节省的运费方式
仓储费用	亚马逊每个月向卖家索取仓储费用	卖家自主调控仓储费用
购买意愿	在亚马逊超过 50% 的顾客只够买 FBA 的商品	潜在流失 FBA 顾客的可能
Listing 排名	亚马逊 Listing 排名靠前,增加曝光度	亚马逊 Listing 排名无优势,竞争激烈
包装	只能贴亚马逊指定标签	卖家可 100% 掌控包装品质,外观可用自己的品牌 LOGO
Prime 会员优惠	有 FBA 零门槛免运优惠	卖家需自行提供免运优惠

续表

差异点	FBA	FBM
售后服务	交由亚马逊负责	卖家需自行处理，但相对也可建立 E-mail List 来维护客户关系，甚至再行销售
退货	无论卖家同不同意，FBA 都会接受退货	可以不接受退货，或是卖家可以对顾客提出补偿措施
替代品	亚马逊会优先从 FBA 中列出相关替代品	没有替代品优势
客户信任	在 FBA 的保护伞下，客户会对于准时收到商品较有信心，客户信任度高	通过建立品牌让客户产生信任
库存	在旺季时，尽管已在 FBA 存放大量商品，仍然可能会有短期的爆仓，来不及补货	对库存能百分之百掌控

Prime 是亚马逊的会员服务，每年 79 美元就可以享受其中的会员服务，包括邮费优惠、更快到货以及美国本土的 Prime Instant Video 视频浏览服务。

二、FBA 的优劣势

> **探究活动**
>
> 分组讨论，比较 FBA 与第三方海外仓的差异，制作对比表。

（一）优势

（1）享受亚马逊为 FBA 产品提供的特殊推荐照顾，如帮助抢夺购物车、提高排名、帮助成为特色卖家、享用亚马逊的推荐功能等。相比 FBM，消费者对 FBA 的产品选择意愿度比其他发货方式更高。

（2）亚马逊具有多年丰富的物流经验，仓库遍布全世界，智能化管理。

（3）配送时效超快（仓库大多靠近机场），顾客收货很快，选择到货方式灵活多变。

（4）享受亚马逊提供的 7×24 小时服务，提升客服质量，无须自己处理订单，售后邮件、退换货以及物流问题造成的反馈亚马逊自动帮买家解决，账号安全性高。

（5）店铺表现优势。FBA 单有差评后，联系客服删除的成功率更高。

（6）有 Prime 标志，对亚马逊 Prime 会员目标群体有针对性（亚马逊客户在购买时，有一个筛选条件就是筛选是否 Prime 单，类似淘宝可以筛选是否天猫一样），美国家庭有 30% 的 Amazon Prime 拥有者，消费意愿度更高。

（二）劣势

（1）一般来说费用比国内发货稍微偏高，但是也要看产品重量（特别是第三方平台的 FBA 发货）。

（2）灵活性差（FBA 只能用英文与客户沟通，而且用邮件沟通回复不会像第三方海外仓客服那样及时）。

（3）如果前期工作没做好，则标签扫描出问题会影响货物入库，甚至入不了库。

（4）退货地址只支持美国（美国站 FBA）。

（5）FBA 仓库不会为卖家的头程发货提供清关服务。

（6）FBA 顾客退货（重寄）随意，不需要跟 FBA 有太多沟通，给卖家带来了不少困扰。

三、FBA 注意事项

（1）检查每一款产品与所打印的产品条码是否对应，并逐一核查。

（2）检查并复核产品数量是否与后台填写数量一致。

（3）用条码打印机打印对应尺寸的标签，具体与后台所选条码大小一致。注：条码尽量不要用热敏纸打印（因长期存放可能会模糊不清），应用激光打印机打印。

（4）打印装箱单：从后台下载 PDF 格式的亚马逊外标签贴于外箱左上角，不要把包装标签粘到有可能会损坏的接口处，会影响扫描。

（5）不要让运输的包裹重量超过 30kg，否则要贴上超重提示标签。

（6）不要把不同运单的物品合在一起运输，运输数量一定要与填写的一致，发货数量不要比网上填报的数量多。

四、FBA 操作流程

（1）卖家发送商品至亚马逊运营中心；

（2）亚马逊存储产品；

（3）客户订购产品；

（4）亚马逊对产品进行拣货包装；

（5）亚马逊快捷配送商品并提供客户服务。

FBA 操作流程如图 5-6-1 所示。

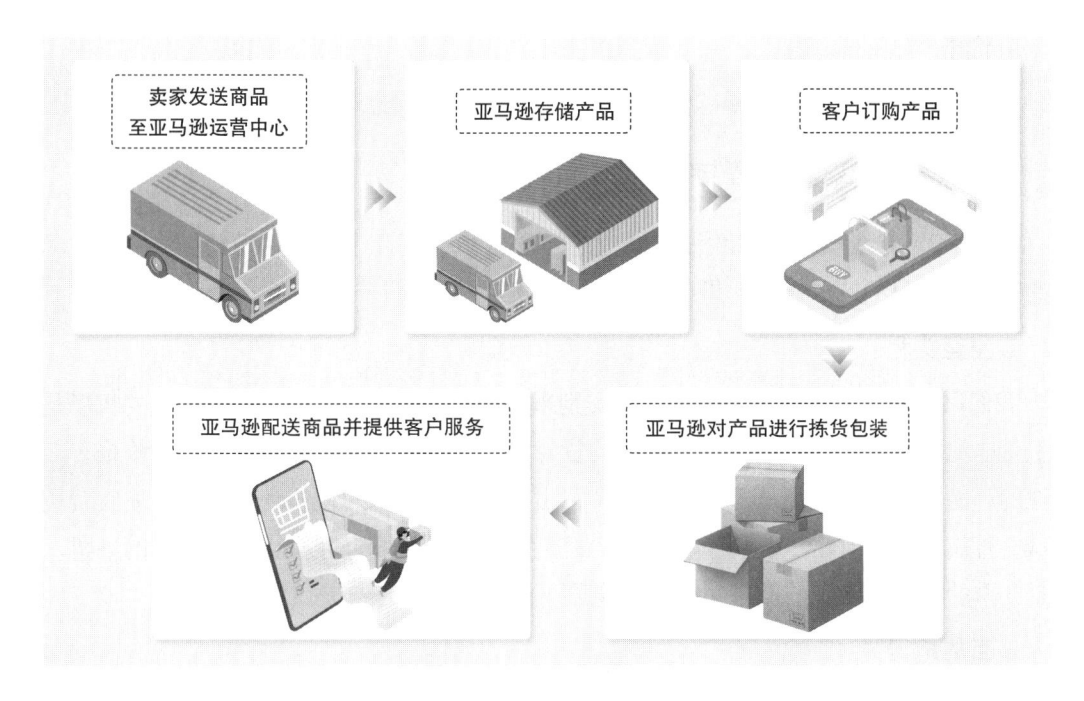

图 5-6-1 亚马逊 FBA 操作流程

五、FBA 专线选择

目前市场上的 FBA 专线包括美国 FBA 专线、欧洲 FBA 专线、日本 FBA 专线、加拿大 FBA 专线等。一般情况下，不同的卖家基于自身的实际情况，对物流选择的侧重点不同，有的需要节省成本，有的需要加快销售的进程，有的货值很高，注重安全的把控，有的则注重与物流公司的合作舒适度。

（一）FBA 专线的优势

1. 安全

卖家如果能提前获取进口国最新的海关政策方针，就可以避免海关的频繁查验，就知道如何去遵守正常的清关规则，保证货物清关的安全性。每一个清关行的实力可能不一样，但是健康、正规的清关渠道一定会是市场的主流。

2. 时效

时效是每家物流公司的生存根本。时效和货量是相辅相成的关系，货量充足的卖家可以拿到比较固定的航空舱位，有固定的头程空运资源，才能在淡旺季保持稳定的时效。同样，稳定的时效才能吸引更多亚马逊卖家的货量。

3. 服务

卖家在日常工作中接触最多的人是货代，选择一家有责任感、耐心、服务质量优的货代公司，对亚马逊卖家来说，可以节省许多潜在成本。

4. 价格

运价越高,买家购买欲望越低,应综合选择运价比较合理的物流方式。

(二)FBA专线操作流程与细节

目前FBA专线以美国和欧洲专线为主,通常由以下几个主要环节组成:空运头程+目的地清关+目的地派送。这里以美国专线为例。

1. 空运头程

我们可以根据时效的快慢和货物的类别来选择合适的航空公司,一般大陆的机场是禁止上带电池的货物,但是可以上带磁性的货物。带磁性的货物需要在机场做磁检报告,带电池的产品一般都会选择从香港的航空公司出口。航空公司的快慢程度决定了航空费用的高低,直航的空运价格一般高于转航的,但是直航的时效稳定性大大高于转航的飞机。特别是旺季的时候,转飞的航班时效性会急剧下降。

2. 目的地清关

发货到美国,需要一个清关公司和一个以贸易公司为抬头的进口商作为载体对货物进行清关,清关过程正常需要1~2个工作日,偶尔碰到特殊的查验,时间会长一些。例如查验货物是否侵权,是否有相应的资质证书(如FCC认证、FDA认证等),是否有原产地标志(如美国海关要求到美国的货物必须贴上注明原产地的标签)。

3. 目的地派送

美国疆域辽阔,东西部跨度非常大,派送环节相对其他国家较慢。现今市场上,目的地派送一般分为卡车派送和FedEx/UPS等当地快递公司派送。卡车派送平均费用较低,装载量大;但派送前需要提前和亚马逊仓预约,派送时间较慢,POD签收回执单也很慢。快递派送免预约(前提是此类快递公司是亚马逊官方认可的快递公司),时效相对较快,但价格相对较高。

小贴士

FBA泛欧计划

FBA泛欧计划(Pan-European)是亚马逊推出的针对欧洲7个国家(德国、法国、意大利、西班牙、英国、波兰和捷克共和国)FBA的一种跨国家发货计划,参加泛欧计划的卖家,可以把产品放置在欧洲五站(英国、德国、法国、意大利、西班牙)中的任一国家的FBA仓,同时在五个站点发布符合要求的产品Listing,当订单产生后,亚马逊会安排提货、包装、配送和客服等方面的工作,卖家只需要支付在产品售出市场所产生的本地亚马逊物流费用,无须承担欧洲物流网络(EFN)跨境费用。

卖家使用这个计划,可以把产品集中发货和放置在一个国家的FBA仓并集中发货，减少了多个国家发货的烦琐，当卖家将产品通过亚马逊欧洲仓库转寄给私人客户时，就形成了应税供给，触发 VAT 登记。卖家需要在这 7 个国家注册 VAT 税号，每年总共需在这 7 个国家进行大约 61 次的 VAT 申报。FBA 泛欧计划可以简化 FBA 头程发货的麻烦，配送成本低，能直面大量 Prime 会员，客户退货可存放在最近的亚马逊仓库，从实际运营层面上看，泛欧计划也在一定程度上解决了客服的问题。

六、FBA 仓与第三方海外仓差异

FBA 仓与第三方海外仓差异如表 5-6-2 所示。

表 5-6-2　　　　　　　　　　FBA 仓与第三方海外仓差异

差异点	FBA 仓	第三方海外仓
选品范围	对选品的尺寸、重量、类别有一定程度的限制，选品偏向于体积小、利润高、质量好的产品	选品范围比 FBA 仓广，体积大、重量大的产品也适合
头程服务	不为卖家提供头程清关服务	部分第三方海外仓服务商会给卖家提供头程清关服务，甚至还会有包含代缴税金、派送到仓的一条龙服务
入仓要求	入仓要求较为严格，需要卖家在发货前贴好外箱标签及产品标签，如果外箱或产品标签有破损的话，则会要求卖家先整理，然后才能进入 FBA 仓，且亚马逊也不提供产品装组服务	要求不会像亚马逊 FBA 仓这么高，在上架前会提供整理、组装产品的服务
入仓分配	默认分仓，往往会将卖家的产品分散到不同的仓库进行混储	一般会将货物放在同一个仓库集中管理
仓储成本	成本相对较高	成本相对较低
差评处理	由 FBA 所导致的任何中差评，都可以由亚马逊移除，卖家无须操心	海外仓服务商不一定能提供售后与投诉服务，就算提供了，也不一定能够成功消除客户留下的中差评
退货支持	支持客户无条件退换货，对退回的产品不会再进行任何的鉴定，也不会收取买家的任何费用。就算退回来的产品没有质量问题，亚马逊也不会再次将产品售给第二个买家，这样的退货方式会导致产生较高的退货率。如果产品被退回，无论是销毁还是寄还卖家，亚马逊都会再另外收取费用	对退回来的产品，如果不是质量问题，可以替卖家更换标签或者重新包装，然后再次进行销售，能减少卖家的损失
货物存放风险	放置在 FBA 仓中，其安全与亚马逊账号安全相关联。如果你在亚马逊销售的产品出了问题，账号被亚马逊关闭的话，那么放在亚马逊 FBA 仓的货物也会被暂时查封	不存在账号关联风险

> 实践与思考

1. 单选题：FBA 是（　　）公司向卖家提供的物流服务。

   A. 亚马逊　　　　B. 阿里巴巴　　　　C. eBay　　　　D. Wish

2. 单选题：FBA 仓货物超过（　　），会要求贴上超重提示标签。

   A. 10kg　　　　B. 20kg　　　　C. 30kg　　　　D. 40kg

3. 多选题：以下不属于亚马逊 FBA 优势的是（　　）。

   A. 收费低　　　　B. 配送快　　　　C. 灵活性好　　　　D. 提供头程服务

4. 多选题：目前亚马逊 FBA 专线包括哪些（　　）。

   A. 美国 FBA 专线　　　　B. 欧洲 FBA 专线
   C. 日本 FBA 专线　　　　D. 加拿大 FBA 专线

5. 多选题：FBA 专线通常由（　　）环节组成。

   A. 空运头程　　　　B. 海运头程　　　　C. 目的地清关　　　　D. 目的地派送

6. 判断题：FBA 目前已遍布全球，能用中文、英语、法语等多种语言与客服沟通，灵活性非常好。（　　）

7. 判断题：FBA 的退换货非常麻烦，产品出现问题只能联系卖家。（　　）

8. 判断题：由 FBA 所导致的任何中差评，都可以由亚马逊移除，卖家无须操心。（　　）

9. 判断题：商家的商品属于自己，如果你在亚马逊销售的产品出了问题，账号被亚马逊关闭的话，那么放在亚马逊 FBA 仓的货物也不会被查封。（　　）

❿ 实践活动

在李华的提醒下,王丽仔细查阅了亚马逊平台关于 FBA 的介绍,并梳理了相关操作步骤,请同学帮助王丽一起为以下亚马逊 FBA 操作流程进行排序。

( ) 客户订购产品。

( ) 亚马逊快捷配送商品并提供客户服务。

( ) 卖家发送商品至亚马逊运营中心。

( ) 亚马逊存储产品。

( ) 亚马逊对产品进行拣货包装。

▼ 学习评价

序 号	评价内容	参考分值	得 分
1	说出 FBA 的概念	10	
2	分析 FBA 与 FBM 的优劣势	10	
3	复述亚马逊 FBA 操作流程	10	
4	分析 FBA 与第三方海外仓的异同	10	
5	根据业务信息合理选择 FBA、FBM、海外仓方式	20	
6	附属 FBA 专线操作流程	10	
7	完成课堂探究活动	10	
8	有效地参与小组讨论,并在团队中发挥积极作用	10	
9	独立完成课后习题	10	
总分			

任务七　核算亚马逊 FBA 费用

▼ 任务导入

亚马逊 FBA 仓优势明显，但同样的，费用也相对高一些，王丽整理了 FBA 详细扣费明细，方便之后与普通海外仓作价格对比，从而更有效地控制成本。

一、明确 FBA 费用的组成

FBA 费用组成：订单配送费、FBA 库存仓储费、移除订单费、退货处理费、计划外处理服务费五个部分。

探究活动

- 商品名称：手机
- 包装尺寸：$17.6 \times 9 \times 6 cm^3$
- 商品重量（含包装）：380g
- 配送范围：美国境内
- 入库时间：2024 年 1 月 5 日
- 入库地点：FBA 美国仓
- 入库数量：100 台

某公司有一批手机在亚马逊官网上进行销售，该批手机于 2024 年 1 月 15 日入库，入库时有 3 台手机条形码缺失（非首次发生），亚马逊为其进行了贴标服务。2024 年 5 月 5 日该批手机售罄，其中 2 台手机发生退货，该公司将 2 台买家退货的手机进行了"退还"处理（即亚马逊将退货的手机寄送至该公司预留的、符合亚马逊退还范围的地址）。试计算该批手机截至 2024 年 5 月 5 日所产生的 FBA 费用。

二、计算 FBA 订单配送费

自 2017 年 2 月 22 日起,亚马逊 FBA 将原来的订单处理费、取件包装费、首重续重费合并在一起进行收取,配送费的多少和卖家的产品包装后的重量以及尺寸有关,在费用的收取上分为标准尺寸商品和大件商品。

1. 第一步:单位换算

因为美国 FBA 的计量单位是英制尺寸,长度单位为英寸、英尺,重量单位为盎司、磅,所以我们先要将公制尺寸换算成英制尺寸。

FBA 中常见计量单位换算:

1 英寸(in)= 2.54 厘米(cm)

1 磅(lb)= 0.453 6 千克(kg)= 453.6 克(g)

1 盎司(oz)= 28.35 克(g)

1 磅(lb)= 16 盎司(oz)

1 立方英尺(cu ft)= 28.32 立方分米(dm^3)

手机包装尺寸为 17.6×9×6cm^3,换算成英寸后单位是 6.93×3.54×2.36in。

手机包装后重量 380g,换算成磅后单位是 380÷453.6=0.84lb=13.44oz。

2. 第二步:根据包装尺寸判断 FBA 包裹所属标准

根据 FBA 标准尺寸(见表 5-7-1)判断依据,该手机属于大标准尺寸。

表 5-7-1　　　　　　　　　　　　　　FBA 标准尺寸

包装后的商品最大尺寸和重量					
产品尺寸	最长边(in)	次长边(in)	最短边(in)	长边+底面周长(in)	重量(lb)
小标准尺寸	15	12	0.75	N/A	12 oz
大标准尺寸	**18**	**14**	**8**	**N/A**	**20**
小超标准尺寸	60	30	N/A	130	70
中超标准尺寸	108	N/A	N/A	130	150
大超标准尺寸	108	N/A	N/A	165	150
特殊超标准尺寸	超过 108	N/A	N/A	超过 165	超过 150

(1)单个包装单位的商品满足以下所有要求的为标准尺寸,只要有一个条件不满足的就是超大尺寸。

① 重量 ≤ 20lb;

② 最长边 ≤ 18in;

③ 中长边 ≤ 14in；

④ 最短边 ≤ 8in。

（2）标准尺寸里面的小标准尺寸和大标准尺寸的区别。

① 小标准尺寸为：最长边 ≤ 15in，中长边 ≤ 12in，最短边 ≤ 0.75in，重量 ≤ 12oz。

② 大标准尺寸为：最长边 ≤ 18in，中长边 ≤ 14in，最短边 ≤ 8in，重量 ≤ 20lb。

（3）超标准尺寸里的"长边+底面周长"是以最长边为高，另两边组成的平面为底面。

3. 第三步：查询订单配送费用

上一步我们已得出本手机属于大号标准尺寸，根据FBA订单配送费（标准尺寸）中，大号标准尺寸收费分为三类：不超过1磅、1~2磅和超过2磅。本手机重量为13.44益司/台，不超过1磅。

根据任务条件，100台手机的配送日期为2024年3月1日至2024年5月5日，对应表5-7-2，本手机对应的FBA配送费用为2.99美元/台。

本批手机共产生FBA配送费为：2.99（美元/台）×100（台）= 299（美元）。

表5-7-2　　　　　　　　　　FBA订单配送费（标准尺寸）

执行时间	小号标准尺寸 （不超过1磅）	大号标准尺寸 （不超过1磅）	大号标准尺寸 （1磅到2磅）	大号标准尺寸 （超过2磅）
1—9月	USD2.41	**USD2.99**	USD4.18	USD4.18+USD0.39/磅 （超出2磅的部分）
10—12月	USD2.39	USD2.88	USD3.96	USD3.96+USD0.35/磅 （超出2磅的部分）

另外，FBA订单配送费（超大尺寸）如表5-7-3所示。

表5-7-3　　　　　　　　　　FBA订单配送费（超大尺寸）

执行时间	小号超大尺寸	中号超大尺寸	大号超大尺寸	特殊超大尺寸
1—9月	USD6.85+USD0.39/磅 （超出2磅的部分）	USD9.20+USD0.39/磅 （超出2磅的部分）	USD75.06+USD0.80/磅 （超出90磅的部分）	USD138.08+USD0.92/磅 （超出90磅的部分）
10—12月	USD6.69+USD0.35/磅 （超出2磅的部分）	USD8.73+USD0.35/磅 （超出2磅的部分）	USD69.50+USD0.76/磅 （超出90磅的部分）	USD131.44+USD0.88/磅 （超出90磅的部分）

三、计算亚马逊FBA库存仓储费

仓储费按照卖家的库存在运营中心所占空间的日均体积（以立方英尺为单位）收取。体积基于已根据亚马逊物流政策和要求妥善包装且准备配送的商品尺寸测量得出。亚马逊有权按照自己的测量方式计算所有包装后的商品或代表性样品的体积或重量。若与卖家提供的信息发生冲突，则以亚马逊的测量结果为准。

1. 第一步：计算库存手机在亚马逊运营中心所占空间的日均体积

每台手机的体积为 17.6×9×6 = 950.4 立方厘米，即 0.950 4 立方分米，换算成英制尺寸是 0.950 4÷28.32 = 0.033 6 立方英尺。100 台手机所占空间为 0.033 6×100 = 3.36 立方英尺。

2. 第二步：判断商品需要支付的库存仓储费用类别

库存仓储费包括两个部分：月度库存仓储费和长期库存仓储费。根据 FBA 收费标准，在亚马逊运营中心储存超过半年的商品需要支付长期库存仓储费。

本批商品于 2024 年 1 月 5 日入库，截至 2024 年 5 月 5 日，库存时间不足 6 个月，仅需支付月度库存仓储费，无需支付长期库存仓储费。

3. 第三步：查询商品 FBA 月度库存仓储费

根据前面的判断，该手机属于标准尺寸，储存期间在 1—9 月内，根据 FBA 收费标准，对应表 5-7-4，月度库存仓储费为每立方英尺 0.69 美元，月度库存仓储总费用为 0.69（美元）×3.36（立方英尺）= 2.32（美元/月）。该批手机共存放了 3 个月，故该批手机的库存仓储费共计 2.32（美元/月）×3（月）= 6.96（美元）。

表 5-7-4　　　　　　　　　　　　　FBA 月度库存仓储费

时间	标准尺寸	超大尺寸
1—9 月	每立方英尺 0.69 美元	每立方英尺 0.48 美元
10—12 月	每立方英尺 2.4 美元	每立方英尺 1.2 美元

注意：每月 15 日，亚马逊 FBA 会进行库存清点。在此日期，亚马逊将按每立方英尺 USD6.90 的标准对已在美国亚马逊运营中心存放超过 365 天的库存收取长期仓储费（LTSF）。

四、计算退货处理费

退货处理费等于某个指定商品的总配送费用。亚马逊上的 FBA 订单如果客户要求退货，一般的品类卖家是无需再额外支付费用（FBA 工作人员免费上门取退货件）的。享受免费退货服务必须同时符合以下 2 个条件：

一是退货产品是在亚马逊上出售的。

二是符合免费退货配送的商品分类。不享受免费退货服务的品类有服装、钟表、珠宝首饰、鞋靴、手提包、箱包和太阳镜。

本任务中手机属于亚马逊 FBA 免费退货服务品类，故任务中发生的 2 例退货情况卖家无需额外支付费用。

注意：由于亚马逊根据一次只运送一件商品来收取退货处理费，在单个订单中向买家配送多件商品时，单件商品要支付的退货处理费可能要高于总配送费用。

五、计算订单移除费用

对于出现不可销售的产品，卖家们选择移除订单，亚马逊 FBA 会按照每件产品收取费用，处理方式分为退还、弃置、清算这三种。

任务中有 2 件商品发生退还操作，本批手机为标准尺寸商品，对照表 5-7-5 的 FBA 订单移除费规则，退还费用为 0.5×2=1 美元。

表 5-7-5　　　　　　　　　　　　　FBA 订单移除费

服 务	标准尺寸（每件费用）	超大尺寸（每件费用）
退 还	0.50 美元	0.60 美元
弃 置	0.15 美元	0.30 美元
清 算	10% 的清算收益	10% 的清算收益

订单移除费用按移除的每件商品收取。通常情况下，移除订单会在 10—14 个工作日内处理完毕。但是，在假日和高峰期（2月、3月、8月和9月），处理移除订单可能长达 30 天或更久。

六、计算计划外预处理服务费

对于运送到亚马逊仓库的产品，如果出现了没有经过妥善预处理或贴标的，则需要在亚马逊运营中心实施计划外预处理服务，例如贴标或塑料袋包装。

（一）计划外预处理服务费（初次发生）

如果运送至亚马逊运营中心的货件首次被发现存在上述问题，将按照表 5-7-6 中的初次发生栏中列出的费率针对每件问题商品收取费用。

（二）计划外预处理服务费（后续情况）

如果运送的库存再次出现上述问题，将按照表 5-7-6 中后续情况栏中列出的费率针对每件问题商品收取费用。

任务中发生 3 台手机出现条码缺失情况，需要亚马逊运营中心进行商品贴标的计划外预处理服务，由于都非首次发生，按照 FBA 计划外预处理服务费用标准，每件收费 0.4 美元，卖家需支付费用为 0.4×3=1.2 美元。

表 5-7-6　　　　　　　　　　　FBA 计划外预处理服务费

问题类型	计划外预处理服务	初次发生收费	后续情况收费
条形码标签缺失	为商品贴标	USD0.20	USD0.40
需要标签	为商品贴标	USD0.20	USD0.40
需要使用塑料袋包装	使用塑料袋封装商品	USD0.70	USD1.40
需要使用气泡膜包装	使用气泡膜封装商品	USD1.00	USD2.00
需要使用不透明塑料袋包装	使用不透明塑料袋封装商品	USD1.20	USD2.40
需要封装	使用胶带封装商品	USD0.20	USD0.40
需要附上窒息警告标签	粘贴警告标签	USD0.20	USD0.40

所以，截至2024年5月5日，该批手机会产生的FBA费用约为：299＋6.96＋1＋1.2＝308.16美元。

注意：实际FBA操作中，还会有各种额外情况，如单笔订单含两台以上手机；随着手机的销售，仓库所占体积也会有减少；参加亚马逊轻小商品计划，收费标准有不同优惠等，在此任务中不做展开。

小贴士

常用货币

常用货币符号如表5-7-7所示。

表 5-7-7　　　　　　　　　　　常用货币符号

国家	货币	货币代码	货币符号	与人民币汇率（数据参考2024年4月平均）
中国	人民币	RMB	￥	—
美国	美元	USD	$	USD1 = RMB7.23
英国	英镑	GBP	£	GBP1 = RMB9.29
欧盟	欧元	EUR	€	EUR1 = RMB7.84
日本	日元	JPY	JP￥	JPY100 = RMB4.69
中国香港	港元	HKD	HK$	HKD1 = RMB0.93

> 跨境电商物流

> **探究活动**
>
> 使用亚马逊 FBA 计算器，预测以下商品的 FBA 费用。 
>
> - 商品名称：马赛克瓷砖 Mosaic Tile
> - 商品重量（含包装）：35 磅
> - ASIN 编码：B004P3IRW6
> - 入库地点：FBA 美国仓
> - 包装尺寸：11.8×11.8×4 英寸
> - 配送范围：美国境内

1. 第一步：打开亚马逊计算器，搜索 ASIN 编码

亚马逊计算器网址为 https://sellercentral.amazon.com/fba/profitabilitycalculator/index。在搜索框中，输入 ASIN（ASIN 就是 Amazon Standard Identification Number，即亚马逊的商品编号）编码"B004P3IRW6"（见图 5-7-1）。

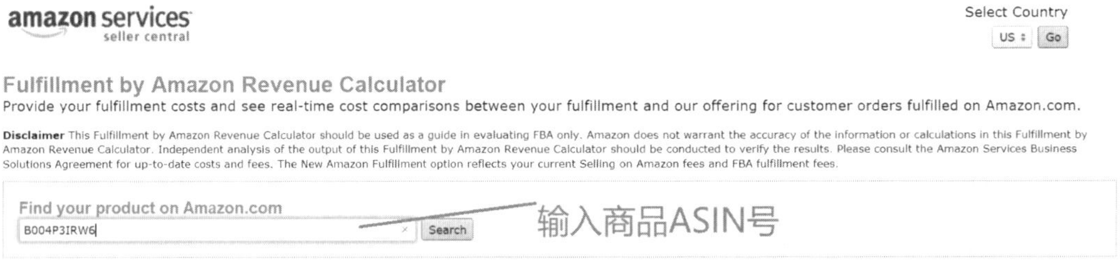

图 5-7-1 在亚马逊计算器搜索栏中输入 ASIN 编码

注意：以上搜索也可输入商品名称，但由于种类繁多，如仅需使用计算器，可直接输入 ASIN 编码"B004P3IRW6"进入下一步。

2. 第二步：输入商品包装尺寸、重量等信息

输入商品包装尺寸、重量信息（见图 5-7-2）。

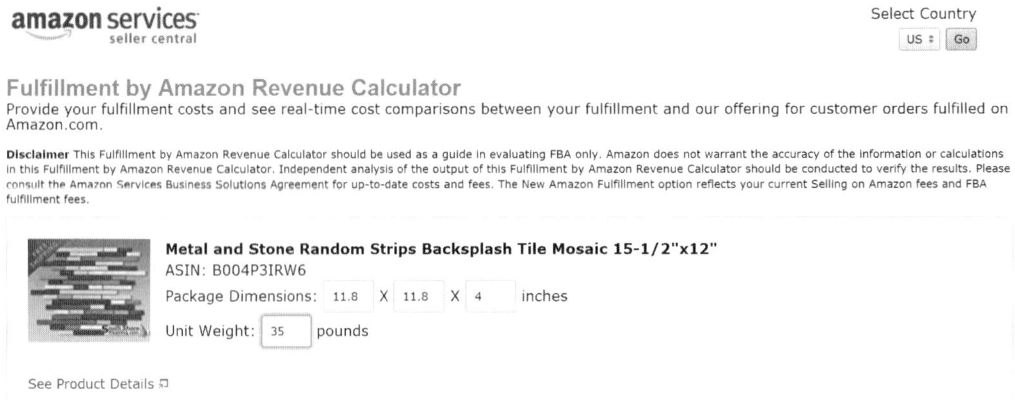

图 5-7-2 输入商品尺寸、重量信息

3. 第三步：点击网页下方的"Calculate"（计算）按钮

输入尺寸、重量信息后，点击"计算"按重（见图5-7-3）。

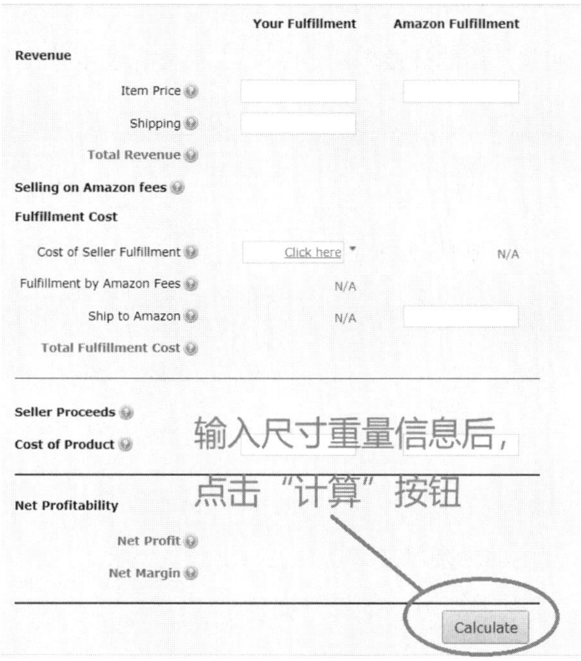

图 5-7-3 点击"计算"按钮

计算结果（见图5-7-4）中，Fulfillment by Amazon Fees就是FBA费用，显示出来的FBA费用包含仓存费、处理费、包装费等。

图 5-7-4 计算结果

本任务中，FBA 运费预计为 21.33 美元。

> 实践与思考

1. 单选题：欧美通常采用的计量单位是（　　）尺寸，长度单位为英寸、英尺，重量单位为盎司、磅。

   A. 美制　　　　　B. 德制　　　　　C. 公制　　　　　D. 英制

2. 单选题：（　　），亚马逊FBA会进行库存清点。在此日期，亚马逊对已在美国亚马逊运营中心存放超过（　　）天的库存收取长期仓储费（LTSF）。

   A. 每月15日，365　　　　　B. 每月15日，180

   C. 每月1日，365　　　　　D. 每月1日，180

3. 多选题：FBA规定的标准尺寸，需满足以下哪些要求（　　）。

   A. 重量≤20lb　　　　　C. 中长边≤14in

   B. 最长边≤18in　　　　　D. 最短边≤8in

4. 多选题：移除订单的处理方式包括（　　）。

   A. 退还　　　　B. 弃置　　　　C. 清算　　　　D. 销毁

5. 判断题：运送到亚马逊仓库的产品漏贴标签时，亚马逊仓库第一次会向产商提出警告，第二次开始就会收取费用。（　　）

6. 判断题：服装类商品可享受亚马逊免费退货配送。（　　）

7. 判断题：在单个订单中向买家配送了多件商品，单件商品支付的退货处理费不可能高于总配送费用。（　　）

8. 换算题：将以下单位进行换算。

   12cm =（　　）in　　　　　19in =（　　）dm

   250g =（　　）lb =（　　）oz　　　　340oz =（　　）kg

⑨ 实践活动

某公司在亚马逊上售出一个婴儿床，该婴儿床于 2024 年 10 月 5 日入库，亚马逊于 2024 年 10 月 6 日进行配送。试计算婴儿床的 FBA 配送费用。

- 商品名称：婴儿床 Baby bed
- 包装尺寸：125×100×4 cm³
- 商品重量（含包装）：1.3kg
- 入库时间：2024 年 10 月 5 日
- 入库地点：FBA 美国仓
- 入库数量：1 台
- 配送范围：美国境内

▼ 学习评价

序号	评价内容	参考分值	得分
1	说出亚马逊 FBA 费用组成	10	
2	能进行英寸与厘米、磅与千克的换算	10	
3	运用亚马逊 FBA 计算器计算相关费用	10	
4	说出 FBA 标准尺寸、超大尺寸的界定标准	10	
5	根据业务信息计算商品 FBA 订单配送费用	10	
6	根据业务信息计算商品月度库存仓储费用	10	
7	列举 FBA 计划外预处理服务费标准	10	
8	完成课堂探究活动	10	
9	有效地参与小组讨论，并在团队中发挥积极作用	10	
10	独立完成课后习题	10	
	总分		

项目六 跨境电商物流进口操作

知识目标

- 说出进口直邮、保税备货和转运物流模式的含义
- 概述进口直邮、保税备货和转运物流模式的流程
- 列举海外直邮物流模式的不同分类
- 归纳直邮、保税备货和转运的优缺点
- 说出"单一窗口"的概念和意义
- 说出"三单合一"的含义
- 解释 9610 监管方式的含义和优势

技能目标

- 能运用平台查询跨境电子商务零售个人额度
- 能根据条件计算跨境电商进口综合税
- 能根据跨境电商直邮进口通关流程判别商品能否被放行

素养目标

- 领悟跨境电商税收改革对中国对外贸易的提升作用和对国民经济的良性影响,培养爱国情怀
- 感受跨境电商进口综合税的计算,体验岗位职责,增强职业认同感

项目背景

上海力达跨境电商物流有限公司不仅出口业务做得好,进口业务还不少。逐渐掌握出口业务的王丽,偶尔也会跟着带教师傅李华,到进口业务部帮忙。

任务一　了解跨境电商物流进口模式

▼ 任务导入

随着跨境电商的发展,不出国门买全球,已经成为中国消费者的家常便饭。跨境电商进口也有多种模式,且各有利弊。好学的王丽考察了目前我国主要进口跨境电商平台,发现大多数平台采用的物流模式以海外直邮和保税备货为主,那么这两者之间有何优势和劣势呢?

一、跨境电商进口物流模式

跨境电商进口物流是指跨境电商卖家将消费者购买的商品从境外国家(地区)通过陆运、空运或者海运等方式运送到境内消费者手中。近年来,随着我国新一轮的消费升级,人们更愿意为个性化和高品质的商品买单,对境外商品的需求急剧上升,越来越多的人加入跨境网购的大军,我国跨境电商进口市场规模日益增长。

2023 年中国跨境电商进口市场交易规模达到 5 517.7 亿元,跨境电商进口从个人代购发展到 B2C 模式,并呈现出一超多强的格局,天猫国际、京东国际、抖音全球购、拼多多全球购排名位居前列,市场整体处于上升阶段,市场格局基本稳定。2023 年中国跨境电商进口 B2C 市场份额如图 6-1-1 所示。

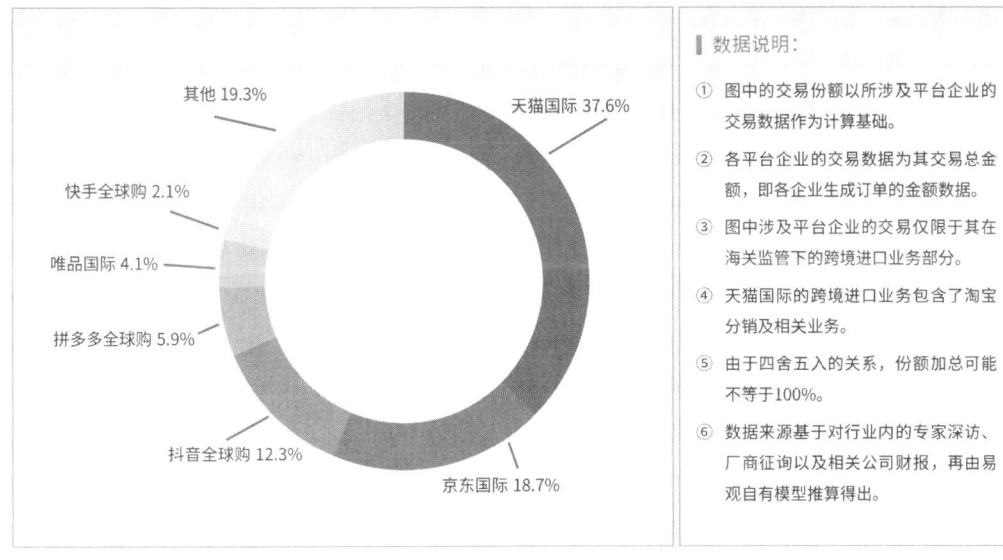

饼图数据:
- 天猫国际 37.6%
- 京东国际 18.7%
- 抖音全球购 12.3%
- 拼多多全球购 5.9%
- 唯品国际 4.1%
- 快手全球购 2.1%
- 其他 19.3%

数据说明:
① 图中的交易份额以所涉及平台企业的交易数据作为计算基础。
② 各平台企业的交易数据为其交易总金额,即各企业生成订单的金额数据。
③ 图中涉及平台企业的交易仅限于其在海关监管下的跨境进口业务部分。
④ 天猫国际的跨境进口业务包含了淘宝分销及相关业务。
⑤ 由于四舍五入的关系,份额加总可能不等于100%。
⑥ 数据来源基于对行业内的专家深访、厂商征询以及相关公司财报,再由易观自有模型推算得出。

资料来源:易观分析 https://www.analysys.cn。

图 6-1-1　2023 年中国跨境电商进口 B2C 市场份额

在目前的跨境电商进口 B2C 物流业务的发展过程中，由于涉及报关、商检、保险等重要环节，存在流程复杂、风险高、结算难、物流效用低等问题，开展跨境电商进口物流的企业数量较少。在我国境内，只有少数企业具有跨境电商进口物流能力，其中具有代表性的为中国邮政集团和顺丰速递集团，两者几乎承担了我国所有的跨境电商进口 B2C 物流业务。随着我国进一步开放进口，更多的跨境电子商务综合试验区和保税区设立，跨境电商进口物流模式变得更加多样化。当前，跨境电商进口物流模式主要包括海外直邮物流模式、保税备货物流模式和转运物流模式。

探究活动

分组任务，选择一个主流进口跨境电商进口平台，查阅资料分析其进口物流模式。

进口跨境电商平台	物流模式	保税仓储布局
天猫国际	以保税备货为主，海外直邮为辅	上海、广州、郑州、杭州、宁波5个试点城市的保税仓库已经和天猫国际达成合作，开通了中英、中美、中德、中澳、中西、中日和中韩7条进口路线。
京东国际		
拼多多全球购		
抖音全球购		
……		

（一）海外直邮模式

海外直邮是跨境电商进口最开始使用的物流模式，是指境内消费者在跨境电商平台上下单后，境内跨境电商企业将消费者的订单信息发给境外供应商，境外供应商的物流中心完成订单的拣货、包装和出货，将"单一"订单包装成单件包裹，以邮件、快件等方式运输入境的跨境电商进口物流模式。海外直邮物流模式的流程具体如下：首先，当境内消费者在跨境电商平台上下单后，境外供应商会按照订单进行拣货、包装；其次，借助国际物流企业将商品运到境内；再次，商品由海关进行一系列的清关检查，转入海关监管仓库进行短暂储存；最后，由境内物流企业进行商品的配送，如图 6-1-2 所示。

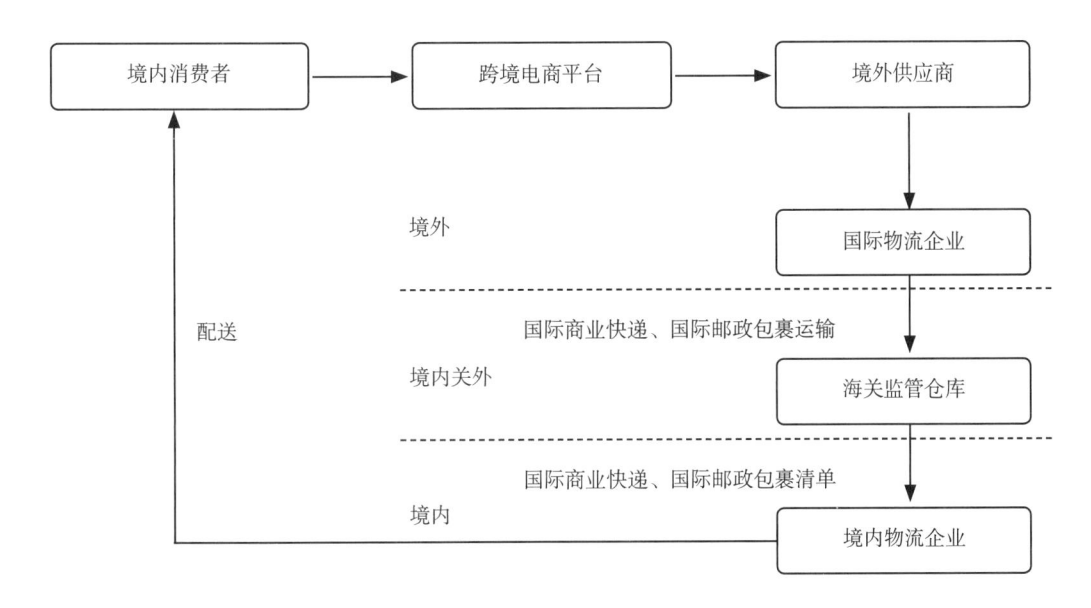

图 6-1-2 海外直邮物流模式的流程

1. 海外直邮物流模式的分类

跨境电商平台和商品种类繁多、个性化强的商家更偏向于使用这一模式。海外直邮物流模式可分为商业快递直邮和两国合作直邮两种。

（1）商业快递直邮。商业快递直邮一般由国际快递公司（如 DHL、UPS、FedEx 等）负责将商品直接运送至境内的收件地，不用与境内其他快递公司合作，也不另设转运物流配送中心，即提供门到门的优良品质服务。同时，国际快递公司还负责处理商品的报税、通关、商检等工作。商业快递直邮的流程如图 6-1-3 所示。

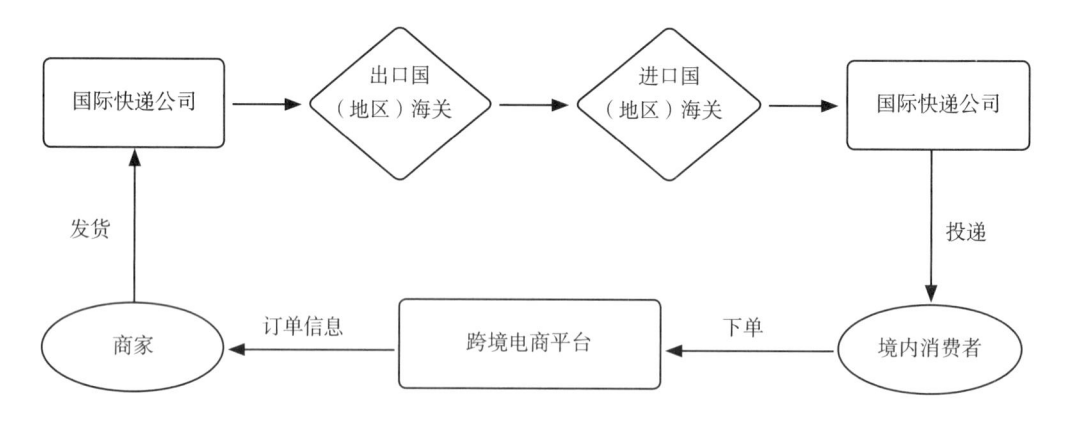

图 6-1-3 商业快递直邮的流程

商业快递直邮存在运费高、支持跨境直邮服务的跨境购物网站较少等问题，但也具备两大优势。一是安全性强，全球网络下的强时效性和配送环节的高安全性是国际快递公司的核心竞争力，从境外到境内全程由国际快递公司配送，能保证服务质量。二是清关速度快，国际快递公司在报关时采用自行报关的方式，并与海关实现数据对接；在海关的报关系统中，商业快递直邮系统属于清关速度最快的快件系统之一。

（2）两国合作直邮。两国合作直邮根据承运人性质的不同，又分为万国邮政联盟渠道（UPU 框架）和两国快递公司合作运输渠道。想要使用万国邮政联盟渠道，境内外的承运人都必须是万国邮政联盟的成员，以我国为例，境外承运人包括美国邮政、荷兰邮政、英国皇家邮政等，境内承运人为中国邮政。万国邮政联盟渠道走邮政清关途径，批量报关，缩短了清关时间。两国快递公司合作运输渠道不受《万国邮政公约》的约束，重视价格和时效性，承运人往往是邮政或信誉良好的快递公司，包裹的抽检率较低。在两国合作直邮中，万国邮政联盟渠道的物流时效性低于商业快递直邮。两国合作直邮的流程如图 6-1-4 所示。

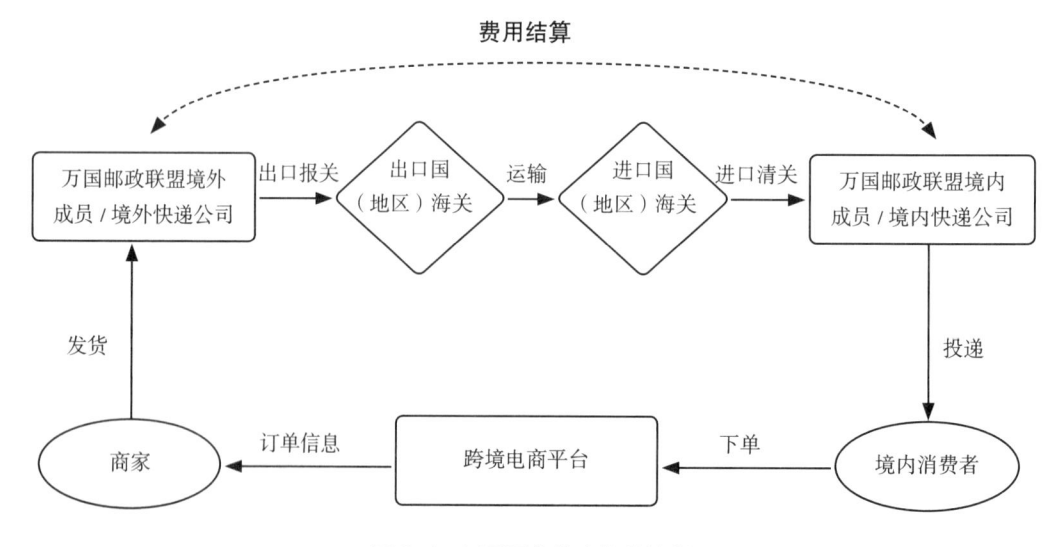

图 6-1-4 两国合作直邮的流程

2.海外直邮物流模式的优点

海外直邮物流模式能够满足跨境电商消费者的真正需求，操作简单，并且商品丢失、破损甚至被偷换的风险都相对较低，更不必担心转运公司跑路等问题出现。其优点具体体现在以下几个方面：

（1）商品的品类无限制，能满足消费者多元化的需求；

（2）直邮的连贯性和封闭性保障了商品品质；

（3）不存在商品积压问题，无须等待资金回流。

3.海外直邮物流模式的缺点

海外直邮物流模式虽由境外供应商直接发货，但配送速度较慢，无法体现运输的规模经济。

（二）保税备货物流模式

保税备货物流模式是当前跨境电商物流模式的核心之一，也是目前应用较广泛的一种物流模式。在这种模式下，跨境电商企业先将跨境商品运到境内的保税仓库，提前建立仓储，等有了订单之后直接从保税仓库清关出货，通过境内物流企业将跨境商品送到境内消费者手中。在速度方面，该模式下的商品基本3天内就能妥投。在税收方面，该模式下会产生行邮税，而非进口税和增值税，且50元以下的税额免征。

一般来说，保税备货物流模式的流程为：跨境电商企业根据对市场需求的预估提前向境外供应商批量下单，采购商品入境后保税报关，商品在保税仓库进行存储，境内消费者下单，商品经境内清关后由境内物流企业配送，如图6-1-5所示。

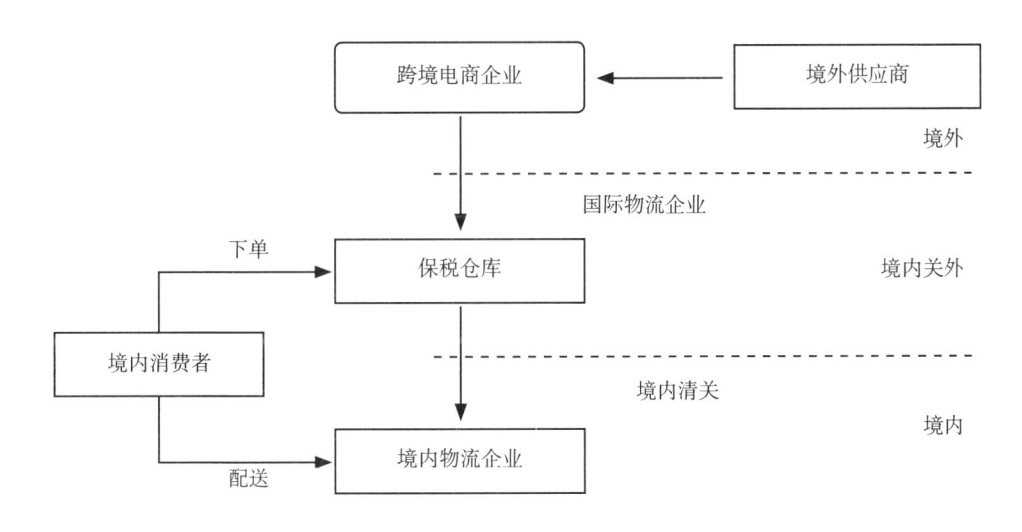

图6-1-5 保税备货物流模式的流程

> **探究活动**
>
> 表 6-1-1 是某用户在美国某品牌官网上定了一双鞋，选择 SFBuy（顺丰旗下的海购丰运）直邮方式寄送的物流跟踪信息；图 6-1-6 是另一位用户在天猫国际上订购的一双鞋，从宁波保税仓发货的物流跟踪信息。比较两者不同，分组讨论并阐述直邮进口和保税进口的区别。

表 6-1-1　　　　　　　　　通过 SFBuy 直邮的快递路线

日期	时间	快件状态	当前地点
2023-09-26	19:16:34	收件	美国纽约市
2023-09-26	20:22:13	快件在 **美国纽约** 装车，准备送往下一站 **天津集散中心**	美国纽约市
2023-10-17	02:54:15	快件在 **天津集散中心** 装车，准备送往下一站 **北京集散中心**	中国天津市
2023-10-17	23:38:00	快件在 **北京集散中心** 装车，准备送往下一站 **广州集散中心**	中国北京市
2023-10-18	05:47:58	快件在 **广州集散中心** 装车，准备送往下一站 **深圳集散中心**	中国广州市
2023-10-18	09:36:02	快件在 **深圳集散中心** 装车，准备送往下一站 **汕头集散中心**	中国深圳市
2023-10-18	16:23:51	快件在 **汕头集散中心** 装车，准备送往下一站 **潮州**	中国汕头市
2023-10-19	12:26:44	派件出仓	中国潮州市
2023-10-19	13:30:11	上门派件	中国潮州市
2023-10-19	13:30:00	签收人是：已签收	中国潮州市

02-19 12:25	已签收	【上海市】您的包裹已签收，感谢使用百世快递，期待再次为您服务
02-19 08:01	派送中	【上海市】上海黄浦区六部派件员：□□□ 正在为您派件
02-19 07:54	运输中	【上海市】快件已到达 上海黄浦区六部
02-19 07:54	•	到上海市【上海黄浦区六部】
02-19 05:24	•	【上海市】快件已从上海转运中心发出，准备发往上海黄浦区六部
02-19 03:16	•	【上海市】快件已到达 上海转运中心
02-18 20:46	•	【宁波市】快件已从宁波转运中心发出，准备发往上海转运中心
02-18 20:44	•	【宁波市】快件已到达 宁波转运中心
02-18 10:37	已揽件	【宁波北仑】揽收成功
02-18 10:01	保税仓作业中	您的包裹已出库，等待国内配送，配送公司：百世汇通，运单号：□□□10225
02-18 08:34	•	您的订单打包完成
02-18 00:41	•	您的订单清关完成，[菜鸟宁波保税3号仓]发货准备中
02-18 00:27	•	您的订单开始清关，申报口岸[宁波海关]

图 6-1-6 通过保税仓发货的物流跟踪记录

1. 保税备货物流模式的优点

保税备货物流模式具有以下几个优点。

（1）缩短物流时间，提升物流时效性。由于保税备货物流模式下商品被提前存储在保税仓库，当消费者在线下单后，跨境电商企业能直接从保税仓库将商品清关发货，极大地缩短了商品从境外到境内这一国际物流配送时间。另外，相比海外直邮物流模式，保税备货物流模式在商品入境时就已开始办理商品报关手续，在清关时更便捷。同时，保税备货物流模式实现了跨境运输补货与境内货物发送的并联进行，大大缩短了消费者的等待时间。

（2）节约商品成本，保证商品质量。相比其他模式，保税备货物流模式有国家税收政策的支持。在跨境电商的税收政策中，海关对采用保税备货物流模式的商品不征收关税，只征收增值税和消费税应缴税费的 70%。在该模式下，跨境电商企业可以大量集中采购商品，并在保税仓库进行存储和管理，商品的采购成本与物流成本大幅度降低。另外，我国跨境电商保税区的监管机制也在不断完善，既要求跨境电商企业主动向海关登记备案，也要求每件商品都必须有追溯码，以确保商品质量。

（3）促进保税仓库所在地区的经济发展。目前我国的保税仓库主要分布在上海、大连、张家港、海口、广州、深圳等沿海且交通便利的城市，重庆、成都等地也设有保税仓库。这些地区一直积极探索与发展保税备货物流模式，并在国家政策的支持下取得了显著的成绩，促进了自身的经济发展。

2. 保税备货物流模式的缺点

我国境内仅有少数城市设有保税仓库，覆盖率比较低；提前大量采购商品提高了商品积压风险，增加了库存管理成本，会消耗大量资金。同时消费者购买商品的可选种类受限，长尾商品供给明显不足，商品有卖不出去的风险，等等。

（三）转运物流模式

转运物流模式即转运公司提供一个境外当地的仓库信息给消费者，当消费者在电商平台下单时，将收件信息填写为转运公司的仓库收件人和地址，商品会先被送到转运公司，然后由转运公司集中将商品空运至境内进行清关，最后由境内物流企业负责配送。

转运物流模式的流程为：境内消费者在转运公司网站注册并登录，获取转运公司提供的境外收货地址，使用该地址购买商品；境外购物网站发货至转运公司海外仓，转运公司海外仓发货至境内，转入海关监管仓库，最后由境内物流企业进行配送，如图6-1-7所示。

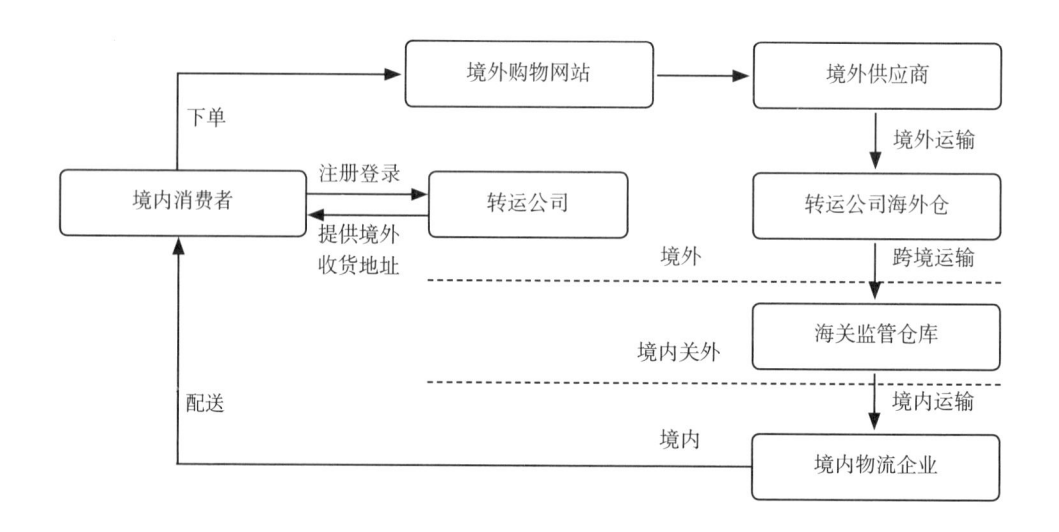

图 6-1-7 转运物流模式的流程

目前，我国主要进口跨境电商平台采用的物流模式（见表6-1-2）以海外直邮和保税备货为主。

表 6-1-2　　我国主要进口跨境电商平台采用的物流模式

进口跨境电商平台	物流模式	保税仓储布局
天猫国际	以保税备货为主,海外直邮为辅	上海、广州、郑州、杭州、宁波 5 个试点城市的保税仓库已经和天猫国际达成合作,开通了中英、中美、中德、中澳、中西、中日和中韩 7 条进口专线
苏宁国际	以保税备货为主,海外直邮为辅	杭州、广州保税仓库已投入运营,后续将完成 8 个保税仓库的建设
京东国际	保税备货 + 海外直邮	跨境干线物流与 DHL 合作,并在杭州、广州、宁波建立保税仓库
考拉海购	以保税备货为主,海外直邮为辅	在杭州、宁波、郑州建设大规模保税仓库,并在全球多点布局海外仓
唯品国际	以保税备货为主,海外直邮为辅	全球布局 12 个海外仓,仓储面积超 60 000m^2;境内设立 11 个保税仓库
蜜芽	保税备货 + 海外直邮	在重庆、宁波、广州、西安建立保税仓库,在境外设立澳大利亚、德国、美国、日本直邮站
洋码头	保税备货 + 海外直邮	在美国拥有 3 个集货站,在境内 6 个试点城市建立保税仓库,并与 EMS 合作完成"最后一公里"配送

二、《中华人民共和国电子商务法》

《中华人民共和国电子商务法》是规范我国境内电子商务活动的基本法律,对于跨境电商也有明确的规范。

首先,该法加强了对跨境电商经营者和平台的管理,规定了跨境电商经营者应当在中国境内设立实体或者委托报关企业办理报关手续,保障商品质量、提供售后服务等。此举旨在规范跨境电商的经营行为,维护消费者的权益,增强市场信心。同时,该法还规定了跨境电商平台应当对进口商品的信息真实性进行审核,确保商品信息的准确性,防止虚假广告和欺诈行为的出现。

另外,根据《中华人民共和国电子商务法》的规定,跨境电商经营者和平台还应当履行税务、海关和知识产权等方面的法律义务。对于进口商品,跨境电商经营者必须按照相关法律法规向海关申报并缴纳进口税款,保证商品的合规性。同时,要求跨境电商平台应当加强对进口商品的知识产权保护,防止侵权行为的发生。这些规定有助于规范跨境电商市场,推动跨境电商的健康有序发展。

总的来说,《中华人民共和国电子商务法》的出台为进口跨境电商的发展提供了更好的法律保障和规范。通过加强对跨境电商经营者和平台的管理，以保护消费者的权益，维护市场秩序，促进跨境电商的可持续发展。同时，该法还促进了进口商品的知识产权保护，提升了商品质量和市场竞争力。因此，跨境电商各个企业应当遵守《中华人民共和国电子商务法》的相关规定，加强自律管理，提高商品质量和服务水平，为消费者提供更好的购物体验。

> **探究活动**
>
> 个人代购，就是找人帮忙购买你需要的商品，这些商品或者尚未在国内上市，或者其价格比当地的售价低。然后通过快递包裹的形式发货到国内，或者从国外直接携带商品到国内。
>
> 观看视频：关于个人代购、电商法的解读，分别从卖家和买家的角度，思考个人代购商品有什么风险？

个人代购在可靠性、法律风险、物流监管等方面存在不可忽视的问题。

1. 货源价格高

大部分个人代购都是向居住在国外的亲戚、朋友拿货，因为采购方面都是直接当地零售采购，因此，商品的基础价格是高于零售价格的。

2. 货源真假难辨

部分个人代购使用正品的外包装对假货进行包装，冒充正品卖出，买家收货后即使发现，也往往投诉无门；即使附上购物小票，也无法避免调包的风险，是否是真货无法辨认；即使从国内代理商拿货，价格虽然便宜，但同样也是真假难辨。相关事件如图 6-1-8 所示。

3. 法律风险高

大部分个人代购的商品都不缴税，一旦被发现，就会面临承担相应法律后果。

4. 物流监管难度大

个人代购的商品如果使用快递、邮包运输，则经常会出现货品缺失、货品损坏等问题。因为针对出现问题的环节无法监控，个人代购的卖家既损失了资金和个人信用，也降低了买家的满意度。

5. 售后服务无法保障

由于个人代购出具的发票都是国外采购地的发票，大部分代购来的商品都无法在国内享受到售后服务，特别是 3C 产品。

万亿市场已经形成黑色产业链!暴利逾六倍,你还在为假货买单么?

大金牛财经 2019年06月25日 09:43

所以如果想要彻底根除,除了相关部门的努力以外,消费者也要从自身做起,拒绝假货和山寨货,这样我们携起手来才能够真正的买到正品,规范整个代购市场。...

查看更多相关资讯>> - 百度快照

惊爆大事件,650%的暴利代购,大部分都是假货,购买需谨慎

新农财经 2019年06月24日 16:18

在近几年海外代购的行业可以说是越来越火,尤其是主播行业的发达,很多人甚至在直播...所以在市面上出现了各种各样的假货,他们挂着真货的名字各种招摇撞骗,但是依旧... 百度快照

"假"的生意经:美妆产品的需求旺盛 代购买入一些假货后再充当...

医药观察家网 2小时前

近日,第一财经记者走进韩国美妆代购行业,经过实地调研及多方采访后发现,由于美妆产品的旺盛消费需求使不少商家难抵诱惑,代购买入一些假货后再充当正品出售,整个假...

查看更多相关资讯>> - 百度快照

奢侈品代购造假黑幕被揭:一转手获利6倍利润惊人,做工比正品还好?

星辰在线 2019年06月17日 12:05

随着高仿奢侈品充斥市场,也让假代购行业兴起,高仿品代购也是一门技术活儿,除了...黄某一方面从目某夫妇处获取不贴标仿品,另一方面从幸某处购买假冒商标,将仿品...

查看更多相关资讯>> - 百度快照

揭秘代购的内幕:你买的香港直邮化妆品多假货

晓炀说社会 2019年03月18日 23:44

揭秘代购的内幕:你买的香港直邮化妆品多假货 代购已经成为人们日常生活当中重要的一种购买商品的方式之一,越来越多的人都会通过代购的方式来买回自己想要的物品,通... 百度快照

图 6-1-8 代购假冒事件层出不穷

> 实践与思考

1 单选题：《中华人民共和国电子商务法》实施日期是（　　）。

　　A. 2019年1月1日　　　　　　B. 2018年1月1日

　　C. 2018年12月1日　　　　　D. 2017年1月1日

2 单选题：直邮方式的特点是（　　）。

　　A. 费用较低　　　　　　　　B. 选择面更大

　　C. 提供增值服务　　　　　　D. 运输更快捷

3 单选题：以下说法正确的是（　　）。

　　A. "集货直邮"先有订单后有货

　　B. "保税备货直邮"的商品直接从海外仓发出

　　C. "集货直邮"比"保税备货直邮"时效要短

　　D. "集货直邮"到达国内后直接配送

4 单选题：在集货直邮进口模式前期准备中，企业备案所需资料不包括以下哪项？（　　）

　　A. 企业备案申请表　　　　　　B. 电商企业承诺书

　　C. 保税中心对海关国检提供的担保书　　D. 企业质量诚信承诺书

5 多选题：跨境电商直邮进口按物流方式分为（　　）。

　　A. 直邮　　　　B. 保税　　　　C. 转运　　　　D. 集货

6 判断题：相比直邮，转运丢件风险更大。　　　　　　　　　　（　　）

7 判断题：与保税备货直邮模式不同，在集货直邮进口模式前期准备中，不需要向海关备案。　　　　　　　　　　　　　　　　　　　　　　　　（　　）

8 实践活动

请以小组为单位展开活动，登录跨境电商进口平台，选择同一商品，比较海外直邮和保税备货直邮的差异。

▼ 学习评价

序号	评价内容	参考分值	得分
1	概述跨境电商进口的三种物流模式的流程	10	
2	列举三种跨境电商进口物流模式的优缺点	20	
3	说出个人代购的风险	10	
4	根据承运人性质区分进口物流模式	10	
5	说出主要进口跨境电商平台采用的进口物流模式及其流程	20	
6	完成课堂探究活动	10	
7	有效地参与小组讨论，并在团队中发挥积极作用	10	
8	独立完成课后习题	10	
总 分			

任务二　计算跨境电商综合税

▼ 任务导入

在计算跨境电商税费时，王丽发现与出口业务不同，跨境电商进口有个特别要注意的地方，就是个人年度交易额。根据《财政部、海关总署、税务总局关于完善跨境电子商务零售进口税收政策的通知》（财关税〔2018〕49号），跨境电商零售进口商品的单次交易限值为人民币5 000元，个人年度交易限值为人民币26 000元。对于单次交易超过5 000元但年度累计不超过26 000元的情况，商品可以进口，但需全额征税。

一、税费说明

行邮税，就是行李和邮递物品进口税的简称，是关税、进口增值税及消费税三者合一的替代税种。"行"指的是入境时旅客随身携带的行李物品，"邮"指的是通过邮政渠道从境外邮寄到境内的物品。跨境电商的直邮业务涉及的是"邮"而非"行"。由于行邮税针对的是非贸易属性的进境物品，税率普遍低于同类进口货物的综合税率，征了行邮税，其他税就不征了。

行邮税只针对个人非大宗物品，根据海关相关条例规定，对超过规定数额、但仍在合理数量以内的个人自用进境物品进行归类、确定完税价和适用税率，进而征收行邮税，若税额不超过50元，则行邮税是免征的。

行邮税的计算公式较为简单，即：税款＝完税价格×适用税率。

根据海关总署2010年第54号公告《关于进境旅客所携行李物品验放标准有关事宜》，个人自用进境物品免税额度为5 000元。根据财政部等部门联合印发的《口岸进境免税店管理暂行办法》，在维持居民旅客进境物品5 000元免税限额不变基础上，允许其在口岸进境免税店增加一定数量的免税购物额，连同境外购物额总计不超过8 000元则享有进境免税优惠。海关要求这种随身行李的物品，以"自用、合理数量"为限，超出这个限度的就需要办理进口手续和交进口税。

国务院关税税则委员会于2019年4月8日发出通知，宣布自4月9日起下调一系列日用消费品的行邮税税率。调整后，行邮税税率分别为13%、20%、50%。适用于13%一档的物品包括书报、食品、金银、家具、玩具和药品。适用于20%一档的物品包括运动用品（不含高尔夫球及球具）、钓鱼用品、纺织品及其制成品。适用于50%一档的物品包括烟、酒、贵重首饰及珠宝玉石、高档手表、高档化妆品。通知还对税目1"药品"的注释做了修改：对国家规定减按3%征收进口环节增值税的进口药品（目前包括抗癌药和罕见病药），按照货物税率征税。

跨境电商零售进口商品自2019年4月8日起，不再按邮递物品征收行邮税，改为按货物征收关税、进口环节增值税和消费税。

根据跨境电商零售进口税收政策，个人单笔交易限值人民币5 000元，个人年度交易限值人民币26 000元。

> **探究活动**
>
> 运用以下两种查询方法，查询自己或家人的跨境电子商务零售进口个人额度。
>
> （1）登录掌上海关App—服务—其他信息—跨境电商个人通关数据，可选择时间范围查询（微信小程序不可以查往年消费数据）。
>
> （2）登录跨境电子商务零售进口个人额度查询网站：中国国际贸易单一窗口（www.singlewindow.cn）—业务应用—标准版应用—跨境电商—公共服务，通过个人用户的"用户名+密码+验证码"登录后，点击左侧菜单"个人通关数据查询"，可以通过设置时间范围查看个人历史"消费详情"。

在限值以内进口的跨境电商零售进口商品，关税税率暂设为0；进口环节增值税、消费税按法定应纳税额的70%征收。计算规则如下：

$$税费 = 购买单价 \times 件数 \times 跨境电商综合税率$$

$$跨境电商综合税率 = (消费税率 + 增值税率 + 关税率) \times 70\%$$

对于自己海淘并通过转运公司或者直邮的个人商品适用行邮税，需要注意的是海关征收行邮税时并不完全按单据上的价格征收，一般按行邮税表的完税价格（完税价格＝货物价值＋运费＋保险）来计算。京东平台商品进口税收费如图6-2-1所示。

图 6-2-1 京东平台商品进口税提示

二、跨境电商、一般贸易及行邮通道的税收区别

进口缴税主要有三种：关税、增值税和消费税。

关税：是世界各国海关对进出境的货物或者物品普遍征收的一种税，关税和非关税措施是衡量一个国家市场开放度的主要标志。关税又分进口税、出口税、过境税。

进口增值税：即进口环节征缴的增值税，是以环节增值额为征税对象的流转税。

消费税：主要针对小部分高价值的进口消费品，个别还要加收奢侈品税。

不同的进口方式，缴纳种类会有差异（见表6-2-1），传统贸易货物通常要三税合缴。

表 6-2-1　　　　　　　　不同通关模式进口税收缴情况

税 种	征收范围	计算公式	一般贸易	邮件快件	跨境电商	免税商店
关 税	进出货物	从价：税额 = 商品完税价格 × 关税税率 从量：税额 = 进口货物数量 × 单位税额 复合：税额 = 完税价格 × 关税 + 进口货物数量 × 单位税额	√	×	限制以内 0	×

续表

税 种	征收范围	计算公式	一般贸易	邮件快件	跨境电商	免税商店
消费税	进口，主要是烟、酒、化妆品、首饰等	从价：税额=（关税完税价格+关税税额）÷（1-消费税比例税率）×消费税比例税率 从量：税额=应税消费品进口数量×消费税定额税率 复合：税额=（关税完税价格+关税税额）÷（1-消费税比例税率）×消费税比例税率+应税消费品进口数量×消费税定额税率	√	×	限制以内70%	×
增值税	进口货物	税额=商品计税价格×增值税税率	√	×	限制以内70%	×
行邮税	入境个人物品	税率=商品完税价格×商品行邮税税率（综合税）	×	√	×	×

注：表中"√"代表应缴纳该税种，"×"代表不需要缴纳该税种。

一般贸易进口要缴纳进口环节增值税和关税，其中进口环节增值税是13%，而根据关税税则，不同商品的关税税率不同。

> **小贴士**
>
> ## 跨境电子商务零售进口税收政策
>
> 1. 主体对象
>
> 跨境电子商务零售（企业对消费者，即B2C）进口商品按照货物征收关税和进口环节增值税、消费税，购买跨境电子商务零售进口商品的个人作为纳税义务人，实际交易价格（包括货物零售价格、运费和保险费）作为完税价格，电子商务企业、电子商务交易平台企业或物流企业可作为代收代缴义务人。
>
> 2. 金额限制
>
> 跨境电子商务零售进口商品的年度交易限值为人民币26 000元；单次交易限值为人民币5 000元，即每次购物货值不能超过5 000元，当订单下仅一件商品时，货值可超出单次限值规定。

年度交易总额超过年度交易限值的，应办理退运或按一般贸易货物规定办理通关手续。

个人年度交易限值按照自然年计算。每年12月31日额度清零，第二年1月1日起重新计算。

3. 征税政策

跨境电子商务零售进口商品货值在限值以内，按照货物税率征收进口环节增值税、消费税税额的70%，无免税额度。单次超过限值，但订单下仅一件商品的情况，按照货物税率全额征收关税及进口环节增值税、消费税，交易额计入年度交易总额。

4. 退货政策

根据海关总署公告2020年第45号《关于跨境电子商务零售进口商品退货有关监管事宜的公告》规定，在跨境电子商务零售进口模式下，跨境电子商务企业境内代理人或其委托的报关企业（以下简称退货企业）可向海关申请开展退货业务。

退货企业可以对原《中华人民共和国海关跨境电子商务零售进口申报清单》（以下简称《申报清单》）内全部或部分商品申请退货。

退货企业在《申报清单》放行之日起30日内申请退货，并且在《申报清单》放行之日起45日内将退货商品运抵原海关监管作业场所、原海关特殊监管区域或保税物流中心（B型）的，相应税款不予征收，并调整消费者个人年度交易累计金额。

[资料来源：根据《财政部、海关总署、税务总局关于完善跨境电子商务零售进口税收政策的通知》（财关税〔2018〕49号）整理。]

三、计算税费

根据跨境电子商务零售进口税收政策，个人单笔交易限值人民币5 000元，个人年度交易限值人民币26 000元。在限值以内进口的跨境电子商务零售进口商品，关税税率暂设为0%；进口环节增值税、消费税按法定应纳税额的70%征收。

探究活动

某买家在某跨境电商平台上购买一瓶60ML的防晒霜，防晒霜销售价格为人民币198元，该买家本年个人年度交易额如图6-2-2所示，试计算该笔订单需缴纳的跨境进口税。

▎本年已用金额　　　　　　　▎本年可用金额

208.5元　　　　　　　　　25 791.5元

图 6-2-2　某买家个人年度交易额

（一）计算关税

本任务中，防晒霜售价人民币 198 元，低于单笔人民币 5 000 元，且个人年度交易限值未超过人民币 26 000 元，所以关税为 0 元。

（二）计算消费税和增值税

防晒霜属于化妆品类，查询消费税率和增值税率表，化妆品税率如表 6-2-2 所示。

表 6-2-2　　　　　　　　　　　化妆品消费税和增值税率

类目		增值税率（%）	消费税率（%）
化妆品	面膜（片装）< 15 元 / 片	13	0
	面膜（片装）≥ 15 元 / 片	13	15
	护肤品（非片装面膜）< 10 元 / 克或 < 10 元 / 毫升	13	0
	护肤品（非片装面膜）≥ 10 元 / 克或 ≥ 10 元 / 毫升	13	15
	化妆品 / 彩妆（片装）< 15 元 / 片	13	0
	化妆品 / 彩妆（片装）≥ 15 元 / 片	13	15
	化妆品 / 彩妆（非片装）< 10 元 / 克或 < 10 元 / 毫升	13	0
	化妆品 / 彩妆（非片装）≥ 10 元 / 克或 ≥ 10 元 / 毫升	13	15
	香水 < 10 元 / 毫升	13	0
	香水 ≥ 10 元 / 毫升	13	15

本任务中防晒霜为 198÷60 = 3.3 元 / 毫升，归类在护肤品（非片装面膜）< 10 元 / 克或 < 10 元 / 毫升一类，所以增值税率为 13%，消费税为 0 元。

（三）计算跨境电商综合税率

根据跨境电子商务零售进口税收政策，在限值以内进口的跨境电子商务零售进口商品，进口环节增值税、消费税按法定应纳税额的 70% 征收。

跨境电商综合税率 =（消费税率 + 增值税率 + 关税率）× 70% =（13% + 0 + 0）× 70% = 9.10%

本任务中的防晒霜跨境电商进口税率为 9.10%。

（四）计算跨境电商综合税费

跨境电商综合税 = 购买单价 × 件数 × 跨境电商综合税率 = 198 × 1 × 9.10%
= 18.02（元）

探究活动

客户小刘在某跨境电商平台上购买一个名牌真皮钱包，销售价格为人民币 8 800 元，钱包从美国直邮进口，小刘本年个人年度交易额如图 6-2-3 所示，计算小刘需缴纳的跨境电商综合税。

扫一扫获取答案！

■ 本年已用金额　　　　　　■ 本年可用金额

0 元　　　　　　　　　　　26 000 元

图 6-2-3　小刘个人年度交易额

> 实践与思考

1. 单选题：根据跨境电子商务零售进口税收政策，个人单笔交易限值人民币 5 000 元，个人年度交易限值人民币 26 000 元。在限值以内进口的跨境电子商务零售进口商品，关税税率为（　　）。

   A. 0%　　　　B. 5%　　　　C. 10%　　　　D. 3%

2. 单选题：根据跨境电子商务零售进口税收政策，在限值以内进口的跨境电子商务零售进口商品，进口环节增值税、消费税按法定应纳税额的（　　）征收。

   A. 100%　　　B. 70%　　　C. 50%　　　D. 30%

3. 多选题：跨境电商综合税由（　　）组成。

   A. 关税　　　B. 消费税　　　C. 增值税　　　D. 行邮税

4. 判断题：护肤品（非片装面膜）品类的增值税是 13%，消费税是 0%。（　　）

5. 判断题：消费者购买的跨境电商零售进口商品，不得再次销售。（　　）

6. 计算题

   某人本年个人年度交易额度已用 3 500 元，现在电商平台上购买 3 罐婴儿奶粉（每罐 500g），售价 120 元/罐，计算跨境电商综合税。

❼ **实践活动**

　　查询个人跨境电商额度有多种方法,其中最简单的还是通过微信查询,在微信"服务"里直接查询,或通过"掌上海关"微信小程序查询,具体方法如下:①打开微信搜索"掌上海关";②进入掌上海关需要进行登录,以前没有号的可以进行注册;③登录以后就可以点击"跨境电商个人消费"。请根据上述步骤,查询个人跨境电商额度。

▼ **学习评价**

序号	评价内容	参考分值	得分
1	说出行邮税的组成	10	
2	说出跨境电商进口综合税的组成	15	
3	能够登录官网查询跨境电商零售个人额度	10	
4	根据业务信息,计算跨境电商进口综合税	20	
5	列举跨境电商、一般贸易以及行邮通道的税收区别	15	
6	完成课堂探究活动	10	
7	有效地参与小组讨论,并在团队中发挥积极作用	10	
8	独立完成课后习题	10	
总分			

任务三　办理跨境电商进口清关

▼ 任务导入

目前国际贸易进口采用的是"单一窗口、两步申报"。王丽在使用"单一窗口"标准版进行操作时，遇到了很多专业术语，例如"三单""9610"等，这些都是在进口清关时常用的简称。

一、跨境电商进口关务概述

（一）"单一窗口"标准版

> **探究活动**
>
> 观看视频：国际贸易"单一窗口"，登录"单一窗口"平台 https://www.singlewindow.cn，说一说跨境电商物流企业办理进口时可以在"单一窗口"平台上完成哪些操作？
>
> 扫一扫观看视频！

目前，国际贸易通关过程中所涉及的大多数部门都开发了业务信息化系统，实现了各自部门业务申请、办理、回复的电子化和网络化。但是在各部门系统间缺乏协同互动、未实现充分的数据共享，因此企业在口岸通关过程中需要登录不同的系统填报数据，严重影响了口岸通关效率。

近年来部分发达地区的口岸管理部门已经尝试在地方层面建立"单一窗口"，实现企业一次录入数据后向多个管理部门的系统进行申报，并取得了良好的应用效果。为贯彻落实党中央、国务院关于我国国际贸易"单一窗口"建设的一系列决策部署，统筹推进"单一窗口"建设，在总结沿海地区"单一窗口"建设试点成果基础上，结合我国口岸管理实际，并充分借鉴国际上"单一窗口"成熟经验，建设"单一窗口"标准版。

"单一窗口"标准版依托中国电子口岸平台，申报人通过"单一窗口"标准版一点接入、一次性提交满足口岸管理和国际贸易相关部门要求的标准化单证和电子信息，实现共享数据信息、实施职能管理，优化通关业务流程。

通过"单一窗口"标准版可以提高申报效率、缩短通关时间、降低企业成本、促进贸易便利化、推动国际贸易合作对接。

跨境电商进口"单一窗口"标准版实现了企业跨境贸易电子商务进口通关的统一化和规范化。企业在"单一窗口"标准版系统中，可录入、保存、申报相关数据，可根据各部门的监管要求，在系统中进行业务数据的一次录入，并一次性向各监管部门进行申报。此外，交易订单信息、运单信息、支付信息、清单等数据均为电子数据，实现了通关无纸化，通关效率更高，促进了企业通关便利。

"单一窗口"跨境电商进口业务常用术语如表 6-3-1 所示。

表 6-3-1　　　　　　　　"单一窗口"跨境电商进口业务常用术语

序号	术语全称	定义说明
1	电商平台企业	指提供电子商务进出口商品交易、支付、配送服务的平台提供企业
2	电商企业	指通过自建或者利用第三方电子商务交易平台开展跨境电子商务业务的企业
3	物流企业	为电商提供物流配送的企业
4	支付企业	在跨境电子商务交易过程中提供支付服务的第三方支付平台
5	监管场所经营人	直购进口业务模式下，根据货物理货情况向海关申报入库明细单
6	代理申报企业	为电商企业提供申报代理活动的企业
7	电子订单	电商企业根据网上实际交易形成的订单电子数据
8	物流运单	物流企业根据订单的物流运输安排形成的运单电子数据
9	物流运单状态	物流企业发送货物妥投的电子数据
10	支付单	支付企业根据订单的实际交易情况形成的支付单电子数据
11	进境清单	电子商务企业或其代理人应提交《中华人民共和国海关跨境电子商务零售进出口商品申报清单》（以下简称《申报清单》），进口采取"清单核放"方式办理报关手续；《申报清单》与《中华人民共和国海关进（出）口货物报关单》具有同等法律效力
12	撤销申请单	电商企业或其代理申报企业向海关发起撤销删除进境清单的电子数据
13	电子税单	根据清单中商品计算税费，并按照海关税单要求生成的税单电子数据

续表

序号	术语全称	定义说明
14	缴款书	按时间段对商品实货放行超过一定天数且未发生退货或修改清单等影响税款行为的电子税单信息进行税款汇总，形成缴款书
15	入库明细单	监管场所经营人通过服务系统向通关管理系统申报的单证信息，具体到每个包裹的物流运单号

"单一窗口"标准版"跨境电商进口申报"目录如表 6-3-2 所示。

表 6-3-2　　　　"单一窗口"标准版"跨境电商进口申报"目录

序号	服务名称	服务功能
1	交易管理	订单传输、支付单传输、订单查询、支付单查询
2	物流管理	物流运单传输、物流运单查询、物流运单状态查询
3	清单管理	清单申报、清单查询
4	修撤单管理	撤单查询、可修改订单查询等
5	退货管理	退货单申报、退货单查询
6	监管场所管理	入库明细单查询
7	税单管理	缴款书查询、缴款书详情查询、缴款书导出任务查询、电子税单查询、电子税单导出查询
8	担保管理	担保余额查询
9	服务管理	服务注册

（二）跨境电商监管方式 9610

进出口货物海关监管方式是以国际贸易中进出口货物的交易方式为基础，结合海关对进出口货物的征税、统计及监管条件综合设定的海关对进出口货物的管理方式。由于海关对不同监管方式下进出口货物的征税、统计、监管作业的要求不同，因此为满足海关管理的要求，H2000 通关管理系统的监管方式代码采用四位数字结构，其中前二位是按海关监管要求和计算机管理需要划分的分类代码，后二位为海关统计代码。

目前，我国跨境电商涉及的监管方式主要有 9610、9710、9810、1210、1239。跨境电商不同的监管方式不仅在跨境电商进出口税费、贸易融资、信用保险等政策方面有所不同，而且在海关、货代、物流、报关、金融服务、口岸管理等方面实行差异化管理。

9610 是跨境电商零售进出口业务的监管方式，又称"直购进口"，针对的是小体量业务（如国际快递发货），专为销售对象为单个消费者的中小型跨境电商企业服务，适用于境内个人或电子商务企业通过电子商务交易平台实现交易，并采用"清单核放、汇总申报"模式办理通关手续的电子商务零售进出口商品（通过海关特殊监管区域或保税监管场所一线的电子商务零售进出口商品除外）。出口企业原来的碎片化、订单化的零售出口业务，可以按照9610的申报要求通过"单一窗口"标准版或跨境电商公共服务平台向海关申报。9610主要针对的是跨境电商企业、外贸综合服务企业、品牌制造企业、国际货代企业，运输方式主要是国际邮政小包、国际商业快递。相比于传统跨境电商模式，9610能更好地满足企业结汇、通关、退税等需求。

9610的优势如下：

（1）商品快速通关。在9610监管方式下，海关通关信息平台系统会自动将企业一个月内的订单、物流单和支付信息单汇总成"数据清单"，全程无纸化操作，由企业将数据推送给税务、外汇管理部门，海关只需对企业事先报送的出口商品清单进行审核，审核通过后企业就可办理实货放行手续，这不仅让企业的通关效率更高，而且降低了通关成本。最快1小时通关，11秒就能放行。也就是说，在这种监管方式下，企业只管发货，不用一次次处理烦琐的报关手续。

（2）商品种类丰富。9610跨境电商进口模式不仅能够引进外国商品，而且商品种类也非常丰富，从日用品到奢侈品，从食品到化妆品，几乎涵盖了所有品类。这使得消费者能够在不出国门的情况下，享受到全球各地的商品。

（3）价格优势明显。9610跨境电商进口模式直接向境外电商或供应商采购商品，省去了中间环节，避免了多重加价，因此价格优势非常明显。同时，由于跨境电商平台的竞争激烈，为了吸引更多的消费者，跨境电商平台也会通过优惠活动、促销等手段提供更加优惠的价格。

（4）商品质量有保障。9610跨境电商进口模式通常采用"保税区直邮"或"海外仓储"等方式进行商品配送，这样可以有效地保证商品的质量和安全。同时，跨境电商平台也会对商家进行严格审核，确保商家的信誉和产品质量。

二、跨境电商直邮进口通关流程

> **探究活动**
>
> 跨境电商直邮进口采用"三单"合一的监管政策，"三单"分别指的是什么？
>
> A. 电子订单　　　B. 账单　　　C. 电子物流运单　　　D. 电子支付信息

跨境电商进口商品的整体通关流程较为便捷快速。跨境电商直邮进口商品的订购人下单后，商品在境外打包并通过国际物流运输到境内关口，完成通关后再使用境内物流配送给订购人。

跨境电商直邮进口采用"三单"合一的监管政策，"三单"指跨境电商企业提供的订单、支付企业提供的支付清单、物流企业提供的物流运单。"三单"数据确认无误后，海关才可放行（见图 6-3-1）。

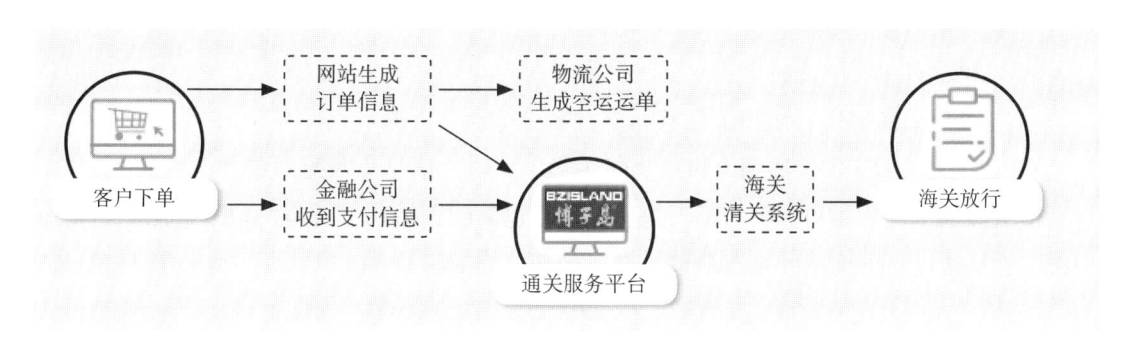

图 6-3-1 "三单"信息流程

跨境电商企业的境内代理人或其委托的报关企业根据"三单"信息，在"单一窗口"标准版或海关的跨境电商通关服务系统向海关申报跨境电商零售进口商品申报清单，并办理查验、放行手续。海关通关大致分为四个基本环节：申报、查验、征税、放行。

（一）申报

消费者在跨境电商平台购买进口商品后，跨境电商平台、跨境电商企业及其境内代理人、支付企业、物流企业分别通过"单一窗口"标准版或跨境电商通关服务系统向海关传输相关的电子订单、电子运单及电子支付信息，进行如实申报。

登录"单一窗口"标准版中的"跨境电商"系统，单击"进口申报"按钮。订购人在跨境电商平台选购商品并进行支付后，与海关通关系统相连接的跨境电商平台将自动生成电子订单、电子运单和电子支付信息，这些数据会自动传至相关企业，跨境电商企业、跨境电商平台及物流企业可对相关数据进行查询或申报。

（二）查验

查验是指海关为确定货物的品名、规格、成分、原产地、数量和价格是否与申报内容相符而对货物进行实际检查。

在跨境电商直购进口中，所有包裹都需要在快件监管中心过 X 光机，海关通过同屏比对（对比 X 光图片和申报信息）进行查验，如有异常，则拆箱检查。

（三）征税及放行

货物放行后，海关会同时生成电子税单，并进行税款核扣。同时，跨境电商企业向海关如实申报跨境电商零售进口商品申报清单，并办理查验、放行手续。海关根据支付企业、物流企业、跨境电商企业境内代理人或其委托的报关企业通过跨境电商通关服务系统传输的交易、支付、物流等电子信息进行校验，确定是否放行。海关校验的规则如下：

（1）电子订单、电子运单、电子支付信息匹配一致。

（2）跨境电商企业或其代理备案信息真实有效。

（3）订购人姓名、身份证号匹配一致。

（4）订购人年度购买额度≤26 000元。

（5）单笔订单实际支付金额≤5 000元。

（6）订单商品价格、代扣金、实际支付金额等计算正确（允许有5%的误差）。

（7）订单实际支付金额与支付单支付金额、支付人信息等匹配一致。

海关校验通过后即可放行，境内快递公司把包裹配送给各个订购人（跨境电商买家）。海关校验不通过，按规定可采取退单、退运、扣留等措施。

时事聚焦

跨境电商进口典型案例解析

1. 跨境电商公司委托第三方收款未入账被税务稽查（常税稽一罚〔2022〕135号行政处罚决定书）

2022年11月8日，常州某跨境电商公司通过跨境电商平台eBay销售电机，货款通过第三方收款公司派安盈进行的美元收款，折合人民币未入账未申报销售金额，逃避缴纳税款。税务机关认定该企业在账簿上不列、少列收入，实际造成不缴或少缴增值税及城市维护建设税，其行为是偷税。根据《中华人民共和国税收征收管理法》第六十三条规定，对所偷增值税、城市维护建设税处1倍的罚款计19 432.94元。

电商企业与传统企业最大的区别之一是其业务与交易流程会产生诸多大数据信息，在"以数治税"的大环境中，跨境电商企业的资金流信息难以隐藏，务必要向税务机关如实申报销售收入等信息，避免遭受税务处罚等不利后果。

2. 跨境电商企业未合理审查订单地址造成申报内容不符被行政处罚（平潭海关行政岚关缉违字〔2021〕0016号处罚决定书）

某跨境电商企业通过跨境电商平台经营者国际贸易"单一窗口"向海关传输交易电子信息，申报一批跨境电商零售进口商品清单。但电商企业未合理审查进口清单地址信息，造成清单申报地址信息错误，造成申报内容与实际电商清单情况不符的情况，上述行为已违反《关于跨境电子商务零售进出口商品有关监管事宜的公告》（海关总署公告 2018 年第 194 号）之规定，构成违反海关监管规定的行为。根据《中华人民共和国海关行政处罚实施条例》第二十二条第四项规定，海关对跨境电子商务企业、跨境电商平台经营者进行行政处罚。

跨境电商在申报过程中必须严格遵守相关规定，确保信息的准确性，否则将面临法律责任和行政处罚。此外，海关对于跨境电商的监管也在不断加强，以维护市场秩序和消费者权益。

3. 进口货物未能提供重点保护野生动植物进出口证书被行政处罚（大港关缉违字〔2021〕0022 号行政处罚决定书）

2021 年 8 月 30 日，青岛某跨境电商企业以保税电商监管方式向海关申报进口化妆品 20 项。经海关核查，部分产品中含有鹿茸、冬虫夏草、人参、莲、野大豆成分的一种或数种，以上属于 CITES 公约附录所列物种或国家重点保护野生动植物，当事人未向海关提交野生动植物进出口证书。海关认定该企业的行为已构成违反海关监管规定的行为，根据《中华人民共和国海关行政处罚实施条例》第十四条第一款规定，作出罚款人民币 17 000 元的行政处罚。

对跨境电商零售进口的食品、药品、化妆品等商品，应注意是否需要市场准入的许可、注册或者备案要求，若无法提供将被认定为违反海关监管规定加以行政处罚。

实践与思考

1 单选题：直邮进口的海关监管方式代码为（　　）。

　A. 1210　　　　B. 9610　　　　C. 9710　　　　D. 9810

2 单选题：以下跨境电商直购进口通关流程正确的是（　　）。

　A. 申报—查验—放行—征税　　　　B. 申报—查验—征税—放行

　C. 查验—申报—放行—征税　　　　D. 申报—征税—查验—放行

3 单选题：单一窗口是指"一个允许贸易和运输中的各参与方通过（　　）提交标准化的信息和单证，满足所有与进口、出口和转口相关的管理机构要求"。

　A. 一个入口　　B. 一个单一入口　　C. 多个单一入口　　D. 单一入口

---

4 多选题："单一窗口"标准版"跨境电商进口申报"目录包括（　　）。

　A. 物流管理　　　B. 清单管理　　　C. 税单管理　　　D. B2B 管理

5 多选题：三单信息指的是（　　）。

　A. 商品订单　　　B. 报关单　　　C. 支付单　　　D. 物流单

6 多选题：以下属于海关放行校验规则的是（　　）。

　A. "三单"一致　　　　　　　　　　B. 订购人姓名、身份证号匹配一致

　C. 单笔订单实际支付金额≤8 000 元　D. 订购人年度购买额度≤26 000 元

---

7 判断题：AEO 企业对所有进口货物都可以采用"两步申报"。（　　）

8 判断题：《申报清单》与《中华人民共和国海关进（出）口货物报关单》具有同等法律效力。（　　）

9 实践活动

王丽在对货物进行进口申报时，发现中国国际贸易单一窗口与中国电子口岸都能进行电子委托，那么这两者的区别是什么呢？请以小组为单位，查阅网络资料，为王丽解答困惑吧！

▼ 学习评价

序号	评价内容	参考分值	得分
1	说出跨境电商进口关务要求	10	
2	说出"三单合一"的含义	15	
3	列举9610监管方式的含义和优势	15	
4	说出单一窗口跨境电商进口申报的功能	15	
5	概述跨境电商进口关务操作流程	15	
6	完成课堂探究活动	10	
7	有效地参与小组讨论，并在团队中发挥积极作用	10	
8	独立完成课后习题	10	
	总分		

项目七 跨境电商保税进口操作

知识目标

- 说出上海自贸区的发展定位、建设意义
- 区别跨境进口试点城市和跨境综合试验区
- 说出保税商品入库、盘点、出库、退换货的规则及流程

技能目标

- 能执行简单的保税仓出入库操作
- 能模拟开展保税仓库盘点工作

素养目标

- 严格执行保税仓规范化操作流程，养成严谨细致的工作理念，建立精益求精的工作态度
- 通过了解上海自贸区发展历程，养成关注实事、把握政策机遇、洞悉行业新风向的职业素养

项目背景

从1990年6月全国第一个保税区——外高桥保税区成立，到上海自贸区建设，上海在贸易便利化、投资自由化等方面积累了不少可复制的经验，对推动全面深化改革、扩大开放有着不小的作用。

结束了直邮进口学习任务的王丽，将在李华的带领下，去往上海自贸区，并探访保税仓库，学习保税仓库的管理、保税进口商品的出入库及退换货管理。

▶ 项目七 跨境电商保税进口操作

任务一　　走进上海自贸区

▼ 任务导入

　　这天，王丽一行乘车跨越东海大桥，抵达洋山深水港四期自动化码头（见图7-1-1）。在相关领导的带领下，王丽登上观景塔顶楼，全景式俯瞰整个四期码头，观看了码头自动化设备装卸作业，又深入码头作业区观看塔吊装卸作业，实地感受自动化码头装卸工作的整个过程，身临其境地感受了港口高科技的迅猛发展、大国制造的日新月异。

图7-1-1　上海洋山深水港四期自动化码头

图7-1-2　上海洋山深水港码头港区工作人员在远程操控平台上作业（新华社记者丁汀 摄）

271

一、自由贸易区概念

自由贸易区有两个本质上存在差异很大的概念：一个是 FTA（Free Trade Area），另一个是 FTZ（Free Trade Zone）。FTA 源于世界贸易组织（WTO）有关"自由贸易区"的规定，是由两个或多个经济体组成集团，集团成员相互之间实质上取消关税和其他贸易限制，但各自独立保留自己的对外贸易政策，目前世界上已有欧盟、北美自由贸易区、中国—东盟自由贸易区等 FTA。FTZ 源于世界海关组织（WCO）有关"自由区"的规定，其特点是一个关境内的一小块区域，是单个主权国家（地区）的行为，一般需要进行围网隔离，且对境外入区货物的关税实施免税或保税，而不是降低关税。目前在许多国家境内单独建立的自由港、自由贸易区都属于这种类型，如德国汉堡自由港、巴拿马科隆自由贸易区、中国自由贸易区等。FTA 与 FTZ 的对比如表 7-1-1 所示。

表 7-1-1　　　　　　　　　　　　　　FTA 与 FTZ 对比

比较项目		FTA	FTZ
不同点	设立主体	多个主权国家（或地区）	单个主权国家（或地区）
	区域范围	两个或多个关税地区	一个关税区内的小范围区域
	国际惯例依据	WTO	WCO
	核心政策	贸易区成员之间贸易开放、取消关税壁垒，同时又保留各自独立的对外贸易政策	海关保税、免税政策为主，辅以所得税税费的优惠等投资政策
	法律依据	双边或多边协议	国内立法
相同点		两者都是为降低国际贸易成本，促进对外贸易和国际商务发展而设立的	

中国自由贸易区是指在国境内关外设立的，以优惠税收和海关特殊监管政策为主要手段，以贸易自由化、便利化为主要目的的多功能经济性特区。原则上是指在没有海关"干预"的情况下允许货物进口、制造、再出口。中国自由贸易区是政府全力打造中国经济升级版的最重要举措，其核心是营造一个符合国际惯例的，对内外的投资都要具有国际竞争力的国际商业环境。

二、上海自贸区简介

上海自贸区（全称上海自由贸易试验区）是中国政府设立在上海的区域性自由贸易园区，位于浦东境内，属中国自由贸易区范畴，是中国大陆境内第一个自由贸易区。

从上海自贸区的英文名称可以知道，上海自贸区是 FTZ 类型的，所以它是在上海境内划出一个特定区域，区内在货物监管、企业设立、税收政策、外汇管理等领域实施特殊的经济管理体制和特殊政策。

> **探究活动**
>
> 说一说上海自贸区包含了哪些区域？

2013年8月，国务院正式批准设立中国（上海）自由贸易试验区。该试验区成立时，以上海外高桥保税区为核心，辅之以浦东机场综合保税区和洋山保税港区，成为中国经济新的"试验田"，实行政府职能转变、金融制度、贸易服务、外商投资和税收政策等多项改革措施，并将大力推动上海市转口、离岸业务的发展。

2013年9月29日，中国（上海）自由贸易试验区正式成立，面积28.78平方千米，涵盖上海市外高桥保税区、外高桥保税物流园区、洋山保税港区和上海浦东机场综合保税区4个海关特殊监管区域。2014年12月28日，全国人大常务委员会授权国务院扩展中国（上海）自由贸易试验区区域，将面积扩展到120.72平方千米。扩展区域包括陆家嘴金融片区、金桥开发片区和张江高科技片区。2019年08月21日，中国（上海）自由贸易试验区临港新片区揭牌，新片区位于上海大治河以南、金汇港以东（包括小洋山岛以及浦东国际机场南侧区域），总面积873平方千米。

> **小贴士**
>
> ### 我国设立的自贸区
>
> 中国自由贸易区是政府全力打造中国经济升级版的最重要举动，其力度和意义堪与20世纪80年代建立深圳特区和90年代开发浦东两大事件相媲美，其核心是营造一个符合国际惯例的，对内外的投资都要具有国际竞争力的国际商业环境。
>
> 截至2023年10月21日，中国已批准设立的自由贸易区包括：中国（上海）自由贸易试验区、中国（广东）自由贸易试验区、中国（天津）自由贸易试验区、中国（福建）自由贸易试验区、中国（辽宁）自由贸易试验区、中国（浙江）自由贸易试验区、中国（河南）自由贸易试验区、中国（湖北）自由贸易试验区、中国（重庆）自由贸易试验区、中国（四川）自由贸易试验区、中国（陕西）自由贸易试验区、中国（海南）自由贸易试验区、中国（山东）自由贸易试验区、中国（江苏）自由贸易试验区、中国（广西）自由贸易试验区、中国（河北）自由

贸易试验区、中国（云南）自由贸易试验区、中国（黑龙江）自由贸易试验区、中国（湖南）自由贸易试验区、中国（安徽）自由贸易试验区、中国（北京）自由贸易试验区、中国（新疆）自由贸易试验区等共计22个自贸区（见表7-1-2）。

表7-1-2 我国自贸区一览（截至2023年10月21日）

时间	批次	地区
2015年	第二批次（3个）	广东、天津、福建
2017年	第三批次（7个）	辽宁、浙江、河南、湖北、重庆、四川、陕西
2018年	第四批次（1个）	海南自贸区
2019年	——	上海自贸区临港新片区
2019年	第五批次（6个）	山东、江苏、广西、河北、云南、黑龙江
2020年	——	海南自贸港
2020年	第六批次（3个）	北京、湖南、安徽+浙江扩容
2023年	——	中国（新疆）自由贸易试验区

三、上海自贸区各片区发展定位

（一）综合保税区片区

1. 外高桥保税区

外高桥保税区成立于1990年6月，是全国第一个保税区。经过二十多年的发展，外高桥保税区已经成为国内经济规模最大、业务功能最丰富的海关特殊监管区域，也是全国第一个"国家进口贸易促进创新示范区"。外高桥保税区做大做强酒类、钟表、汽车、工程机械、机床、医疗器械、生物医药、健康产品、化妆品、文化产品十大专业贸易平台，其中文化贸易平台被原文化部授予全国首个"国家对外文化贸易基地"。

外高桥保税区依托区域先发优势，联动森兰区域，打造成为以国际贸易服务、金融服务、专业服务功能为主，商业、商务、文化、休闲多元功能集成的综合性功能集聚区。

2. 外高桥保税物流园区

外高桥保税物流园区于2003年12月设立，是我国第一个保税物流园区。作为全国第一个实施"区港联动"的试点区域，外高桥保税物流园区内可同时享受保税区、出口加工区相关政策和上海港的港航资源。

外高桥保税物流园区依托外高桥港区和外高桥保税区，打造成为国际物流服务功能区，依托"区区联动""进区退税"等政策功能优势，保税物流园区与外高桥保税区相辅相成、联动发展，是现代国际物流发展的重要基地。

3. 洋山保税港区

洋山保税港区设立于2005年6月，是我国第一个保税港区，包括小洋山港口区域、陆域部分和连接小洋山岛与陆地的东海大桥。洋山保税港区充分利用洋山深水港得天独厚的深水岸线和航道条件，联动临港地区（包括南汇新城），依托自贸试验区和国际航运发展综合试验区的政策叠加优势，打造成为具有全球竞争力的国际航运服务和离岸服务功能区。

洋山保税港区实行"区港一体"监管运作，是上海国际航运发展综合试验区的核心载体，集聚了包括通信及电子产品、汽车及零部件、高档食品、品牌服装等的分拨配送中心，基本形成了面向欧美的分拨配送基地、大宗商品产业基地、面向国内的进口贸易基地以及航运龙头企业集聚地。

4. 浦东机场综合保税区

浦东机场综合保税区设立于2009年7月，它充分依托浦东国际机场的亚太航空枢纽地位，发挥国际客流、商流、物流密集的独特优势，与周边国际旅游度假区等区域联动发展，在强化国际航空服务功能的同时，拓展高端商业、贸易等功能，打造成为具有全球竞争力和吸引力的国际航空服务和现代商贸功能区。

浦东机场综合保税区实行保税物流区域与机场西货运区一体化运作，具有浦东机场亚太航空复合枢纽港优势，是上海临空服务产业发展的先导区。目前已引进包括电子产品、医疗器械、高档消费品等全球知名跨国公司空运分拨中心以及百多个融资租赁项目，UPS、DHL和FedEx三大全球快件公司均入区发展，一批重点功能性项目已启动运作，机场综保区已逐步形成空运亚太分拨中心、融资租赁、快件转运中心、高端消费品保税展销等临空功能服务产业链。

（二）陆家嘴金融片区

陆家嘴金融片区包括陆家嘴金融贸易区和世博前滩地区。陆家嘴金融片区是上海国际金融中心的核心区域、上海国际航运中心的高端服务区、上海国际贸易中心的现代商贸集聚区。这里将探索建立与国际通行规则相衔接的金融制度体系，与总部经济等现代服务业发展相适应的制度安排，持续推进投资便利化、贸易自由化、金融国际化和监管制度创新，加快形成更加国际化、市场化、法治化的营商环境。

世博前滩地区是上海新一轮发展的重点区域，正在打造总部经济航运金融、文化体育旅游业、高端服务业集聚区。

（三）金桥开发片区

金桥开发片区成立于1990年，经过二十多年的发展，已经成为上海重要的先进制造业核心功能区、生产性服务业聚集区、战略性新兴产业先行区和生态工业示范园区。这里将以创新政府管理和金融制度、打造贸易便利化营商环境、培育能代表国家参与国际竞争的战略性新兴产业为重点，不断提升经济发展活力和创新能力。

（四）张江高科技片区

张江高科技片区是上海贯彻落实创新型国家战略的核心基地。这里将推动上海自贸试验区建设与张江国家自主创新示范区建设深度联动，提升张江园区创新力，重点在国家科学中心、发展"四新"经济、科技创新公共服务平台、科技金融、人才高地和综合环境优化等重点领域开展探索创新。

上海自贸区一览如图 7-1-3 所示。

图 7-1-3 俯瞰上海自贸区

（五）上海自贸区临港新片区

2018 年，习近平总书记在首届中国国际进口博览会开幕式上宣布，为了更好发挥上海等地区在对外开放中的重要作用，决定增设上海自贸区新片区。2019 年 8 月 20 日，位于上海东南的临港新片区揭牌成立。习近平总书记要求临港新片区要进行更深层次、更宽领域、更大力度的全方位高水平开放，有针对性地进行体制机制创新，强化制度建设，提高经济质量（见图 7-1-4）。

图 7-1-4 习近平总书记对上海自贸区临港新片区提出重要指示

设立上海自贸区临港新片区，是以习近平同志为核心的党中央总揽全局、科学决策作出的进一步扩大开放重大战略部署，是新时代彰显中国坚持全方位开放鲜明态度、主动引领经济全球化健康发展的重要举措。

到2025年，建立比较成熟的投资贸易自由化、便利化制度体系，打造一批更高开放度的功能型平台，集聚一批世界一流企业，区域创造力和竞争力显著增强，经济实力和经济总量大幅跃升。到2035年，建成具有较强国际市场影响力和竞争力的特殊经济功能区，形成更加成熟定型的制度成果，打造全球高端资源要素配置的核心功能，成为中国深度融入经济全球化的重要载体。

与以往的自贸试验区相比，临港新片区绝不仅仅是简单的面积扩大，而是有明确的、更高的定位，有更丰富的战略任务，更加突出产业发展新特点；同时，新片区更代表着根本的制度创新，是深化改革开放的再升级。功能定位上，把"自由"放在了更加突出的位置，强调"打造更具国际市场影响力和竞争力的特殊经济功能区"；发展方向上，把"产业"放在了更加突出的位置，强调"建设具有国际市场竞争力的开放型产业体系"；区域建设上，把产城融合放在了更加突出的位置，强调"打造开放创新、智慧生态、产城融合、宜业宜居的现代化新城"；管理体制上，把"放权"放在了更加突出的位置，明确提出新片区将参照经济特区管理，被赋予更大的自主发展、自主改革和自主创新管理权限。监管政策上，临港新片区设立了洋山特殊综合保税区。作为海关特殊监管区域的一种新的类型，在全面实施综合保税区政策的基础上，取消不必要的贸易监管、许可和程序要求，实施更高水平的贸易自由化便利化政策和制度，打造国际贸易开放创新的新枢纽，根据新片区企业的业务特点，积极探索相适应的海关监管制度。

时事聚焦

跨境电商进口典型案例解析

2021年9月1日，浦东外高桥区域重启进口汽车保税存储业务，从"落地征税"到"保税存储""即销即税"，这一项项政策将大幅减轻企业提前缴纳进口环节税收的负担。

扫一扫观看视频！

四、上海自贸区建设意义

上海自贸区的建设意义主要体现在推动高水平对外开放、促进经济高质量发展、制度创新以及为中国式现代化做出贡献。

上海自贸区的建设是中国应对国际经贸规则变化和挑战的主动选择，旨在通过制度创新和开放型经济体系的构建，推动中国经济的高质量发展。自贸区的成立，不仅是中国改革开放进程中的重大举措，还是中国坚定不移推进高水平对外开放的体现。通过自贸区的实践，中国积极探索新的开放模式，推动投资和贸易自由化、便利化，为构建开放型世界经济做出贡献。

自贸区的建设还承担着为国家试制度、探新路的光荣使命。通过大胆试、大胆闯、自主改，自贸区推出了一大批基础性、开创性改革开放举措，形成了许多标志性、引领性制度创新成果。这些创新不仅有力地发挥了全面深化改革的试验田、制度型开放的先行者、深度融入经济全球化的重要载体作用，而且为中国式现代化做出了新的更大贡献。

具体而言，自贸区的制度创新包括发布全国首份外商投资负面清单，推动构建与国际投资、贸易通行规则相衔接的基本制度体系和监管模式。这些创新举措不仅加快了政府职能转变、探索了管理模式创新、促进了贸易和投资便利化，还打造了一流的营商环境，成为中国加快吸引外资、推动产业升级、探索制度创新的"领头羊"。

此外，自贸区的建设还促进了外商投资和发展的活力，成为外商投资和发展的沃土。通过与世界共享发展机遇，自贸区以不到千分之四的国土面积，贡献了占全国较大的外商投资和进出口贸易，成为促进共同发展的新高地。

综上所述，上海自贸区的建设不仅是中国改革开放进程中的重要里程碑，还是推动中国经济高质量发展、促进高水平对外开放的重要平台，对于中国式现代化的推进具有重要意义。

五、跨境电商试点城市和跨境电商综合试验区

> **探究活动**
>
> 查阅资料，罗列跨境进口试点城市名称。截至目前，共有多少个跨境进口试点城市，多少个跨境电商综合试验区？

截至2024年6月30日，我国跨境进口试点城市有北京、天津、上海、重庆、大连、宁波、厦门、青岛、深圳、石家庄、唐山、南京、无锡、杭州、广州、东莞、海口、沈阳、济南、合肥共计20个；跨境电商综合试验区有杭州、天津、上海、重庆、合肥、郑州、广州、成都、大连、宁波、青岛、深圳、苏州、北京、呼和浩特、沈阳、长春、哈尔滨、南京、

南昌、武汉、长沙、南宁、海口、贵阳、昆明、西安、兰州、厦门、唐山、无锡、威海、珠海、东莞、义乌等132个。

（一）名字决定发展方向的不同

跨境进口试点城市中有"进口"两个字，而跨境综合试验区中没有。由此可以判定试点城市主要侧重于进口。根据2014年海关56、57号文，确立了1210模式（即保税进口模式）只能在跨境进口试点城市海关特殊监管区域开展。

综合试验区则是以出口为主攻方向，以B2B为主要模式，目前前两批设立的十三个跨境综合试验区实施方案的主要目标，基本上都提到以B2B为主要模式。

（二）工作重点不同

试点城市主要是线上零售交易；综合试验区则把推动外贸领域供给侧改革、促进产业发展作为重点，着力实现线上线下有机融合、互相支撑、联动发展。

（三）规格要求不同

试点城市由海关总署等有关部委批准并指导实施，属于部级试点，旨在促进单向的进口和网购便利化；综合试验区由省级人民政府向国务院正式上报请示，商务部等12个部委共同审核同意，国务院批准设立，属于国家级试点，旨在推进贸易便利化，探索形成更加有利于跨境电商发展的制度体系和营商环境，通过"互联网＋外贸""互联网＋流通"，实现优进优出和外贸转型升级。

（四）实施范围各不相同

跨境贸易电子商务服务试点城市只限于该市的特殊监管区域；跨境电子商务综合试验区是立足本市、梯次推进、全面推开、共同发展，比如杭州既是跨境进口试点城市，也是第一批设立跨境综合试验区的城市。在杭州能够进行1210保税备货模式的地区只有下沙综合保税区和萧山空港，但综合试验区认定的线下园区多达十多个。

实践与思考

1 单选题：（　　），上海自由贸易区正式挂牌成立。

A. 2012 年 9 月 29 日　　　　　　　　B. 2015 年 9 月 29 日

C. 2013 年 9 月 29 日　　　　　　　　D. 2014 年 9 月 29 日

2 单选题：截至 2024 年 6 月 30 日，我国共有跨境进口试点城市（　　）个。

A. 120　　　　　B. 125　　　　　C. 112　　　　　D. 132

3 单选题：（　　）年中国（上海）自由贸易试验区临港新片区正式揭牌。这是对上海自由贸易试验区五年来改革试验取得重大进展的充分肯定，也对上海进一步扩大试点、深化改革提出了更高的要求。

A. 2017　　　　　B. 2018　　　　　C. 2019　　　　　D. 2020

4 单选题：全国第一个实施"区港联动"的试点区域是（　　）。

A. 外高桥保税区　　　　　　　　B. 外高桥保税物流园区

C. 洋山保税港区　　　　　　　　D. 浦东机场综合保税区

---

5 多选题：以下说法正确的是（　　）。

A. 跨境进口试点城市中有"进口"两个字，而跨境综合试验区中没有，由此可以判定试点城市主要侧重于进口

B. 跨境贸易电子商务服务试点城市只限于该市的特殊监管区域

C. 跨境综合试验区由海关总署等有关部委批准并指导实施，属于部级试点

D. 试点城市主要是线上零售交易

6 多选题：关于外高桥保税物流园区，以下说法正确的是（　　）。

A. 外高桥保税物流园区于 2003 年 12 月设立

B. 外高桥保税区是我国第一个保税区

C. 外高桥保税区是我国第一个"国家进口贸易促进创新示范区"

D. 外高桥保税区的文化贸易平台被原文化部授予全国首个"国家对外文化贸易基地"

❼ 判断题：跨境综合试验区是以出口为主攻方向，以 B2B 为主要模式。（　　）

❽ 判断题：跨境进口试点城市获批后，才能获批跨境综合试验区。（　　）

❾ 实践活动

中国（上海）自由贸易试验区属于 FTZ。请查阅网络，再分别列举至少一个我国的 FTA 和 FTZ 自由贸易试验区。

▼ 学习评价

序号	评价内容	参考分值	得分
1	说出上海自贸区的地理位置及范围	10	
2	区分自贸区和保税区	15	
3	列举跨境进口试点城市	15	
4	列举跨境电商综合试验区的城市	15	
5	区分试点城市和综合试验区	15	
6	完成课堂探究活动	10	
7	有效地参与小组讨论，并在团队中发挥积极作用	10	
8	独立完成课后习题	10	
	总　分		

任务二　执行保税商品入库

▼ 任务导入

走进位于上海自贸区内的保税仓库，仓库内部看似与普通仓库类似，但是仔细的王丽还是发现了很多不同，在保税仓库内区域的划分更为清晰（见图7-2-1）。

图 7-2-1 位于上海自贸区内的某保税仓库

一、保税仓库介绍

保税仓库是为适应国际贸易中时间和空间差异的需要而设置的特殊库区，货物进出该库区可免交关税。保税仓库还提供其他的优惠政策和便利的仓储、运输条件，以吸引外商的货物储存和包装等业务。保税仓库的功能多样，主要是货物的保税储存，一般不进行加工制造和其他贸易服务。除此之外，保税仓库还具有转口贸易、简单仓储加工和增值服务等功能。

其中，转口贸易是指国际贸易中进出口货品不是在生产国与消费国之间直接进行，而是通过第三国进行的买卖。例如，美国与中国进行一宗交易，但是货物不直接从美国运往中国，而是先运往新加坡，再从新加坡运往中国。对于新加坡来说，这笔交易就是转口贸易，一般在保税区内进行简单仓储加工是指在保税仓库内可以进行分拣、包装、装卸等物流活动，通过对货物的物流属性（如把货物放至相应货架、单元化货物等）的改变进行简单加工。此类物流操作也可以相应提高货物的价值，达到增值的效果。

简单来说，保税仓库是指经海关批准设立的专门存放保税货物及其他未办结海关手续货物的仓库。储存于保税仓库内的进口货物经批准可在仓库内进行改装、分级、抽样、混合和简单加工等,这些货物如再出口则免缴关税,如进入国内市场则需缴关税。

保税仓库必须具备海关监管条件,保税仓库的负责人要严格遵守海关规定,对海关负责。保税物流的仓储管理是对保税仓库中的保税货物进行入库、在库和出库管理,并且在传统的仓库管理内容之外,还需建立仓库货物的详细列表,称为账册,传送至海关,以方便海关对保税区内的保税仓储企业的货物进出库进行监管和控制。

保税仓库按照使用对象不同分为公用型保税仓库、自用型保税仓库和专用型保税仓库。其中专用型保税仓库包括液体危险品保税仓库、备料保税仓库、寄售维修保税仓库和其他专用型保税仓库。

> **探究活动**
>
> 视频中为天猫国际杭州保税仓库的介绍,观看视频后,分组讨论保税货物是如何在保税仓库中进行管理的。

二、保税仓储的政策优惠

保税仓储企业的优惠政策包括以下几点:

(1)在保税区内,允许中外企业开设外汇账户,实行现汇管理。企业经营所得的外汇扣除应纳的税金,剩余部分在企业成立五年内全部归企业所有。

(2)在保税区内进行国际货物进出口贸易,可免除进出口许可证。

(3)区内企业可从事国际转口贸易和代理国际贸易业务。

(4)区内各保税仓库和工厂内的货物可以买卖,也可通过保税生产资料市场与区外企业进行交易。

三、保税仓储的税收优惠

投资保税区的中外企业具体可享受以下优惠政策:

(1)从境外进入保税区的货物,可免征关税和工商统一税(也称工商税、营业税)、增值税。

(2)从非保税区进入保税区的货物,凡符合出口条件的,免征生产环节的工商统一税,或退还已征的产品税。

(3)对于保税区内的企业生产的产品,当运往境外及在区内销售时,免征关税和生产环节的工商统一税、增值税。

(4)允许与我国有贸易往来的外国商船在保税区内指定的泊位上停靠、装卸货物或进行中途补给等。

四、保税仓库的监管

保税仓库不仅能够缓解区内生产企业的库存压力,还能够合理安排区内的企业格局,促进区内经济的协调和可持续发展。但是作为区内货物流转的重要组成部分,保税仓库必须处于海关的监管之下,监管的主体为各保税区所在地的海关。这样不仅能够有效保证仓库内部货物的储存和操作安全,还能够更加方便快捷的统计保税仓储企业的财务数据,为我国经济发展提供决策资料。海关监管内容包括以下几个方面。

(一)保税仓库管理制度执行情况

保税仓库管理制度是指对仓库各方面的流程操作、作业要求、注意细节、6S 管理、奖惩规定、其他管理要求等进行明确的规定,指出工作的方向和目标、工作的方法和措施;且在广泛范畴内由一系列其他流程文件和管理规定形成,如仓库安全作业指导书、仓库日常作业管理流程、仓库单据及账务处理流程、仓库盘点管理流程等。

(二)有关单证、账册品

保税仓库电子账册是企业开展保税仓储业务前必须向主管海关申请建立的电子文档,是企业向海关申报进出仓货物的电子凭证,是海关为控制和记录企业申报进出及存仓保税货物所建立的电子数据账册。

(三)电子账册系统

保税仓库电子账册系统是海关为适应保税仓库的发展需要,加强和规范保税仓库管理,建立健全保税仓库管理电子底账,最终实现全国统一的保税仓库和海关计算机联网监管模式而采取的一项重要举措。实践证明,该系统具有贴近实际、操作简便、运作顺畅、管理严谨、数据齐全等优点。为此,海关总署决定对该系统在全国海关进行推广应用,如企业未办理保税仓库电子账册的,将无法开展保税仓储业务。

五、保税仓库与一般仓库的区别

保税仓库与一般仓库最不同的特点:保税仓库及所有的货物受海关的监督管理,非经海关批准,货物不得入库和出库。保税仓库的经营者既要向货主负责,也要向海关负责。

(一)专人负责

保税仓库对所存放的货物,应有专人负责,要求于每月的前五日内将上月所存货物的收、付、存等情况列表报送当地海关核查。

（二）明确经营范围

保税仓库中不得对所存货物进行加工，如需改变包装、刷代码，必须在海关监管下进行。海关认为必要时，可以会同保税仓库的经理人，共同加锁，即实行连锁制度。海关可以随时派人员进入仓库检查货物的储存情况和有关注册，必要时要派人员驻库监管。

（三）单证齐全

保税货物在保税仓库所在地海关入境时，货主或其代理人（如货主委托保税仓库办理的即由保税仓库经理人）填写进口货物报关单一式三份，加盖"保税仓库货物"印章，并注明此货物系存入保税仓库，向海关申报，经海关查验放行后，一份由海关留存，另两份随货带交给保税仓库。

保税仓库管理人员应于货物入库后在上述报关单上签收，其中一份留存保税仓库，作为入库的主要凭证，一份交回海关存查。保税货物复运出口时，货主或其代理人要填写出口货物报关单，一式三份，并交验进口时由海关签印的报关单，向当地海关办理复运出口手续，经海关核查与实货相符后签印，一份留存，一份返还，一份随货带交出境地海关凭此放行货物出境。存放在保税仓库的保税货物要转为国内市场销售，货主或其代理人必须事先向海关申报，递交进口货物许可证件、进口货物报关单和海关需要的其他单证，并缴纳关税和产品（增值）税或工商统一税后，由海关核准并签印放行。保税仓库凭海关核准单证发货，并将原进口货物报关单注销。对用于中外国际航行船舶的保税油料和零配件，以及用于保税期限内免税维修有关外国产品的保税零配件，海关免征关税和产品（增值）税或工商统一税。对从事来料加工、进料加工备料保税仓库提取的货物，货主应事先将批准文件、合同等有关单证向海关办理备案登记手续，并填写《来料加工专用报关单》和《保税仓库领料核准单》，一式三份，一份由批准海关备存，一份由领料人留存，一份由海关签盖放行章后交货主。仓库管理人员凭海关签印的领料核准单交付有关货物并凭此向海关办理核销手续。

（四）分类处理

海关对提取用于来料、进料加工的进口货物，按来料加工、进料加工的规定进行管理并按实际加工出口情况确定免税或补税。根据《海关法》规定，保税仓库所存货物储存期限为一年，如因特殊情况可向海关申请延期，但延长期最长不得超过一年。保税货物储存期未满既不复运出口又未转为进口的，由海关将货物变卖，所得价款按照《海关法》第二十一条规定处理，即所得价款在扣除运输、装卸、储存等费用和税款后，尚有余款的，自货物变卖之日起一年内，经收货人申请，予以发还，逾期无人申请的，上缴国库。保税仓库所存货物在储存期间发生短少，除因不可抗力的原因外，其短少部分应当由保税仓库经理人承担负交纳税款的责任，并由海关按有关规定处理。保税仓库经理人如有违反海关上述规定的，按《海关法》的有关规定处理。

▶ 跨境电商物流

鉴于保税仓库的特殊性质，海关代表国家监督管理保税仓库及所存的保税货物，执行行政管理职能；保税仓库的经营者具体经营管理保税货物的服务工作，可以说是海关和经营者共同管理保税仓库。经营者要依靠海关经营好保税仓库，因此必须充分协作配合，保税仓库经营者要严格执行海关的法令规定，海关需要的报表应及时报送，海关要检查的注册，需完整无误，发生问题应及时向海关报告，请求处理，以利于海关监管。在这个前提下，海关力求简化手续，提供方便，共同把保税仓库管理好，以充分发挥保税仓库的优越性，为发展对外经济贸易服务。

探究活动

图 7-2-2 为商品入库保税仓库时各岗位的工作内容，根据该图，简述商品入库保税仓库的流程。

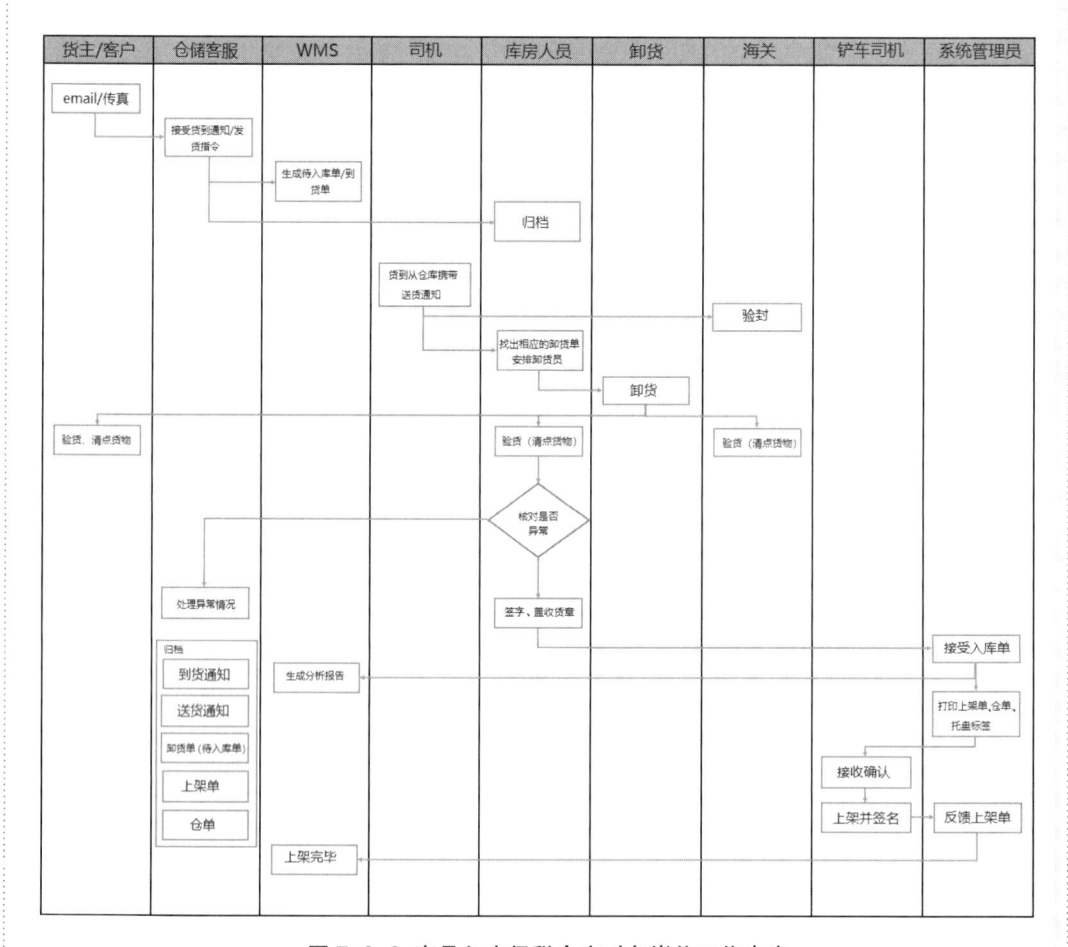

图 7-2-2 商品入库保税仓库时各岗位工作内容

（五）分类存储

保税仓库应与国内货库隔离；进口、出口监管仓库必须分开。严禁国际、国内货物及进口、出口货物混装混放。

（六）分库储存

为保证各种特殊物品的存放条件，保税仓库中应设立冷库、危险品库和贵重物品库。

（七）设施齐全

保税仓库应具有拆、装、卸货物的各种设备和工具。具备完善的消防和安全设施。为海关提供必要的办公场所、查验场所和扣留物品仓库；提供必要的办公及通信设备、查验工具。

六、做好入库前的准备工作

首先要做好入库前的准备工作。事先掌握入库商品品种、性能、数量和到库日期，准备好入库需要的单据（不限于以下几种）。

（1）《保税仓库入库核准单》（见图 7-2-3）。

图 7-2-3 某公司保税仓入库核准单

▶ 跨境电商物流

（2）《中华人民共和国海关进口货物报关单》（见图 7-2-4）。

图 7-2-4 海关进口报关单

（3）入库货物的合同、发票、提单、装箱单等（见图 7-2-5）。

图 7-2-5 装箱单

七、通知仓库管理员

提前将预备进保税仓库的货物发票和装箱单复印件或传真件交给仓库管理员,以便仓库安排仓位和相关资源。

八、海关报关

商品经过保税区关口时,海关查验人员会对保税货物进行核对、查验,通过后发放《放行通知书》,之后商品才可实际入库。

九、进行商品接收工作

货物抵库后,仓库管理员向送货人核对单证,并根据单证核对货物的数量、唛头(见图 7-2-6)和包装是否吻合。

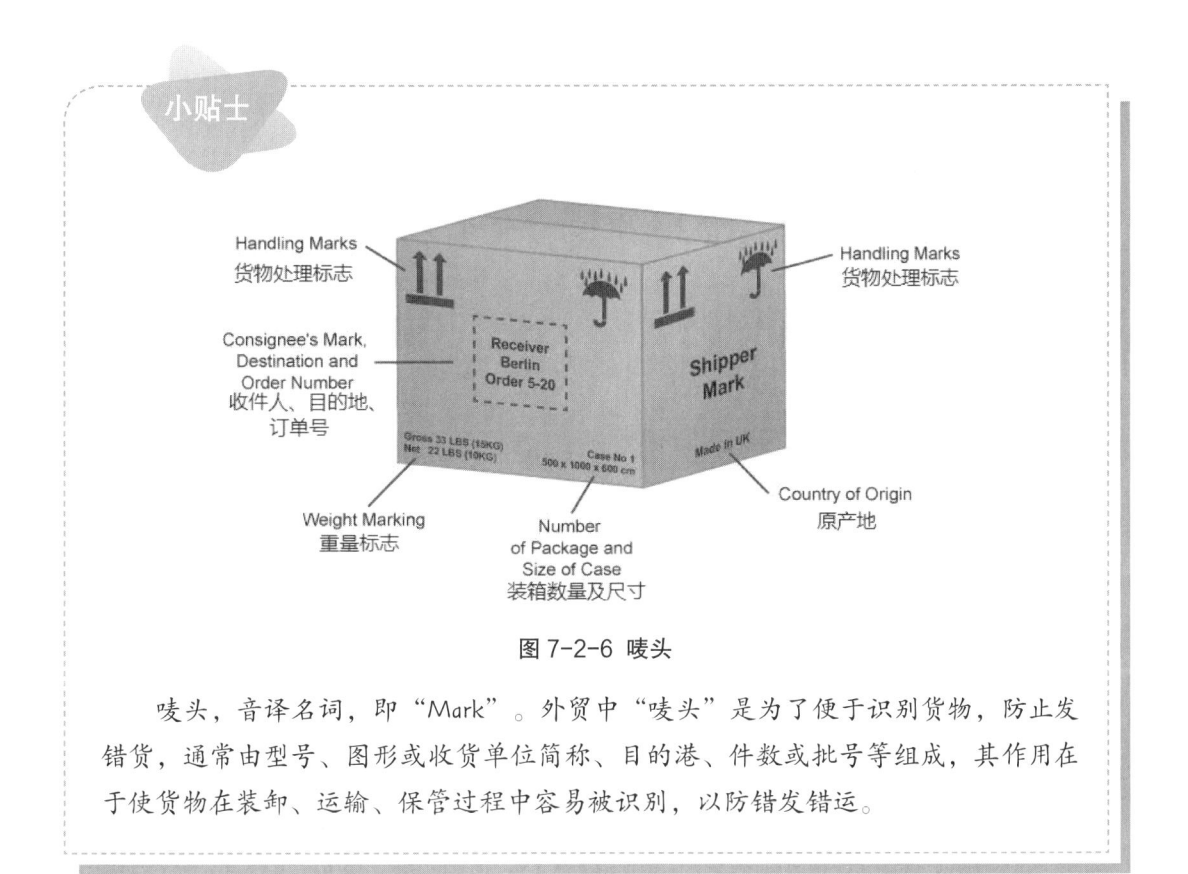

> **小贴士**
>
> 图 7-2-6 唛头
>
> 唛头,音译名词,即"Mark"。外贸中"唛头"是为了便于识别货物,防止发错货,通常由型号、图形或收货单位简称、目的港、件数或批号等组成,其作用在于使货物在装卸、运输、保管过程中容易被识别,以防错发错运。

查验货物无误后,仓库管理员要在送货单上签收。如有问题,应会同交付入库的有关人员做出记录、分清责任,并立即通知业务部门及时处理。

十、检验商品数量、质量

开箱、拆包点验品种、规格、数量是否正确无误,检查质量是否符合标准,并协助填写收货预检单(见图 7-2-7)。

收货预检单

供应商:　　　　　　　　　　　　　　　预检单号:

预检号:　　　　　收货月台:　　　　　订单号:

所需托盘数:　　　托盘类型:

商品代码:

商品条码	商品名称	品名与规格	计量单位	包装	件数	单位	数量	装盘标准
合计								

填单人:　　　　　　收货人:　　　　　　填单日期:

图 7-2-7 收货预检单

十一、库存管理系统信息录入

在保税商品入库完成后,需及时将信息录入到库存管理系统中,让跨境电商的运营部门能够最快得到反馈,更新跨境电商平台上的商品库存数量。

> **时事聚焦**
>
> **中华人民共和国海关对保税仓库及所存货物的管理规定**
>
> 《中华人民共和国海关对保税仓库及所存货物的管理规定》是为了加强海关对保税仓库及所存货物的监管,规范保税仓库的经营管理行为,促进对外贸易和经济发展。该规定是根据《中华人民共和国海关法》和国家有关法律、行政法规等制定,经 2003 年 11 月 19 日海关总署署务会审议通过,自 2004 年 2 月 1 日起施行。
>
> 扫一扫获取知识

实践与思考

1 单选题：保税仓库必须具备（　　）监管条件。

   A. 海关　　　　　B. 国检　　　　　C. 消防　　　　　D. 国防

2 单选题：保税区的功能定位不包括（　　）功能。

   A. 保税仓储　　　B. 出口加工　　　C. 转口贸易　　　D. 降低税费

3 单选题：保税仓库与一般仓库最不同的特点是（　　）。

   A. 保税仓库存放的是保税货物

   B. 保税仓库存放的是未办结海关手续的货物

   C. 保税仓库及所有货物受海关监督管理

   D. 保税仓库的经营者既要向货主负责，又要向海关负责

4 单选题：保税仓库按照使用对象不同分类不包括（　　）。

   A. 公用型保税仓库　　　　　B. 专用型保税仓库

   C. 特种型保税仓库　　　　　D. 自用型保税仓库

---

5 多选题：以下说法正确的是（　　）。

   A. 保税仓库每月要将上月所存货物的收、付、存等情况列表报送当地海关核查

   B. 保税仓库是由海关和经营者共同管理的

   C. 保税仓库应与国内货库隔离，进口和出口的货物可以放在同一区域

   D. 保税仓库应为海关提供必要的办公场所、查验场所、扣留物品仓库以及查验工具

---

6 判断题：货物从保税仓库运往国内非保税区，视同进口。　　（　　）

7 判断题：保税仓库内的货物如果不进入国内市场是不需要缴纳关税的。（　　）

8 判断题：货物抵库后，核对完货物的数量、唛头和包装等后，即入库完成。

   （　　）

❾ 判断题：保税仓库中如需改变包装、刷代码，必须在海关监管下进行。

（　　）

❿ 实践活动

　　王丽所在公司想要申请设立保税仓库，李华让王丽去了解设立保税仓库的条件，请以小组为单位查阅相关资料，罗列设立保税仓库应满足的条件。

▼ 学习评价

序 号	评价内容	参考分值	得 分
1	说出保税仓库的定义	10	
2	列举保税仓库海关监管的内容	10	
3	区分保税仓库和普通仓库	15	
4	列出保税仓库入库各岗位的工作内容	15	
5	根据业务信息，规范执行简单保税商品入库操作	20	
6	完成课堂探究活动	10	
7	有效地参与小组讨论，并在团队中发挥积极作用	10	
8	独立完成课后习题	10	
总分			

任务三　盘点保税仓库

> **▼ 任务导入**
>
> 参观当日，正值仓库季度盘点，盘点人员告诉王丽，保税仓库的特殊性质在于它们通常受到海关的严格监督管理，所以保税仓库在盘点时需要更加详细和精确，以确保货物符合保税规定。

一、保税仓库盘点的基本概念

（一）盘点作业的含义

1. 盘点的定义

在保税仓储作业过程中，商品处于不断地进库和出库状态，产生的误差经过一段时间的积累会使库存资料反映的数据与实际数量不相符。有些商品因为长期存放，品质下降，不能满足用户需要。为了对库存商品数量进行有效控制，并查清商品在库房中的质量状况，必须定期对各储存场所进行清点作业，这一过程我们称为盘点作业。

> **探究活动**
>
> 某保税仓库进行月度盘点时，发现有一箱一个月前入库的膨化食品由于包装袋破损漏气，里面的食品已经变质了，仓库及时对该膨化食品进行清查，分拣出变质的食品做了货损处理。针对以上案例，分组讨论仓库盘点的意义以及盘点的内容。

2. 盘点的内容

（1）查数量。通过点数计数查明物品在库的实际数量，核对库存账面资料与实际库存数量是否一致。

(2）查质量。检查在库物品质量有无变化，有无超过有效期和保质期，有无长期积压等现象，必要时还必须对物品进行技术检验。

（3）查保管条件。检查保管条件是否与各种物品的保管要求相符合，如温度、湿度要求等。

（二）盘点的策略

（1）明盘。盘点员根据盘点表上的商品数量，与实物一一核对，如有差异，记录后，进行复盘。

（2）暗盘。它是在库商品的一种盘点方法。针对每次盘点，盘点员拿到的盘点表，不包括库存商品数量，盘点员和复核员进行盘点后，将盘点数量填写在空白处。报表人员将盘点数量输入盘点表，进行数量的匹配，如有数量的差异，需进行二次盘点，二次盘点后无差异存档。

（三）盘点方法

（1）永续盘点法。入库时随之盘点，及时与保管卡记录核对，可随时知道准确存量，盘点工作量小。

（2）循环盘点法。按入库先后，每天盘点一定数量的存货，全部盘完后开始下一轮盘点。

（3）重点盘点法。对进出频率高、损耗、价值高的存货重点盘库，可控制重点存货动态，有效防止发生差错。

（4）定期盘点法。定期（周/月/季/年末）全面清点所有存货，便于及时处理超储、呆滞存货。

（四）盘点设备

目前，各大物流公司均配备图7-3-1的库存盘点机，它是将条码扫描装置与数据终端一体化、带有电池可离线操作的终端电脑设备。该机器具备实时采集、自动存储、即时显示、即时反馈、自动处理、自动传输功能。通过盘点机，能将盘点作业变得既省时又省力。

图7-3-1 库存盘点机

> 项目七 跨境电商保税进口操作

> 小贴士

射频识别（RFID）

射频识别（RFID）是 Radio Frequency Identification 的缩写。它是自动识别技术的一种，通过无线射频方式进行非接触双向数据通信，利用无线射频方式对记录媒体（电子标签或射频卡）进行读写，从而达到识别目标和数据交换的目的，其被认为是 21 世纪最具发展潜力的信息技术之一。

RFID 技术的基本工作原理并不复杂：标签进入阅读器后，接收阅读器发出的射频信号，凭借感应电流所获得的能量发送出存储在芯片中的产品信息（无源标签或被动标签），或者由标签主动发送某一频率的信号（有源标签或主动标签），阅读器读取信息并解码后，送至中央信息系统进行有关数据处理。具体应用如图 7-3-2 所示。

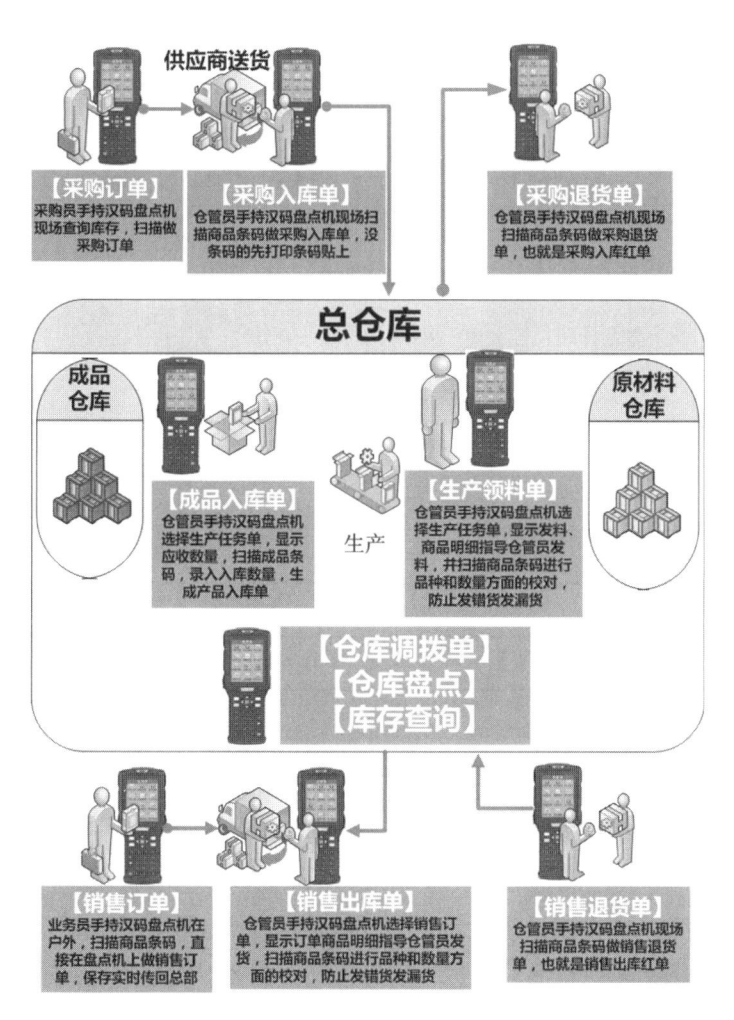

图 7-3-2 RFID 在物流仓储中的应用

二、执行保税仓库盘点

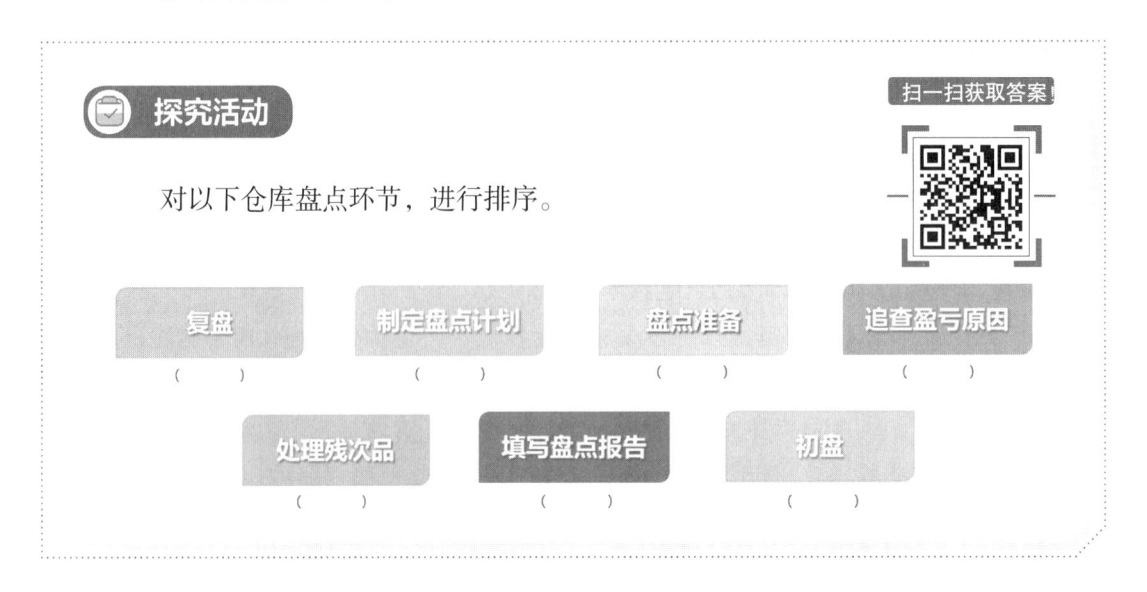

探究活动

对以下仓库盘点环节，进行排序。

复盘（　　）　制定盘点计划（　　）　盘点准备（　　）　追查盈亏原因（　　）

处理残次品（　　）　填写盘点报告（　　）　初盘（　　）

（一）制定盘点计划

确定盘点时间、盘点人员、盘点范围、盘点方法、分配责任区，并制定分区盘点表。（见表7-3-1）。

表7-3-1　　　　　　　　　　　仓库盘点单

卡号：　　　　　盘点日期：　　年　　月　　日

品名		规格	
编号		单位	
存放位置			
账面数量		实盘数量		差异	
说明			
复盘人：		盘点人：	

（二）盘点准备

清洁整理好仓库，整理好单据账本，账目结清，对特殊物品做好标识，通知各部门及人员盘点时间。

盘点前对已验收入库的商品进行整理归入储位，对未验收入库属于供货商的商品，应区分清楚，避免混淆；对残次品，应进行清理、归类放齐；对退货商品应及时处理，暂无法退货的应进行标识；对赠品，则进行清理并单独存放加以标识。

盘点区域关闭前，应提前通知，将需要出库配送的商品提前准备好。

(三)实施初盘

两人一组按照分区盘点表逐一清点,不合格品分开存放,清点完后贴上标签(见图 7-3-3)。

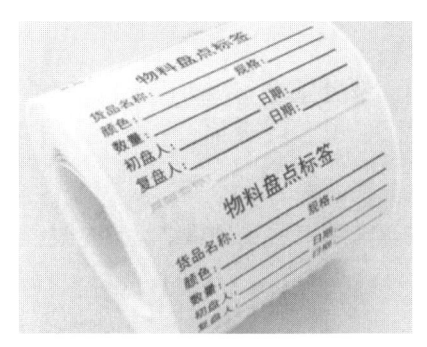

图 7-3-3 盘点标签

初盘要求如下:

(1)只负责"盘点计划"中规定区域内的初盘工作,其他区域在初盘过程不予以负责。

(2)按储位先后顺序和先盘点零件盒内物料再盘点箱装物料的方式进行先后盘点,不能采用零件盒与箱装物料同时盘点的方法。

(3)所负责区域内的物料一定要全部盘点完成。

(4)初盘时需要重点注意下盘点数据错误的原因:物料储位错误、物料标示 SKU 错误、物料混装等。

(四)实施复盘

初盘完毕后,以初盘表为依据,更换人员进行复盘,以红笔记录。第三人稽查两组数据,无误后汇总盘点表。然后与电脑系统数据核对进行对照。

复盘要求如下:

(1)复盘人对"初盘盘点表"进行分析,快速做出盘点对策,按照先盘点差异大后盘点差异小、再抽查无差异物料的方法进行复盘工作;复盘可安排在初盘结束后进行,且可根据情况在复盘结束后再安排一次复盘。

(2)复盘时根据初盘的作业方法和流程对异常数据物料进行再一次点数盘点,如确定初盘盘点数量正确时,则"盘点表"的"复盘数量"不用填写数量;如确定初盘盘点数量错误时,则在"盘点表"的"复盘数量"填写正确数量。

(3)初盘所有差异数据都需要经过复盘盘点。

(4)复盘时需要重点查找以下错误原因:物料储位错误、物料标示 SKU 错误、物料混装等。

(5)复盘完成后,与初盘数据有差异的需要找初盘人予以当面核对,核对完成后,将正确的数量填写在"盘点表"的"复盘数量"栏,如以前已经填写,则予以修改。

(6)复盘时需要查核是否所有的箱装物料全部盘点完成及是否有做盘点标记。

(五)处理残次品

确认残次品是否能退调并汇集商品,如不能则报损,计入盈亏。

(六)追查盈亏原因

出现盈亏,均需查明原因,及时处理。

(七)填制盘点分析报告

盘点负责人和财务人员在盘点结束后及时总结盘点全过程,填写有关盘点报告,出具书面盘点总结。

时事聚焦

因保税货物管理不善带来的盘点风险

加工贸易保税货物库存盘点是一项海关对保税货物的核查工作,如企业对保税货物管理不善或数据异常,会导致保税货物盘点失败或移交缉私的风险,给加工贸易保税手册/账册核销带来影响。

【案例一】

某企业与海关加工贸易部门约定于某年 5 月 31 日对公司加工贸易保税库存进行盘点,海关加工贸易部门将核查指令发送给核查部门。5 月 31 日上午 9 点 30 分,海关核查人员准时到达企业,对企业加工贸易保税货物 700 多条库存数据、190 万个数量单位、人民币 4 000 多万元的库存商品进行抽查盘点。

海关抽盘了 116 条库存数据,抽盘金额人民币 1 600 多万元,抽盘比例 40% 左右。通过抽盘 116 条库存数据,有 28 条数据存在库存数量差异,差异库存条数比例 24.14%;单条数据数量差异比例最小的是 0.05%,最大的是 11%。抽查库存数据盘亏金额合计人民币 178 405.86 元,盘盈金额合计人民币 104 400.81 元。

因该企业盘点差异库存条数较多、金额较大,一周之后,海关核查部门将该企业移交缉私部门处理。

【案例二】

某企业加工贸易保税账册项下,主要进口电容、电阻、接插件、端子、线路板、集成电路、内存条等,主要生产各类电子产品用的电路板。海关核查人员下厂后对该企业保税库存原材料、半成品、成品等进行抽查盘点,盘点过程中,海关发现企业保税货物盘点数据非常混乱，线路板存在一个料号对应切割后状态的单板和切割前的联板等多个状态，内存条存在盘点清册物料与实物料号无法核对的情况，电容存在同一储位既有保税又有非保税的情况等，已无法满足海关盘点的要求。

海关在现场抽盘了半个小时后，觉得企业目前的保税货物管理不符合海关监管要求，当即宣布本次盘点失败，限期企业整改，等整改完善后再进行保税库存盘点。

【案例三】

某电子产品装配类企业，海关对其加工贸易保税货物管理的合规性、合法性开展稽查。海关第一天下厂，就对其保税货物库存情况进行检查，通过对其保税原材料、保税成品、保税生产工单情况等进行盘点核实。从公司 ERP 系统获取企业账存保税数据有 3 000 多个料号，库存金额人民币 2 亿元左右。经过海关长达 12 小时的盘点确认，企业实际保税库存金额为 1.9 亿元左右，少了近 1 000 多万元保税货物。后经与公司仓库人员确认，1 000 多万元的保税货物，公司外发加工至某承揽企业进行加工。

海关立即对承揽公司 1 000 多万元的保税货物进行盘点确认，经过核实，承揽公司共计有 920 万元的保税货物库存，但其保税货物外发加工情况未经海关备案申报。另外，公司还有近 80 多万元的保税货物没有实物，且企业无法解释盘亏原因。以上情况经海关核实相关情况后将该企业移交缉私部门处理。

加工贸易保税货物库存盘点是一项常规的保税核查业务，是对账实一致性的检查工作，盘点的目的是给加工贸易保税手册/账册核销提供完整、准确的库存数据。同时也是检查企业平时保税货物管理的合规性，如果平时企业对保税货物管理严谨，业务规范，盘点会比较顺利；如果平时企业对保税货物管理存在疏忽，作业不规范，盘点也能发现企业存在的某些问题，倒逼企业进行优化、规范和改善。

实践与思考

1 多选题：盘点的方法有（　　　　）。

　　A. 永续盘点法　　B. 循环盘点法　　C. 重点盘点法　　D. 定期盘点法

2 多选题：盘点的策略有（　　　　）。

　　A. 明盘　　　　　B. 复盘　　　　　C. 暗盘　　　　　D. 询盘

3 多选题：以下关于保税仓盘点目的描述正确的是（　　　　）。

　　A. 查清实际库存数量　　　　　　C. 发现仓库管理中存在的问题
　　B. 帮助企业计算资产损益　　　　D. 便于海关监管

4 判断题：盘点就是核对库存数量。（　　）

5 判断题：执行盘点作业时，每个盘点区域只需一个人即可。（　　）

6 判断题：安装盘点机的必要条件就是数据管理系统要能将产品一览表的数据传进，并且也能接收盘点机上传过来的盘点数据。简单来说就是软硬件要互相配合才能以一种既省时又省力的方式完成整个盘点的作业。（　　）

7 判断题：第一次盘点时发现差异后，需进行复盘。（　　）

8 实践活动

　　菜鸟云仓每周进行一次商品有效期盘点，有效期盘点不必停止出入库作业。仓库内许多货物如饼干、牛奶、奶粉等有严格的有效期管理要求，有效期盘点的目的就是对货物的有效期信息进行管理，确保货物出库时能够做到先进先出。该仓库某次有效期盘点发现问题如下：货位为06-03-11-22的舒化无乳糖牛奶，信息系统显示效期为20240720，但实物为20240702，经查是收货组上架录入信息错误，将20240702录入为20240720，有效期相差18天。货位为K06-01-06-22的全脂营养奶粉存在20240319、20240331、20240615三个有效期，盘点后做优先拣选标记，指示拣货组优先拣选 20240319 有效期的奶粉。

　　菜鸟云仓每月进行一次全面盘点，全面盘点时需要停止出入库作业。全面盘点是针对仓库内所有电商旗舰店的货物进行盘点。盘点时，由信息系统导出库存数据，按盘点格式打印纸质盘点单，然后进行实物盘点，核对数量。

　　此外，菜鸟云仓还按货主对存货进行账面盘点。盘点时，如果从信息系统中导出的存货数量加上订单占用数量少于 50 件，则通知货主补货。

　　请思考：菜鸟仓库有几种盘点作业，每种盘点作业的特点和目的是什么？分别用了什么样的盘点方法和方式？

▼ 学习评价

序号	评价内容	参考分值	得分
1	说出保税区仓库盘点的目的	10	
2	复述盘点的步骤	15	
3	说出盘点的方法	15	
4	复述盘点的策略	15	
5	根据业务信息执行仓库盘点	15	
6	完成课堂探究活动	10	
7	有效地参与小组讨论，并在团队中发挥积极作用	10	
8	独立完成课后习题	10	
总分			

任务四　执行保税商品出库及退换货

▼ **任务导入**

在保税仓库中，王丽还观察到保税仓库中货物的发货和普通仓库的发货流程略有不同，必须在海关监控下，执行出库。

一、保税仓库出库类型

探究活动

保税仓库出库与普通出库不同，根据目的地的不同分别有区内调拨、区间流转、二线出区、一线出境、退仓出库、直送出库和一日游出库 7 种出库类型。请完成以下连线题。

扫一扫获取答案！

区内调拨	同一关境不同海关区域之间企业的物流形式
区间流转	不良品货物由海关监管区退运至供货商
二线出区	货物由海关监管区的区外企业出货至监管区内企业，不入账册
一线出境	货物不实际出入保税仓库和保税区，仅在海关账册上名义进行出入库操作
退仓出库	同一保税监管区域内企业之间的物流形式
直接出库	由海关监管区域出货至区外境内企业
一日游出库	由海关监管区域出货至区外境外企业

（一）区内调拨

区内调拨是同一保税监管区域内企业之间的物流形式，分为分送集报调拨和逐笔报关调拨。分送集报表示分批送货、集中报关，这种方式一般适用于保税区、物流园区、出口加工区等特殊监管区域。海关对信用良好的企业的进出口业务，允许多次出入区域，然后在月底向海关做一次正式申报。分送集报区别于逐单申报（即逐笔报关），采用逐单申报时每一单进出口都逐一向海关正式申报。这类情形适用于同一保税区之间不同保税企业间出现的原材料或半成品短缺，这种物流形式能够有效规避从区外境内的企业采购原材料的报关、进出境税收等成本，降低了保税区内企业的运行成本。

（二）区间流转

区间流转是同一关境不同海关监管区域内企业之间的物流形式，在海关特殊监管区域信息化系统的辅助下，向海关申请报关、调用监管车，并且海关监管货物运输车辆必须在海关监管运输路线运输货物。这类情形适用于同一海关监管区域内不同保税区之间出现的原材料或半成品短缺，区间流转能够协调不同保税区的原材料或半成品的需求，而不需从区外的企业另行采购，有效缩短了保税区内企业的生产时间，生产效率得到了提高。

（三）二线出区

由海关监管区域出货至区外境内企业，如某一企业生产制造的产品不需要复运出境，直接在保税区所在国境内销售，则该企业在完成报关等一系列程序后，将货物运出保税区的行为称为二线出区。

（四）一线出境

由海关监管区域出货至区外境外企业。区外境外是指某一保税区所在国国境之外的海关监管区域。例如，美国某一企业在中国某一保税区内从事保税加工生产，其生产的产品需运输至美国地区销售，那么，这一批货物会复运出中国国境，也将运出其生产加工所在的保税区，到达美国的某一海关监管区域，此类情形称为一线出境。

（五）退仓出库

不良品货物由海关监管区退运至供货商，分为分送集报退仓和逐笔报关退仓。集报退仓和逐笔退仓的含义与区内调拨中的集报调拨和逐笔报关调拨一致，都是指不同批量和时间点的不同退仓出库服务。

（六）直接出库

货物由海关监管区的区外企业出货至监管区内企业，不入账册，分为分送集报调拨和逐笔报关调拨。

（七）一日游出库

在不违背海关出关规定的前提下，准许货物不实际出入保税仓储企业的仓库和保税区，在保税仓储企业的海关账册上名义进行出入库操作。

二、保税仓库出库流程

> 📋 **探究活动**
>
> 图 7-4-1 为一笔保税商品出库保税仓库时各平台系统间的流程图,请简述商品出库保税仓库的流程。

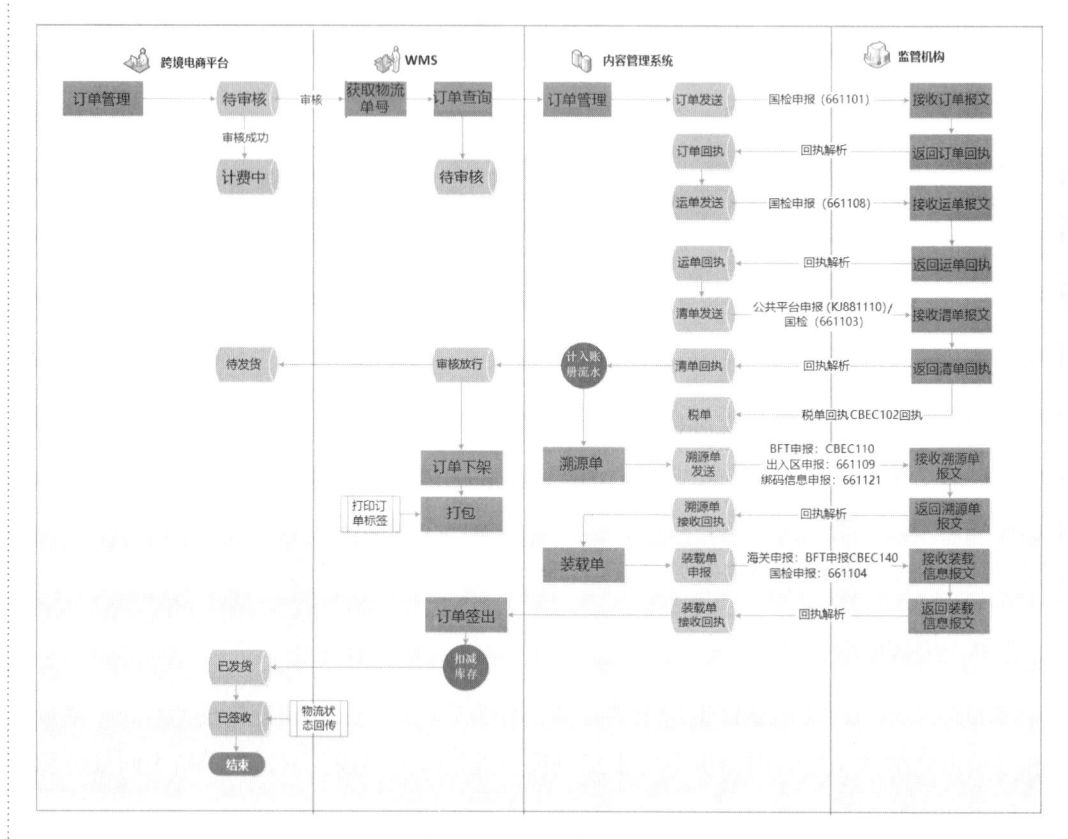

图 7-4-1 保税订单出库流程

（一）录入订单

根据跨境平台传来数据录入海关仓库管理系统生成《出库提货单》（见图 7-4-2），进行报关。

产品出库单

编号：　　　　　　　　　　　　　　　　　　　　　　年　月　日

型号	品名	数量	包装	备注

提货人：　　　　　　　　库管员：

注：本单一式两联，第一联仓库存根，第二联交营业部。

图 7-4-2 出库单

（二）办理出库审批手续

填写《保税仓库出库审批表》，并随附《保税仓库货物出库核销单》等有关单证向主管海关申请办出库审批手续。

（三）海关审核

（1）海关接到申请后，对递交有关单证的齐全性、真实性、有效性进行审核；

（2）海关审核后，同意出库的，在出库报关单上签注姓名、日期，并加盖海关验讫章。

（四）海关查验

带齐单证到现场查验部门办理查验手续。查验货物时，必须按照海关要求搬移货物，开拆和重封货物的包装，并如实回答查验人员的询问以及提供必要的资料。查验完毕后，在《查验记录单》上签名确认。

（五）出库核准

办理通关手续后，保税仓库货物应在 10 日内实际出库，并将出库情况在《保税仓库出库核准单》如实登记，交海关核准。

> 跨境电商物流

小贴士

保税仓库正品保证

第一，商家要入驻跨境试点，要在保税区注册企业，必须先向海关申请试点资质，海关审批通过后才能入驻。

第二，商家所有的销售数据必须通过试点服务平台向监管单位申报，试点平台有所有的数据包括企业备案、商品备案、店铺备案、订单数据、消费者数据等。

第三，货物进入保税港区保税仓库要报关报检，商检介入。

第四，货物到岸以后，在销售出去之前，商家是完全接触不到货物的，保税仓库全流程处于监管范围内。

第五，如果出现假货，那么商品追回体系会立即启动，追责到人。

三、保税仓库退换货

探究活动

分组讨论跨境进口商品大都不支持"7天无理由退换货"（见图7-4-3）的理由。

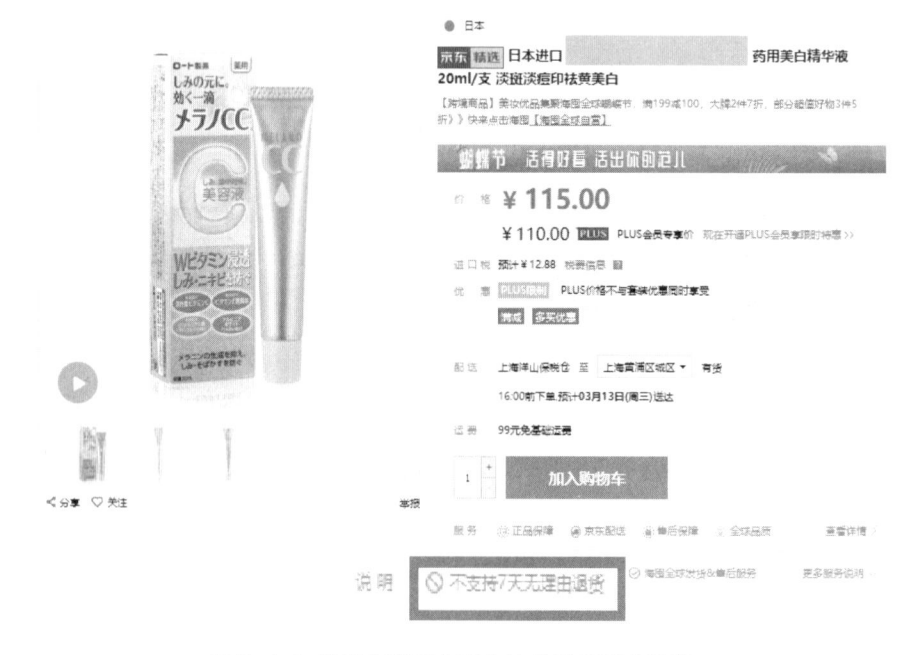

图7-4-3 跨境电商平台不支持7天无理由退货

由于库存与市场均在国内，商品从保税仓出库后，与海关对接资金、信息、物流信息，然后计税放货。如果退货，则涉及的问题是返回货物重新入仓及税收返还等。

根据最新政策，针对保税模式，海关与电商间的结算周期为 15~30 天，消费者在 7 天无理由退货期限内退货，一般均可在 15 天内完成退换货。此时海关与电商之间并未结算，消费者缴纳的商品关税还没有进入海关流程，因此退货不涉及退税问题，一定程度上降低了退货对跨境电商的影响。

以京东全球购为例，跨境电商平台的退换货流程一般如下：

1. 当订单状态为未支付时

在平台"我的订单"页面操作栏中点击取消，即可取消订单（见图 7-4-4）。

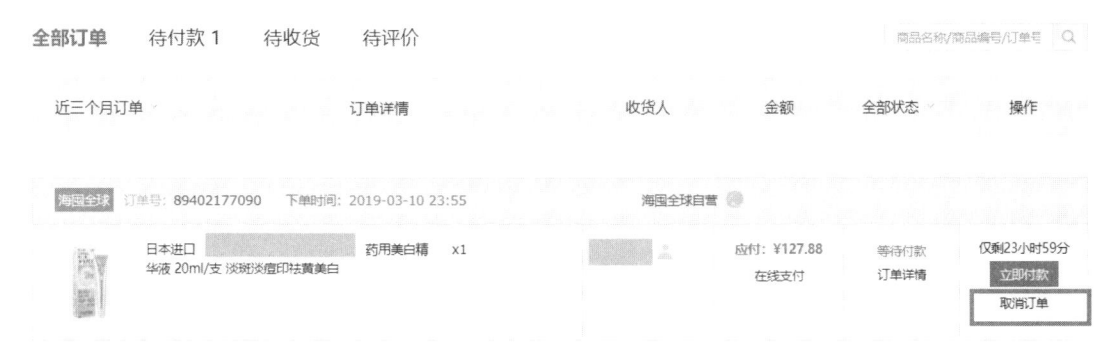

图 7-4-4 未付款订单

2. 当订单状态为支付成功

因涉及跨境订单推送，订单相关信息将直接被推送至海关系统进行报关审核，故无法修改订单，且仅当清关失败时，订单方可取消，清关中、清关成功订单均不支持取消。

3. 当商品已配送

不支持拒收。若买家未经商家同意强行拒收，一旦退运过程中出现丢件、破损等问题，损失就需要买家自行承担。

4. 收到商品后

在收到商品后的 7 天内可提交退货申请，退货时，需确保以下几点：
（1）商品完好，生产厂商原包装完整，相关附（配）件齐全；
（2）商品及相关附（配）件表面无划痕、无磨（破）损、无磕碰、无使用、无拆卸等痕迹；
（3）标签或其他防伪措施未刮开、撕损、修改及改动（若有）；
（4）赠品无遗失、破损。

实践与思考

1 单选题：跨境平台传来数据录入海关仓库管理系统生成（　　）。

　　A. 电商订单　　B. 出库提货单　　C. 报关单　　D. 库存清单

2 单选题：办理通关手续后，保税仓库货物应在（　　）日内实际出库。

　　A. 5　　B. 10　　C. 15　　D. 20

3 单选题：京东全球购中，订单状态为（　　）时，可以取消订单。

　　A. 未支付　　B. 已支付　　C. 已发货　　D. 已完成

4 单选题：京东全球购中，收到商品后的（　　）天内可提交退货申请。

　　A. 5　　B. 7　　C. 10　　D. 3

5 多选题：海关接到出库申请后，对递交有关单证的（　　）进行审核。

　　A. 齐全性　　B. 真实性　　C. 有效性　　D. 复杂性

6 多选题：京东全球购中，退货时，需注意（　　）。

　　A. 商品完好，生产厂商原包装完整，相关附（配）件齐全

　　B. 商品及相关附（配）件表面无划痕、无磨（破）损、无磕碰、无使用、无拆卸等痕迹

　　C. 标签或其他防伪措施未刮开、撕损、修改及改动（若有）

　　D. 赠品无遗失、破损

7 判断题：保税模式下退货，涉及的问题是返回货物重新入仓及税收返还问题。（　　）

8 判断题：商家要入驻跨境试点，要在保税区注册企业，必须先向海关申请试点资质，海关审批通过后才能入驻。（　　）

⑨ 判断题：保税仓的货物到岸以后，在销售出去之前，商家是可以接触到货物的，但是保税仓库全程处于监管范围内，所以商家不可能作假。（　　）

⑩ 判断题：商家所有的销售数据必须通过试点服务平台向监管单位申报，试点平台有所有的数据。（　　）

⑪ 实践活动

请同学们分组讨论，当货物发生串发和错发货，而货物又已经离库时，应该怎么做？是否可以采取以下做法？

A. 及时向主管部门和货主通报相关情况

B. 会同货主单位和运输单位共同协商解决

C. 无直接经济损失的情况下由货主单位重新按实际发货数冲单（票）解决

D. 立即组织人力，重新发货

▼ 学习评价

序号	评价内容	参考分值	得分
1	罗列保税仓出库类型	20	
2	复述保税仓出库流程	20	
3	说出保税仓退换货操作流程	20	
4	完成课堂探究活动	20	
5	有效地参与小组讨论，并在团队中发挥积极作用	10	
6	独立完成课后习题	10	
总　分			